JOURNAL
D'UN MINISTRE

SE VEND A PARIS:

Chez MM. FONTAINE, passage des Panoramas.
HENRY, au Palais-Royal, Galerie d'Orléans.
LEMERRE, passage Choiseul, 27, 29.

JOURNAL D'UN MINISTRE

ŒUVRE POSTHUME
DU
C^{TE} DE GUERNON-RANVILLE

ANCIEN MEMBRE DE L'ACADÉMIE DES SCIENCES
ARTS ET BELLES-LETTRES DE CAEN

PUBLIÉ AU NOM DE CETTE COMPAGNIE

Par son Secrétaire

M. JULIEN TRAVERS

DEUXIÈME ÉDITION

CAEN

TYP. DE F. LE BLANC-HARDEL, LIBRAIRE

RUE FROIDE, 2 ET 4

1874

PRÉFACE.

M. le comte de Guernon-Ranville, né à Caen, le 2 mai 1787, mort dans son château de Ranville, le 28 avril 1866, était le second fils de Messire Roger-François-Barnabé, comte de Guernon-Ranville, et de noble dame Henriette-Louise Durand.

Élève en droit à Paris, le jeune et bouillant de Guernon se fit remarquer par une égale ardeur pour le plaisir et pour le travail. Reçu docteur, il s'établit à Caen comme avocat en 1813. Le 20 août 1814, il était nommé sous-lieutenant dans la seconde compagnie de la première cohorte du centre (garde nationale).

En 1815, à la nouvelle du débarquement de Napoléon et au premier appel de Louis XVIII, il s'enrôla comme volontaire, et partit, le 19 mars, en qualité de capitaine de grenadiers avec un détachement commandé par le chef de bataillon Alexis Dumesnil; cet Alexis Dumesnil, si connu par ses duels insensés, par ses livres d'histoire et de philosophie religieuse, et par des brochures et des pamphlets où le mysticisme s'allie avec talent à la politique.

L'entrée de l'Empereur à Paris ne permit pas aux volontaires royaux du Calvados de dépasser Évreux ; ils revinrent le 24 à Moult, où ils furent licenciés sur un ordre du duc d'Aumont, à l'état-major duquel M. de Guernon fut attaché quand le duc entreprit de descendre, au commencement de juillet, sur les côtes de la Basse-Normandie.

Cette hasardeuse expédition pouvait être le commencement d'une Vendée, qu'arrêta la fin des Cent-Jours, et que l'esprit de parti voulut travestir en une échauffourée ridicule. Un manuscrit que nous avons sous les yeux, et dont la rédaction est de M. de Guernon lui-même, fait connaître la part qu'il prit au coup de main sur Arromanches, le 7 juillet 1815. Ce manuscrit est intitulé : *Débarquement du duc d'Aumont à Arromanches ; faits qui l'ont précédé et suivi, racontés par un témoin oculaire.* Nous lui emprunterons un fait de guerre que l'histoire locale doit recueillir (1).

(1) « 154 hommes, réunis à Jersey sous les ordres du duc

La carrière militaire de M. le comte de Guernon-Ranville se termina par le grade de

d'Aumont et du maréchal-de-camp, vicomte de Saint-Simon, formaient tout le noyau de l'armée royale ; un drapeau, brodé des mains de Mme la duchesse d'Angoulême, était le signe de ralliement.

« La petite troupe s'embarqua le 5 juillet ; le duc d'Aumont montait le brick *La Bermuda* avec son état-major et quelques autres officiers formant en tout 25 hommes ; le reste était réparti sur deux petits bâtiments de transport.

« On arriva en vue des côtes dans la nuit du 6 au 7 ; un pêcheur saisi par le brick rapporta que la redoute d'Arromanches, vis-à-vis de laquelle on se trouvait, était défendue par plusieurs canons de gros calibre, et que, sur ce même point, la côte était gardée par de nombreux postes de douaniers et 400 chasseurs à cheval du 7ᵉ régiment, qui faisait partie de la garnison de Caen.

« Ces détails démontraient l'impossibilité d'un débarquement immédiat, et il fut décidé que M. de G...., et deux autres officiers seraient jetés à terre pour aller disposer dans l'intérieur un mouvement qui appuierait le débarquement.

« Cette mesure allait s'exécuter, lorsqu'une forte brise du nord s'éleva et poussa le brick sur les rochers du Calvados, où il échoua le 7 juillet, à 4 heures du matin, à demi-portée du canon de la redoute d'Arromanches. Cette redoute commença alors un feu bien nourri, et ses premiers boulets portant sur les amures et les haubans rendirent la position excessivement périlleuse. L'équipage fit pendant deux heures des efforts prodigieux pour remettre à flot le bâtiment ; la marée qui descendait le laissa bientôt engagé sur toute la longueur de sa quille. Dans une telle position, il ne restait d'espoir de salut que dans une attaque désespérée sur la redoute qui les foudroyait, et les 25 hommes qui accompagnaient le duc d'Aumont le pressèrent de les autoriser à faire cette tentative dans laquelle ils pouvaient du moins réussir à enclouer les canons de la batterie. Le duc y consentit et voulut diriger lui-même cette hasardeuse entreprise : à l'instant on se jette dans deux cha-

chef de bataillon de la garde urbaine de Caen, et, le 20 décembre 1820, sa carrière dans la magistrature commença par la présidence du tribunal civil de Bayeux. Avocat général près la cour de Colmar le 11 décembre 1822, procureur général à Limoges le 16 avril 1823, procureur général à Grenoble le 21 juillet 1826, il était procureur général à Lyon, depuis le 26 août 1829, quand il fut appelé au rang des conseillers de la couronne, le 18 novembre de la même année : rare exemple de rapide élévation et de chute encore plus rapide !

M. de Guernon-Ranville n'entra qu'avec répugnance, comme ministre des affaires ecclésiastiques et de l'instruction publique, dans le

---

loupes, on s'élance droit vers la côte, à la vue des chasseurs qui couronnaient les falaises, et l'on aborde sous le feu même du canon ; la petite troupe est divisée en deux pelotons de chacun 12 hommes : l'un, sous les ordres du vicomte de Saint-Simon, suit le rivage ; l'autre, conduit par le colonel Eugène d'Hautefeuille, gravit les falaises afin de prendre la redoute à revers ; M. de G....., faisait partie de ce second détachement. Plus leste que ses camarades, il s'élance, franchit les revêtements de la redoute et tombe au milieu de la batterie en poussant le cri de *Vive le Roi!* Les canonniers surpris abandonnent leurs pièces et toute la petite garnison prend la fuite. Encouragés par ce premier succès, les royalistes s'établissent et toute l'expédition opère son débarquement. » Le jour même la petite troupe entrait à Bayeux.

cabinet dont le chef était M. le prince de Polignac. Dévoué aux Bourbons, il avait des opinions arrêtées : il était royaliste ardent et libéral modéré ; il tenait au maintien des prérogatives de la couronne et à celui de la charte de 1814.

Appelé au pouvoir contre son vœu, il ne tarda pas à comprendre combien son poste était périlleux, et il résolut de *tenir note* de ce qui se passerait dans le conseil, soit *aux réunions particulières des ministres*, soit *en présence du Roi*. L'avenir lui semblait gros d'orages ; il voulait en étudier les phénomènes, et consigner par écrit, pendant cette étude, ses principales impressions. Il pressentait les consolations que donne l'incontestable témoignage du devoir accompli.

Telle est l'origine du *Journal d'un ministre,* rédigé par lui-même ou plutôt jeté, au courant de la plume, sur le papier officiel des bureaux, presque au sortir de chaque séance du conseil.

Le manuscrit a peu de ratures ; tout y est de premier jet, et l'auteur, sans y faire depuis aucun changement, s'est contenté d'ajouter en marge quelques notes sans dates, mais de dates plus ou moins éloignées de la rédaction du *Journal*.

Nous publions ce *Journal* tel qu'il est sorti des impressions vives et des rapides improvisations de l'auteur après les séances du conseil ; nous le publions comme un document d'une haute importance pour l'histoire de 1830.

Qu'on se garde de nous accuser d'indiscrétion en nous voyant mettre au jour des secrets de cabinet qui auraient fait tant de bruit, il y a quarante ans. A ce reproche irréfléchi nous répondrions : que l'auteur, satisfait de son œuvre, et la conscience forte de sa bonne foi, désirait publier son manuscrit dès 1833 ; qu'il s'adressa, dans ce but, à Charles X pour obtenir son assentiment, que l'entourage du roi exilé fit ajourner une réponse favorable, et que M. le comte de Guernon-Ranville nourrit jusqu'à sa mort l'espérance d'une publication posthume.

C'est dans cette espérance qu'il a légué son manuscrit, non à son vieil ami, M. Boullée (il ne lui en a laissé que la jouissance, sa vie durante), mais à la bibliothèque publique de la ville de Caen. Ainsi, dans l'intention manifeste du testateur, tous seraient appelés à prendre connaissance de ce qu'il avait primitivement écrit pour lui seul, tous pourraient le copier, tous sans doute aussi le publier.

Une intention si légitime a failli échouer : l'ouvrage a été perdu pendant le siége de Paris, et voici l'histoire du danger qu'il a couru.

On sait qu'il devait entrer dans la bibliothèque de Caen après la mort de M. Boullée. Celui-ci décéda au printemps de 1870. On écrivit lettres sur lettres pour obtenir la délivrance du legs. Les scellés étaient pour trois mois chez le défunt : il fallut attendre. Dès qu'ils furent levés, on s'adressa au jeune héritier, M. Portalis, qui promit d'envoyer prochainement le manuscrit. Bientôt la guerre éclata, et l'on réitéra les demandes avec d'autant plus d'instances que les Prussiens ne tardèrent pas à marcher sur Paris. M. Portalis crut faire cesser les inquiétudes en assurant que l'ouvrage ne courrait aucun risque, puisque le détenteur le cacherait en même temps que ses objets les plus précieux. Nouvelles instances de la bibliothèque de Caen, de plus en plus alarmée : M. Portalis était-il certain de survivre au siége ? Pouvait-on savoir ce qui serait perdu, ce qui serait sauvé, si les Allemands entraient de force dans la capitale ? Vers le 15 septembre, on écrivit à M. Portalis avec plus d'instance que jamais ; on le priait de mettre immédiatement à la poste le précieux manuscrit. M. Portalis s'empressa de le faire : c'était le 17, et le 18 les portes de Paris se fermaient, et tout ce que recevait la poste s'entassait, s'amoncelait en attendant les jours de la délivrance.

Ils vinrent enfin, et dans le courant d'avril 1871, M. Colmiche, neveu par alliance et exécuteur testamentaire de M. le comte de Guernon-Ranville, reçut le *Journal d'un ministre,* sous ficelles brisées et bandes déchirées, laissant voir à peine la fin du nom du destinataire. Ainsi, le manuscrit avait subi une détention plus longue que le siége ; il était resté sept mois entiers à la poste, et, chose étrange, il arrivait à sa destination sous l'odieux régime de la Commune.

Chargé de le mettre au jour dans toute son intégrité par l'Académie de Caen dont M. de Guernon était membre, le secrétaire a suivi la division de l'auteur en deux parties : la première contenant les notes du 16 décembre 1829 au 28 juillet 1830; la seconde, les notes écrites au donjon de Vincennes, du 1er septembre au 19 décembre 1830. Une troisième partie se compose de pièces empruntées la plupart à un troisième *Journal* fait au fort de Ham, du 16 février 1834 au 24 novembre 1836, autographe comme les deux premiers. Un *Appendice* renferme des pièces complémentaires qui ne sont pas sans intérêt.

On trouvera un *fac-simile* d'un double autographe sur un même feuillet, en regard de la page 51. C'est la reproduction fidèle du projet de réponse de Charles X à la chambre des députés, que le Roi composa, séance tenante, dans son conseil du 17 mars, et qui ne fut point adopté. M. de Guernon-Ranville ramassa le brouillon, et en attesta l'authenticité au bas de la page en l'annexant à son Journal. Voici cette réponse, que l'on ne lit pas couramment dans l'original :

« MESSIEURS,

« J'ai rempli mon devoir de Roi, en recevant l'adresse
« que vous venez de me présenter.
« Vous avez connu mes intentions et mon discours d'ou-
« verture dans ma réponse à l'adresse de la chambre des
« pairs ; je n'en varierai jamais.
« Retournez, MM., dans la salle de vos séances. Mes
« ministres vous feront connaître mes volontés. »

Nous n'ajouterons qu'un mot à ce qui précède, et ce ne sera point pour combattre certaines opinions qui ne sont point les nôtres, ni pour attirer l'attention sur la valeur morale d'un caractère aussi honorable que celui de M. le comte de Guernon-Ranville (il se peint assez dans son livre, modèle de franchise et miroir d'une belle et grande âme) : ce sera pour rendre hommage à la loyauté de ce livre sincère, et pour dire, sans crainte d'être démenti, que toute collection de Mémoires sur l'histoire du XIXe siècle, à laquelle il manquera, sera incomplète de l'un de ses plus précieux, de ses plus véridiques volumes.

JULIEN TRAVERS.

PREMIÈRE PARTIE.

JOURNAL

DES

SÉANCES DU MINISTÈRE.

16 DÉCEMBRE 1829.

A compter d'aujourd'hui, je veux tenir note des principaux faits qui se passeront dans le conseil, soit à nos réunions particulières, soit en présence du Roi.

J'ai remis ce matin au président du conseil une note sur mes sentiments politiques et les doctrines qui serviront de règle à ma conduite (1) ; le travail que j'entreprends maintenant sera, tout à la fois, un *memento* intéressant pour moi, et le moyen de me rappeler constamment à la ligne que je me suis tracée.

Nous avons quatre réunions par semaine, les mardi et samedi chez l'un de nous alternativement, et les mercredi et dimanche au château, sous la

---

(1) Cette note est jointe au dossier de notre procès devant la cour des pairs ; elle fut trouvée chez moi et remise aux commissaires instructeurs.

présidence du Roi. Monseigneur le Dauphin assiste à ces deux derniers conseils, en sa qualité de chef suprême du personnel de la guerre. Les travaux les plus importants de chaque ministère et les objets d'intérêt général sont discutés dans les réunions des mardi et samedi. Les conseils présidés par le Roi s'ouvrent ordinairement par une causerie générale provoquée par Sa Majesté sur la matière la plus à l'ordre du jour, puis chaque ministre présente à la signature du Roi les ordonnances qu'il a préparées, ou donne communication à Sa Majesté des faits importants qui se rattachent à son ministère, et souvent ces faits ou les ordonnances elles-mêmes donnent lieu à des discussions générales. Les travaux de portefeuille se font dans cet ordre :

Président du Conseil, ministre des affaires étrangères,

Le garde-des-sceaux,

Le ministre de la guerre,

Le ministre de l'intérieur,

Le ministre de la marine,

Le ministre des finances,

Le ministre des affaires ecclésiastiques et de l'instruction publique.

Le conseil finit par une causerie générale comme

il a commencé, ou par la discussion de quelque grande question à l'ordre du jour.

Aujourd'hui mardi, M. de Chabrol nous a entretenus du projet de conversion de rentes dont voici les bases principales.

On donnerait aux créanciers l'option entre le remboursement au pair et la conversion de leurs rentes 5 en 4 % (ou 4 1/2, c'est à examiner) en fixant un délai pour la déclaration, et ceux qui, dans ce délai, n'auraient pas opté pour le remboursement seraient de plein droit censés préférer la conversion. On donnerait d'ailleurs une prime de 5 par chaque 5 fr. de rente convertie pour compenser l'élévation du taux actuel.

L'opération faite, on répartirait la masse actuelle de l'amortissement entre les diverses natures de rente à raison de 1 % de leurs capitaux respectifs.

La partie restée libre de la masse actuelle affectée à l'amortissement, et la somme des rentes provenant, *en bénéfice pour l'état,* de la conversion, au lieu d'être immédiatement annulées, seraient réservées pendant cinq années, et ce revenu serait consacré à réparer nos places fortes, achever les routes et les canaux, terminer quelques grands travaux commencés et augmenter notre marine.

Pour satisfaire aux demandes de remboursement, on ferait un emprunt au taux adopté pour la conversion, si toutefois la faculté d'émettre des bons royaux ne fournissait pas une ressource suffisante.

Ce plan me paraît très-bien conçu, sauf l'augmentation de capital par la prime.

Le prince de Polignac et M. Courvoisier ont fait quelques objections :

1° Le gouvernement a-t-il le droit de contraindre les créanciers à recevoir leur remboursement ?

Réponse. Cette question a été vidée sans retour dans les longues discussions auxquelles donna lieu la proposition de M. de Villèle; il fut alors unanimement reconnu que, sous ce rapport, le gouvernement était dans le droit commun.

2° Peut-on forcer les créanciers à déclarer leur option dans un délai quelconque ? S'ils négligent de former cette option, ne serait-il pas juste de prendre leur silence pour un consentement au remboursement qui est le *droit commun*, plutôt que pour une acceptation de conversion qui leur préjudicie ?

Réponse. La stricte justice l'exigerait ainsi ; mais, d'une part, il y aurait un grand avantage pour le succès de l'opération à lui attribuer toutes les chances de négligence de la part des créanciers qui ne peuvent pas se plaindre raisonnablement d'un préjudice qu'il leur est loisible d'éviter; d'un autre côté, cette règle a toujours été suivie en Angleterre, dans les nombreuses conversions de sa dette publique, et personne n'a songé à réclamer.

3° Quels motifs peuvent influencer la fixation du taux de la conversion?

Réponse. Trop bas, à 3 %, par exemple, comme dans le projet de M. de Villèle, la perte serait énorme pour le petit rentier et l'éloignerait de la conversion; trop haut, 4 1/2 ou 4 3/4, le bénéfice pour l'État serait faible, la réduction du taux de l'intérêt aurait peu d'effet sur les transactions privées; et puis un fonds de cette nature manquerait d'élasticité pour les spéculations de bourse, il n'attirerait pas les prêteurs.

4° Soumettrait-on à la conversion toutes les rentes, sans exception de celles *immobilisées*, comme pour les constitutions de majorats, de celles des établissements publics, et enfin des petits coupons, qui, en général, appartiennent à des familles peu aisées ?

Réponse. Il y aurait de puissantes considérations à faire valoir en faveur de ces diverses rentes, mais toute exception entraverait d'une manière fâcheuse l'opération, et aurait le grave inconvénient de maintenir dans nos fonds cet intérêt de 5 qu'il importe tant de réduire. Il vaudrait donc mieux n'admettre aucune exception.

Tous ces points ont été adoptés. Je suis fâché qu'on accorde la prime.

A la suite de cette discussion, nous avons traité la difficile question de la licence de la presse, que les tribunaux semblent ne vouloir pas réprimer avec la vigueur convenable.

J'ai proposé d'user, dans toute sa latitude, de la faculté réservée par les articles 8 de la loi du 9 juin 1819 et 11 de la loi du 25 mars 1822, et de fait ainsi répondre à toutes les attaques des doctrines subversives dans les propres colonnes des journaux de l'opposition.

Cette proposition a été vivement combattue ; on a dit :

1º Que la dignité du gouvernement serait compromise dans une lutte régulière avec de méprisables feuilles, qui ne subsistent que par le scandale et la calomnie ;

2º Que, si l'on voulait entretenir une pareille lutte, il vaudrait mieux entretenir un journal spécial à cet effet ;

3º Que les frais d'exécution de ce plan seraient

énormes, à cause du taux élevé du prix d'insertion.

J'ai répondu à ces trois principales objections :

1º Que, dans un gouvernement qui reconnaît comme principe fondamental et constitutionnel la liberté de la presse, le pouvoir doit se résoudre à se défendre par les journaux, puisqu'il est constamment exposé aux attaques des journaux ; qu'il ne peut y avoir dignité à se laisser impunément couvrir de boue, qu'enfin on peut *mépriser* son ennemi sans le *dédaigner*, et que les journaux font trop de mal pour qu'il soit impossible de leur laisser le champ entièrement libre, sans s'exposer au danger de voir bientôt mettre en pratique les théories révolutionnaires dont ils empoisonnent la nation ;

2º Que de tous les moyens que le gouvernement peut avoir de se défendre par la presse, un journal *ministériel* est le plus mauvais, et surtout le plus impuissant : d'abord parce que personne ne lit une telle feuille ; les opposants la méprisent, et les partisans, qui savent d'avance ce qu'elle peut contenir, ne prennent pas la peine de l'ouvrir ; mais que, en fût-il autrement, on n'atteindrait jamais, par cet établissement, le but qu'on se proposerait. Que faut-il en effet ? Combattre de fausses doctrines et repousser des calomnies. Or, pour remplir ce double objet, il est indispensable que les réfutations passent sous les yeux des lecteurs qui ont vu les attaques, et c'est ce qui n'arriverait pas avec une feuille ministérielle, à laquelle se garderaient bien de s'abonner les lecteurs des journaux de l'opposition. Si, au contraire, les réponses sont insérées dans les mêmes feuilles, dans les mêmes colonnes qui ont publié les provocations, et surtout si ces insertions ont lieu immédiatement après les publications dangereuses, le lendemain ou le surlendemain, le remède se trouvera ainsi constamment à côté du poison; d'une part, les journalistes ne tarderont pas à devenir plus circonspects, par la crainte d'être forcés de publier eux-mêmes leur défaite; d'un autre côté, les effets délétères des mauvaises doctrines seront considérablement modifiés, et souvent neutralisés, pour les lecteurs de bonne foi qui se laissent si facilement influencer par leur journal.

3° Quant aux frais, ils ne s'élèveraient pas à 10,000 fr. par mois; on aurait six rédacteurs de talent, à chacun 1,000 fr. par mois. Il n'y a guère que quatre ou cinq journaux de l'opposition assez répandus pour qu'il soit utile de les combattre, et il suffirait de leur faire insérer chacun un article d'une centaine de lignes par semaine. Est-ce que le gouvernement ne dépense pas davantage en subventions tout à fait inutiles à des journaux qui s'inquiètent peu de le soutenir, ou qui lui font plus de mal que de bien par leurs imprudentes apologies (1) ?

Ma proposition a été repoussée.

16 DÉCEMBRE, AU CHATEAU.

Les matières traitées dans la réunion d'hier ont été de nouveau discutées en présence du Roi et de Monseigneur le Dauphin.

Monseigneur a insisté avec beaucoup de force pour qu'on excepte de la conversion les rentes appartenant aux établissements de bienfaisance et les coupons de petites rentes.

19 DÉCEMBRE.

Le prince de Polignac nous a annoncé l'expédi-

---

(1) Le ministre des affaires étrangères donnait 30,000 fr. à la *Quotidienne*, 30,000 fr. à la *Gazette de France*, et quelques secours au *Drapeau blanc* et au *Messager*; ces subventions étaient données sous couleur d'un nombre déterminé d'abonnements.

tion d'un nouveau courrier au vice-roi d'Égypte, relativement à l'affaire d'Alger. Ceci doit être expliqué.

On sait qu'à l'occasion de nombreux outrages faits par le dey d'Alger au commerce français, au consul de France et à notre pavillon, le Roi, n'ayant pas obtenu les satisfactions qu'il était en droit de réclamer, fit mettre la Régence en état de blocus. Cette mesure, qui occasionne une dépense de je ne sais combien de millions (1) par an depuis 1827, n'a produit aucun effet; les difficultés de la mer dans ces parages rendent le blocus presque illusoire, et le dey ne fait qu'en rire.

Dans l'une des premières discussions auxquelles j'assistais, le prince de Polignac nous fit connaître la nécessité de mettre un terme à cet état de choses qui devenait plus honteux encore qu'onéreux pour le pays, et nous dit que le vice-roi d'Égypte s'offrait de venger la France en s'emparant des états de la Régence. D'après son plan, le vice-roi ferait marcher une armée par terre, qui, en longeant le rivage, s'emparerait successivement de Tripoli, de Tunis et d'Alger, tandis que sa flotte tiendrait la mer pour couper toute re-

---

(1) Je crois que le blocus coûtait deux millions par an.

traite aux Barbaresques et ravitailler l'armée de terre.

Pour prix de ce service, il demandait à la France dix millions et le don de quatre vaisseaux de ligne. Il exigeait, au reste, que toute l'expédition fût accomplie par lui seul, et que le pavillon de France n'y parût en aucune façon.

Cette proposition avait été acceptée avec empressement ; un émissaire avait été dépêché à Alexandrie pour conclure le traité, et déjà le ministre des finances avait donné des ordres pour diriger sur Toulon les fonds qui devaient y être embarqués.

Sur ce seul exposé, M. Courvoisier et moi fûmes frappés de l'étrange cession de quatre de nos vaisseaux de ligne au vice-roi d'Égypte, outre l'affaiblissement qui en résulterait pour notre marine. Il nous semblait peu honorable de faire passer sous un pavillon étranger des vaisseaux qui avaient longtemps porté avec honneur le noble pavillon de France ; nous aurions préféré qu'on donnât plus d'argent et point de vaisseaux, et cette idée, à laquelle se rallièrent bientôt le ministre de la guerre et M. de Chabrol, fut accueillie.

Ce premier pas nous conduisit à l'examen du traité en lui-même.

Quelques-uns de mes collègues et moi doutions de la possibilité que le vice-roi d'Égypte réalisât ses promesses. La marche d'une armée d'Alexandrie à Alger, en parcourant cinq cents lieues au travers des déserts, des marécages et des régions presque inconnues qui bordent cette longue étendue des rivages de la Méditerranée, nous semblait hérissée de difficultés insurmontables ; mais nous étions surtout frappés de l'espèce de honte qu'il y aurait pour la France à faire venger ses injures *à prix d'argent*..... et l'enthousiasme du prince de Polignac, en nous peignant *la destruction de l'esclavage et de la piraterie, et l'affranchissement de l'Europe des honteux tributs qu'elle payait, depuis des siècles, aux puissances barbaresques,* ne nous faisait point d'illusion sur le peu d'honneur qu'il y aurait à recevoir tous ces présents de la main d'un autre barbare qui ne vaut guère mieux que l'algérien.

Ce dernier point fut vivement débattu, et la majorité du conseil se réunit pour rejeter le plan présenté par le président et déjà en voie d'exécution.

Ramené lui-même à notre manière de voir, le prince de Polignac s'est hâté d'expédier un courrier sur les traces du premier, et c'est le départ de ce nouvel émissaire qu'il nous a annoncé (1).

Immédiatement après cette annonce, nous avons délibéré sur les autres moyens que nous pourrons employer pour mettre un terme à notre fâcheuse querelle avec le dey d'Alger.

Le prince nous a retracé tout ce qui s'est passé à cet égard : les négociations diplomatiques, la dernière tentative faite par M. de La Bretonnière, capitaine de vaisseau, suivie d'un nouvel outrage au pavillon du Roi, sur lequel le dey eut l'audace de faire tirer plusieurs coups de canon, lorsque le vaisseau la *Provence*, que montait M. de La Bretonnière, passa à portée des forts. Il est résulté pour nous, de cet exposé, la conviction que la force peut seule maintenant terminer cette affaire ; mais comment attaquera-t-on le dey ?

Un bombardement est bien difficile, presque impossible même, à cause des nombreux moyens de défense qui empêchent les approches : le demi-succès de lord Exmouth, dans une expédition de

(1) Nous apprîmes bientôt que cette mesure était surabondante, car le vice-roi ne pouvait faire son entreprise qu'avec l'autorisation du sultan, et le firman qu'il avait demandé avait été refusé avant l'arrivée de notre émissaire. Ainsi, nous n'eûmes pas l'espèce de honte qu'il y aurait eue à revenir sur un traité déjà presque consenti.

cette nature, fut dû au hasard, et d'ailleurs un tel châtiment n'a rien de décisif.

Le ministre de la guerre a dit que, si on se décide à une attaque sérieuse, il faut que son but soit la prise de la ville et la destruction complète de ce nid de pirates. La manière dont cette attaque pourrait être dirigée a fixé toute l'attention du conseil.

M. de Bourmont a développé les inconvénients et les difficultés d'un siége entrepris du côté de la mer; plusieurs exemples d'échecs, notamment la dernière et malheureuse tentative de Charles-Quint, doivent repousser toute idée d'une entreprise semblable, aujourd'hui surtout que la baie d'Alger est défendue par de nombreuses redoutes à droite et à gauche de la ville.

Le ministre de la guerre préférerait beaucoup une attaque du côté de la terre, en opérant un débarquement loin de la ville et la prenant à revers. Si cette opération ne pouvait être terminée dans une seule campagne, à cause du peu de temps de l'année pendant lequel les Européens pourraient faire la guerre sous le climat d'Afrique, qui empêcherait d'y consacrer deux ans ? On s'emparerait d'abord d'un point d'appui, d'Oran, par exemple, que les Espagnols ont pris plusieurs fois et où ils se sont maintenus sans difficulté, et de là on ferait marcher une armée sur Alger, qui serait aisément prise en quelques mois.

Ce plan nous a paru praticable ; mais, avant de rien arrêter, nous avons demandé des renseignements précis sur les moyens d'aborder cette côte peu connue ; sur les ressources qu'offrirait l'intérieur du pays, dans le cas où l'on serait obligé d'y faire hiverner une armée ; sur les obstacles que cette armée rencontrerait dans le trajet par terre d'Oran à Alger, et sur la force des fortifications de cette dernière ville du côté de terre.

Les ministres de la guerre et de la marine nous ont promis, pour le prochain conseil, tous les documents, cartes et mémoires qu'ils ont dans leurs archives sur Alger et toute la côte environnante.

Il a été, en outre, décidé que le ministre de la marine expédierait sur le champ deux ou trois bâtiments légers, avec des officiers habitués à la navigation de la Méditerranée, pour reconnaître la côte et relever un sondage exact depuis Alger jusqu'à Oran ; et que, de son côté, le ministre des affaires étrangères enverrait un émissaire adroit, un officier du génie, s'il se peut, pour examiner les fortifications d'Alger et la nature de l'intérieur du pays, — le tout sauf l'approbation du Roi.

Après cette grave discussion, M. Courvoisier a communiqué au conseil deux projets de lois interprétatives de la loi sur le sacrilége, et de celle sur les conseillers et les juges auditeurs ; mais il était fort tard et nous n'avons pu nous en occuper.

20 DÉCEMBRE, AU CHATEAU.

Le président du conseil a fait rapport au Roi de ce qui a été agité dans la réunion d'hier, et l'affaire d'Alger a été de nouveau traitée.

Le Roi a reconnu la nécessité absolue de prendre un parti vigoureux pour faire cesser un état de choses qui blesse l'honneur national. Les insultes du dey ont été rappelées : sous le prétexte de prétendus droits qu'il aurait à exercer, en vertu d'une créance que le gouvernement du Directoire avait contractée envers lui, que l'Empire repoussa constamment, et que la Restauration voulut bien reconnaître et acquitter (1), le dey n'a laissé

(1) C'était une dette de plusieurs millions, contractée par la République pour du blé que lui avait fourni le dey, sous le nom

échapper, depuis plusieurs années, aucune occasion de susciter des avanies à notre commerce ; il a voulu augmenter le prix de location de la pêche du corail dans la baie d'Alger, pour laquelle la France paie à la Régence, depuis des siècles, une redevance annuelle de 70,000 fr., redevance qui n'est, en réalité, qu'un tribut déguisé ; il a fait ou laissé détruire notre bel établissement de La Calle ; il a osé frapper notre consul qui réclamait la réparation de tant de griefs ; enfin il a mis le comble à son insolence en faisant tirer sur le pavillon du Roi.

d'un négociant algérien, *Bacri*. Les sollicitations du dey auprès de la République et de l'Empire pour obtenir la liquidation de cette créance, n'eurent aucun succès. La Restauration seule l'accueillit ; mais comme plusieurs négociants français avaient des réclamations à exercer contre le dey, il fut stipulé dans l'acte de liquidation que ces réclamations seraient exercées sur la somme reconnue due, et que *si des difficultés s'élevaient entre le dey et les réclamants, elles seraient jugées en France*. Le gouvernement français exécuta loyalement ses engagements, et paya au dey tout ce qui resta libre après les réclamations trouvées justes des négociants français, ses créanciers ; mais celui-ci prétendit, *contrairement à la lettre du traité*, que ces négociants devaient aller discuter leurs droits *devant lui*. Tous s'y refusèrent, bien entendu, et ils étaient autorisés à ce refus tant par la lettre même du traité que par l'idée qu'on se fait, avec trop de raison, de la justice algérienne.

Telle fut la cause première de nos querelles avec le dey, et la source de toutes les avanies qu'i nous suscita pendant plusieurs années.

Sa Majesté a donné son approbation entière aux décisions prises dans notre réunion d'hier ; en conséquence, nous n'avons plus qu'à discuter les moyens d'exécution.

A l'issue du conseil, j'ai demandé et le Roi m'a accordé la permission de m'absenter pendant huit jours pour faire un voyage dans ma famille.

2 JANVIER 1830.

Le ministre des finances nous a entretenus de son projet de conversion des rentes, et les principales bases en ont été adoptées.

La conversion aura lieu en 4 %, avec un *demi* de prime pour les rentiers qui convertiront. Cette opération mettra à la disposition du gouvernement :

1º Par la différence résultant de la conversion du 5 en 4. . . . . 40,789,415 fr.

2º Sur la masse actuelle de l'amortissement, après répartition entre les diverses natures de fonds à 1 % de capital, environ . . . 8,219,604

Ce serait, en total, près de 50,000,000 fr. de rentes qui pourraient être annulées sur le champ, mais que l'on demanderait à conserver pendant cinq années, pour terminer tous nos grands travaux.

Ainsi, après les cinq années, le résultat serait 50,000,000 de dégrèvement dans les charges du budget, et 250,000,000 employés en travaux d'intérêt public.

Il a été arrêté que, pour bien constater le taux actuel de l'intérêt, le ministre mettrait immédiatement en adjudication les quatre millions de rentes accordées par les chambres au précédent ministère pour les frais de l'expédition de Morée.

M. Courvoisier a communiqué un projet de loi sur le duel. Une vive discussion s'est élevée entre lui et moi sur ce projet ; j'ai présenté et fait admettre plusieurs amendements ; malgré cela, je regarde la loi comme mauvaise. Mon opinion est fixée depuis longtemps à cet égard : je tiens qu'il est impossible de régler cette matière par une loi spéciale ; que le duel loyal est inhérent à nos mœurs, peut-être même nécessaire à nos habitudes pour la conservation de cette politesse, de cette urbanité qui de tout temps distinguèrent les Français, et qu'en définitive le mieux serait de laisser dans le droit commun les blessures et l'homicide qui ont lieu en duel, sauf au jury à faire l'appréciation des circonstances d'où résulte la culpabilité ou la non-culpabilité de l'auteur. On pourrait être assuré que jamais une condamnation ne serait prononcée lorsqu'il serait prouvé que le combat a été loyal et conforme en tout aux règles du point d'honneur.

A cette occasion, j'ai fortement engagé le garde-des-sceaux à introduire dans la partie criminelle de notre code pénal une disposition analogue à celle de l'article 463 pour la partie correctionnelle. D'après cette disposition, on poserait toujours au jury la question subsidiaire des *circonstances atténuantes* (1); et, en cas d'affirmative, les peines prononcées par la loi seraient graduellement modifiées jusqu'à n'être que simplement correctionnelles pour certains crimes actuellement frappés des peines les plus graves. On remédierait ainsi à la grande sévérité de notre code pour certains cas, et on éviterait le scandale de ces acquittements nombreux, dus à l'humanité du jury qui recule devant des peines hors de proportion avec le délit.

---

(1) Le nouveau gouvernement vient d'introduire cette innovation dans notre législation criminelle, précisément comme je la proposais, dans ce sens qu'il attribue au jury l'appréciation des *circonstances atténuantes.*

M. Courvoisier ne serait pas éloigné d'adopter l'idée de l'article analogue au 463, mais il voudrait laisser aux magistrats l'appréciation des circonstances atténuantes : je pense que cette modification serait contraire à notre législation criminelle, en ce qu'elle attribuerait aux juges une *appréciation de faits* qui doit être du domaine exclusif du jury ; d'un autre côté, on n'atteindrait pas ainsi le but proposé, qui doit être d'empêcher le jury de se laisser influencer par la crainte de voir appliquer une peine trop sévère, car il se méfierait toujours des rigueurs de la magistrature.

3 JANVIER, AU CHATEAU.

Le Roi a provoqué une discussion sur l'époque à laquelle il conviendrait de convoquer les chambres. Après un mûr examen et l'engagement pris par le ministre de l'intérieur de rendre prête la salle provisoire, l'ouverture de la session a été fixée au 2 mars prochain.

5 JANVIER.

M. de Montbel nous a communiqué un long

projet de loi sur le roulage, qu'il veut présenter à la prochaine session. Nous l'examinerons.

M. de Chabrol a fixé au 12 courant l'adjudication de ses quatre millions de rentes à 4 %, ou plutôt d'un emprunt de 80,000,000 à ce taux.

M. Courvoisier a présenté plusieurs projets de lois d'interprétation.

M. de Bourmont nous a communiqué une foule de documents sur Alger et la côte d'Afrique; tous ces matériaux tendent à fortifier l'opinion du conseil sur la possibilité d'une attaque par terre, en débarquant du côté d'Oran, mais rien n'a été arrêté définitivement : on attend des renseignements plus précis.

12 JANVIER.

Les conseils des 6, 9 et 10 ont été entièrement consacrés à l'examen de la grande question d'Alger.

L'emprunt des 80,000,000 a été adjugé ce matin, et le succès a dépassé nos espérances : le 4 % a été porté, par la maison Rotschild, à près de 102. M. de Chabrol est très-fâché d'un si beau résultat. Il nous a expliqué que le 4, dépassant ainsi le pair, il se trouve dans la nécessité de prendre un taux plus bas pour la conversion, et qu'alors la perte sur les revenus devenant plus forte pour les rentiers, le succès de sa proposition aux chambres peut être compromis.

J'ai annoncé un projet pour la propagation de l'enseignement primaire ; on me promet une forte opposition.

13 JANVIER, AU CHATEAU.

L'adjudication d'hier a donné lieu à un retour sur le projet de conversion, et, après de longues observations, le conseil a persisté dans sa décision antérieure.

Nous avons traité la question d'Alger.

16 JANVIER.

J'ai apporté au conseil un projet d'ordonnance tendant à généraliser l'enseignement primaire dont près de 15,000 communes sont encore privées ; ce projet a été vivement combattu par le prince de Polignac et par M. de Montbel ; mais, au reste, comme il contient des dispositions administratives, M. de Chabrol a observé qu'il devait être soumis à l'approbation du Conseil d'État ; sa discussion a été ajournée jusqu'à ce que cette formalité ait été remplie.

30 JANVIER.

Les conseils, depuis le 16, ont été consacrés à des discussions de finances relatives au budget de 1831, à l'affaire d'Alger, et à l'examen de quelques lois interprétatives, préparées par le garde-des-sceaux.

Aujourd'hui, le prince de Polignac nous a donné des renseignements du plus haut intérêt, qui ont été tout récemment recueillis sur l'intérieur de la régence d'Alger et sur les approches de la côte.

Les premiers sont parfaitement d'accord avec ceux qu'on trouve dans l'ouvrage de Boutin ; le sol est sablonneux, mais pourtant susceptible de recevoir un tracé de route. On se procure facilement de l'eau potable sur les bords de la mer, en creusant dans le sable à une petite profondeur. Le château de l'empereur, seul point fortifié à l'intérieur de la ville, est peu redoutable ; une artillerie bien commandée et bien servie le réduirait en peu de jours ; les murailles de la ville, du côté de la terre, sont en briques, mal entretenues, et l'on pense que quinze jours ou trois semaines d'un feu bien dirigé suffiraient pour y faire une brèche praticable (1).

La côte est mauvaise, en général ; les vents y sont très-variables et les orages fréquents ; des courants très-forts, portant de l'ouest à l'est, rendent les stations difficiles ; le mouillage est presque partout mauvais ; cependant on trouve, à droite et à gauche de la pointe de Sidi-Ferruch, deux petites baies où les vaisseaux pourraient s'abriter, et l'une d'elles a un fond passable ; l'abord de cette partie de la côte est facile ; il y a même un endroit où un fort bâtiment peut approcher de terre jusqu'à la distance d'une encablure. La pointe ou presqu'île de Sidi-Ferruch n'est défendue que par un mauvais fortin ruiné ; elle est assez étendue pour que plusieurs régiments puissent s'y développer aisément, et il serait facile de la rendre inexpugnable du côté de terre, au moyen d'un retranchement de peu d'étendue.

Ces renseignements, fournis par les ministres des affaires étrangères et de la marine, nous ont fortifiés dans notre opinion sur le fait même de

(1) Notre émissaire de l'intérieur fut puissamment secondé par le consul de Sardaigne ; je crois que, en récompense, le Roi donna la croix de la Légion d'Honneur à ce consul.

l'entreprise ; mais ils modifieront sûrement nos premières idées sur le mode d'exécution.

Le prince de Polignac nous a communiqué diverses questions faites par le gouvernement anglais sur le bruit déjà répandu de nos projets.

1er FÉVRIER.

(Réunion avancée d'un jour, à cause de la fête de demain.)

Hier, au château, il a été fait rapport au Roi de tous les documents relatifs à Alger.

Cette grande affaire nous a encore occupés aujourd'hui ; elle est maintenant parfaitement éclaircie ; mais, avant de prendre une détermination, nous voudrions entendre les officiers généraux de la marine ; en conséquence, nous avons prié le prince de Polignac de convoquer chez lui, en notre présence, une assemblée de tous ceux de ces officiers qui se trouvent à Paris, et de quelques officiers généraux du génie et de l'artillerie ; cette réunion a été fixée à samedi prochain. — Nous avons aussi prié les ministres de la guerre et de la marine de nous apporter le même jour des notes précises sur les forces que devrait avoir l'expédition, et les délais nécessaires pour les préparatifs dans leurs départements respectifs.

6 FÉVRIER.

Conformément à ce qui avait été arrêté mardi dernier, le président du conseil a réuni chez lui, ce matin, une vingtaine d'officiers généraux et autres de la marine ; le général Valazé, du génie, y était aussi, et M. Deval, neveu de notre dernier consul à Alger, avec un autre employé au conseil d'Alger.

La question posée à cette assemblée a été celle de savoir *si une expédition qui attaquerait Alger du côté de terre est praticable, et quel serait le point de la côte le plus favorable pour en opérer le débarquement ?*

Tous les officiers généraux de la marine, sans exception, ont déclaré que le débarquement d'une armée telle qu'il la faudrait, et du matériel nécessaire pour une pareille entreprise, serait *absolument impraticable ;* leurs principaux motifs, longuement développés par plusieurs d'entre eux, ont été autant que je puis m'en souvenir, après cette longue et fatigante conférence :

1º Que la mer est extrêmement et presque constamment mauvaise sur toute cette côte d'Afrique; qu'on ne peut jamais y compter sur huit jours non interrompus de beau temps, et que cependant le débarquement dont il s'agit ne pourrait se faire en moins de quinze jours ou trois semaines (1);

2° Qu'il serait absolument impossible de tenter un débarquement dans la baie d'Alger dont le contour est armé de batteries formidables; qu'il faudrait donc prendre le point de débarquement sur la côte à l'ouest, du côté d'Oran; mais que, sur toute cette côte, il existe de forts courants qui portent dans la baie, et qu'il n'y a aucun mouillage tenable entre Alger et Oran;

3° Quant à l'intérieur du pays, il offrirait des obstacles encore plus insurmontables : des sables brûlants, point de routes, point d'eau, point de moyens de subsistance, et des nuées de bédouins bien montés et intrépides.

Les objections relatives à la mer ont été vivement combattues par deux jeunes officiers, nommés, je crois, Du Petit-Thouars et Guay-Taradel, lieutenants de vaisseau ou capitaines de frégate.

« Ces objections, ont-ils dit, ne sont fondées
« que sur de vieilles traditions : la côte d'Afrique

---

(1) Plus tard l'amiral Duperré lui-même établissait que le débarquement exigerait vingt-sept jours. Ses calculs, faits avec le plus grand détail et presque heure par heure, se trouvaient dans un mémoire remis à Monseigneur le Dauphin.

« est peu connue ; on n'y navigue guère, et ses
« dangers ont été exagérés par des navigateurs du
« commerce. La vérité est que la mer est in-
« constante dans ces parages ; que le mouillage
« près de terre n'est pas très-sûr ; mais, avec un
« peu d'habileté et de la persévérance, on par-
« viendrait certainement à opérer un débarque-
« ment aux environs de la presqu'île de Sidi-
« Ferruch en moins de temps que ces Messieurs
« ne le pensent : deux ou trois jours suffiraient
« pour mettre à terre assez de monde pour se
« maintenir contre des hordes barbares qui ne
« savent ce que c'est que la tactique militaire ; et,
« si le mauvais temps obligeait de suspendre l'opé-
« ration, on pourrait l'achever en plusieurs fois
« sans de grands inconvénients. »

Les obstacles de l'intérieur ont été très-bien combattus par le général Valazé et par nos jeunes employés du consulat.

Après quatre heures de discussions fort animées, dans lesquelles les vieux marins ont maintenu leur dire, la séance a été levée et nous avons délibéré.

Tous les arguments *pour* et *contre* qui venaient d'être développés, ont été repris, examinés, débattus, et enfin nous sommes tombés d'accord, *à l'unanimité,* de présenter demain au Roi notre opinion ainsi résumée :

1º Le débarquement peut s'opérer sur la presqu'île de Sidi-Ferruch ;

2º Le trajet entre Sidi-Ferruch et Alger, avec un équipage de siége, n'offre pas des obstacles insurmontables ;

3º Les fortifications d'Alger, du côté de terre, ne tiendront pas plus de trois semaines contre une attaque bien dirigée, et le feu d'une artillerie aussi nombreuse que celle dont le chef de l'expédition pourra disposer ;

4º Les préparatifs de l'expédition peuvent être terminés dans l'espace de six mois : du jour où la flotte mettra à la voile, il ne faut pas plus de deux mois pour opérer la réduction de la ville d'Alger ; tout peut donc être terminé dans les mois d'*août* et de *septembre*, qui, de l'aveu des navigateurs anciens et modernes, sont les plus favorables dans ces parages.

5º Enfin, pour obvier aux principaux obstacles que présente l'intérieur du pays, on pourra munir l'armée de divers objets d'approvisionnement qu'elle ne porte pas ordinairement en campagne.

Joignant à ces considérations l'avantage de demeurer entièrement maîtres de la mer, la tentative proposée ne peut jamais avoir une issue bien funeste.

En conséquence, nous avons arrêté que l'expédition serait proposée au Roi.

Les chefs seront choisis par le Roi lui-même; cependant, le ministre de la marine désire que le commandement de la flotte soit donné au vice-amiral Duperré, brave marin et surtout heureux; quant à l'armée, le duc de Raguse en ambitionne fort le commandement; il en a déjà parlé à Monseigneur le Dauphin, pour l'hypothèse où les bruits répandus de cette expédition se réaliseraient, mais nous préférerions tous qu'il fût donné à notre collègue Bourmont; le duc de Raguse n'est pas heureux; et puis cette armée impériale n'a-t-elle pas assez de gloire? Quoique Bourmont ait aussi servi honorablement sous l'Empire, il appartient encore plus aux armées royales.

7 FÉVRIER, AU CHATEAU.

Le président du conseil a rendu compte au Roi de la séance d'hier, de l'importante discussion soutenue dans l'assemblée des officiers de marine, et de la délibération que nous avons prise ensuite. L'affaire a été de nouveau discutée en présence de

Sa Majesté et de Monseigneur le Dauphin, et nous avons tous reproduit, avec de nouveaux détails, les nombreux motifs qui nous portaient à regarder l'expédition proposée comme absolument *nécessaire* pour venger des insultes intolérables, mettre un terme à cet insignifiant blocus, qui coûte des sommes énormes sans aucun résultat, et dégager la parole du Roi, qui, depuis trois ans, a promis, à chaque ouverture de session, de faire cesser un état de choses vraiment humiliant pour la France; et à reconnaître qu'elle est vraiment *praticable,* malgré les sérieuses difficultés qu'elle opposera à l'habileté de nos marins et au courage de nos soldats.

Le Roi et Monseigneur le Dauphin ont apprécié les considérations développées à l'appui de l'opinion du conseil, et l'expédition a été décidée.

Dès demain, les ordres seront expédiés par le télégraphe pour prescrire les préparatifs relatifs à l'armement de la flotte, le nolisement des bâtiments de transport et la composition de l'armée expéditionnaire.

9 FÉVRIER.

Nous avons jeté les bases du discours d'ouverture de la session ; après quelques discussions, il a été convenu que chacun de nous rédigerait ses idées et apporterait son projet à la réunion de samedi.

J'ai reproduit mon projet d'ordonnance pour la propagation de l'enseignement primaire. Il a été vivement combattu, je n'espère pas l'emporter.

10 FÉVRIER, AU CHATEAU.

Le ministre de la marine a annoncé qu'il avait déjà transmis des ordres dans tous nos ports pour les préparatifs de l'expédition. Il a proposé et le Roi a agréé pour le commandement de la flotte le vice-amiral Duperré (1), préfet maritime à Brest. Il pourra recevoir aujourd'hui même, par le télégraphe, l'ordre de venir sur-le-champ recevoir ses instructions.

A la guerre, on s'est aussi occupé de l'organisation de l'armée et de l'immense matériel nécessaire pour une telle entreprise.

Le Roi a déclaré qu'il ne souffrirait pas que les personnes attachées au gouvernement par leurs fonctions fissent une opposition hostile, et, pour

(1) 1844. Je croyais que le choix de Duperré venait du propre mouvement d'Haussez. Il m'a dit à Paris, dernièrement, que ce choix avait été *imposé* par Monseigneur le Dauphin.

l'exemple des autres, il a ordonné au ministre de la guerre de rayer des contrôles de la garde le général Sesmaisons qui se prononce hautement contre la marche actuelle.

13 FÉVRIER.

Nous nous sommes occupés du discours d'ouverture de la session, ainsi qu'on l'avait arrêté à une réunion précédente; chacun a apporté son projet; après quelques amendements, tous ces canevas ont été remis à M. Courvoisier qui s'est chargé de la rédaction définitive.

J'ai reproduit mon projet d'ordonnance sur l'instruction primaire; la discussion a été longue et animée; il m'a semblé qu'une opposition systématique avait été organisée pour la faire rejeter; mais enfin je suis parvenu à l'emporter, et cette ordonnance sera présentée demain à la signature du Roi, sauf nouveaux embarras.

14 FÉVRIER, AU CHATEAU.

Ma pauvre ordonnance sur l'enseignement primaire l'a échappé belle; la décision d'hier a été attaquée par le prince de Polignac ; Monseigneur le Dauphin s'est presque prononcé contre, et ce n'est pas sans de grands efforts que je suis parvenu à me défendre ; enfin elle est signée.

20 FÉVRIER.

Les conseils des 16 et 17 n'ont rien offert de remarquable.

Nous avons discuté aujourd'hui le discours d'ouverture ; quelques paragraphes ont été modifiés. J'aurais voulu qu'on ajoutât un mot au dernier ; il est ainsi conçu : « Si de coupables manœuvres
« suscitaient à mon gouvernement des obstacles
« que je ne veux pas prévoir, je trouverais la force
« de les surmonter dans ma résolution de mainte-
« nir la paix publique, dans la juste confiance des
« Français et l'amour qu'ils ont toujours montré
« pour leurs rois. » Je crains que dans ce dernier membre de phrase, où le Roi ne parle que de sa *volonté* et de son *pouvoir*, l'opposition ne trouve la menace de gouverner par ordonnance, et n'exploite cette pensée avec quelque succès. Pour éviter cet inconvénient, j'ai demandé que les chambres fussent *nommément* appelées à seconder le Roi dans la

circonstance prévue, et j'ai proposé de rédiger ainsi la fin de ce passage : « ..... je trouverais la « force de les surmonter dans ma résolution de « maintenir la paix publique, dans le loyal appui « que j'ai droit d'attendre des deux chambres, « dans la juste confiance, etc. »

Après une longue et vive discussion, dans laquelle Courvoisier s'est presque fâché, mon amendement a été rejeté et le projet adopté.

10 MARS.

Depuis le 20 février, nous n'avons eu aucune délibération remarquable, si ce n'est pour la nomination du président de la chambre des députés.

Les deux premiers candidats de la liste étaient Royer-Collard et Casimir Périer ; quelques membres du conseil ont proposé au Roi de nommer le second ; ce choix serait politique, disaient-ils : il aurait pour effet inévitable de jeter la division entre les deux fractions de gauche auxquelles appartiennent les deux compétiteurs ; il amoindrirait l'influence de Royer-Collard et pourrait aussi compromettre celle de Périer lui-même, dont la violence ne tarderait pas à blesser la chambre.

On a objecté que déroger dans cette circonstance à l'usage établi de nommer le premier candidat, ce serait annoncer un plan médité qui pourrait être mal compris ; les royalistes ne s'expliqueraient pas la préférence donnée à l'homme d'extrême gauche ; ce choix jetterait des inquiétudes dans les départements et n'aurait pas les avantages qu'on s'en promet; car les ennemis du gouvernement sauraient bien suspendre leurs inimitiés particulières pour se réunir dans le but commun de l'opposition ; ces réflexions ont prévalu, et Royer-Collard a été nommé.

Le Roi a reçu hier l'adresse de la chambre des pairs ; cette adresse est bien et promet un loyal appui au gouvernement. Sa discussion a été fort calme ; deux discours d'apparat seulement ont été prononcés, l'un par l'amiral Verhuel, l'autre par M. de Chateaubriand.

Le premier ne s'est attaché qu'au paragraphe relatif à l'expédition d'Alger ; il a démontré que cette expédition était *absurde* et son succès *impossible;* il n'a fait, au reste, que ressasser pour cette démonstration tous les arguments produits par les officiers généraux de la marine dans la réunion du 6 février : ces messieurs se sont tous ligués pour empêcher cette entreprise. Dans quel but? dans quel intérêt?

M. de Chateaubriand a parlé longuement, et sur l'expédition, dont il n'a dit ni bien ni mal, et sur les prétendus projets du gouvernement contre les libertés publiques, notamment contre *la liberté de la presse,* que le noble pair a signalée comme le palladium de notre prospérité et de la stabilité du gouvernement : « Qu'on me mette en
« présence d'une usurpation, quelle qu'elle soit,
« a-t-il dit, qu'on me donne la liberté de la presse,
« dans six mois j'aurai renversé l'usurpation ou
« élevé mon échafaud..... »

Ni l'un ni l'autre, peut-être ; mais, au fait, ces deux choses sont assez difficiles à concilier, car il est probable qu'un usurpateur ne serait pas assez sot pour laisser la liberté à la presse.

Le prince de Polignac a rendu compte au Roi d'une communication que lui a faite l'ambassadeur d'Angleterre au nom de son gouvernement.

Il paraît que nos préparatifs pour l'expédition d'Alger intriguent le ministère anglais ; ces préparatifs lui paraissent trop considérables pour ne tendre qu'au simple châtiment du dey. Il soupçonne des intentions conquérantes et demande des explications précises à cet égard.

Le Roi a ordonné de répondre : « Qu'il n'est
« guidé par aucune vue d'ambition personnelle ;

« que son pavillon a été insulté, et qu'il saura le
« venger, comme il convient à l'honneur de son
« peuple ; que si, dans la lutte, le gouvernement
« actuel de la Régence venait à être renversé, il
« s'entendrait volontiers avec ses alliés sur les
« moyens de substituer à ce gouvernement barbare
« un nouvel état de choses plus approprié aux
« progrès de la civilisation et aux véritables in-
« térêts de la chrétienté ; mais que, à cet égard,
« il n'entend prendre aucun engagement contraire
« à sa dignité et aux intérêts de la France. »

Le ministre de la marine s'est plaint amèrement de la conduite du vice-amiral Duperré : d'abord cet officier, mandé à Paris par dépêche télégraphique dès le 10 ou 11 février, différa plusieurs jours d'obéir et n'arriva que le 22; depuis ce moment, Duperré ne cesse de déclamer, et dans les bureaux de la marine, et dans les réunions particulières, contre l'expédition qu'il qualifie d'*absurde* et d'*impraticable ;* les choses ont été si loin que M. d'Haussez l'a menacé de lui faire retirer son commandement. Le Roi a déclaré que, si le conseil jugeait cette mesure utile, il n'hésiterait pas à la prendre ; le ministre de la marine a demandé qu'on ajournât et qu'il verrait encore le vice-amiral.

17 MARS.

Nous n'avons rien eu de remarquable aux trois derniers conseils.

Aujourd'hui le conseil avait à préparer la réponse du Roi à l'adresse de la chambre des députés qui doit être apportée demain.

La discussion de cette adresse à mis à découvert les plans de l'opposition: elle veut *forcer* le Roi à changer son ministère, non qu'elle redoute beaucoup l'ascendant des hommes dont il est composé; mais, d'une part, ce changement serait un embarras extrême pour la couronne qui, après avoir épuisé toutes les nuances d'opinion dans ses nombreux essais précédents, ne saurait où prendre ses nouveaux ministres et serait peut-être obligée de les tirer du centre gauche; d'un autre côté, la prérogative royale une fois forcée sur ce point, la chambre se rendrait en quelque sorte maîtresse du choix par le moyen indirect de *l'élimination*, et de nouvelles exigences trouveraient le pouvoir entièrement désarmé : sous ce rapport, l'adresse est évidemment inconstitutionnelle, et, de plus, le refus énoncé par la chambre de concourir aux mesures qui lui seraient ultérieurement proposées par les ministres du Roi dans l'intérêt de l'état, est un acte *factieux*, un véritable préambule de révolution : cette chambre voudrait-elle recommencer 89 ?....

Avant d'entrer dans l'examen ordonné par le Roi, un premier point devait être décidé par Sa Majesté seule : *Était-elle disposée à céder au vœu de la chambre en changeant les ministres?*

Le Roi a déclaré qu'il ne se soumettrait jamais à une telle prétention, qui ne tendrait à rien moins qu'à confondre tous les pouvoirs et réduire la couronne au dernier degré d'avilissement : « Les « chambres, a dit Sa Majesté, ont un moyen con-« stitutionnel d'exprimer que le ministère ne pos-« sède pas leur confiance, c'est de repousser ses « propositions ; mais elles manquent à leur devoir, « elles usurpent sur la puissance royale lorsqu'elles « viennent d'avance déclarer qu'elles ne *veulent* « pas concourir avec tels ou tels ministres dont « elles ne peuvent même connaître les intentions.

« D'ailleurs, a ajouté le Roi, quel ministère « pourrait s'entendre avec cette chambre? Lorsque « je voulus changer le ministère Martignac, dont « les concessions nous menaient tout droit à une « révolution, j'en parlai à M. Royard-Collard et

« lui demandai quels étaient les hommes qui, à
« son avis, auraient le plus d'influence sur la
« majorité de la chambre ; il me répondit que
« personne au monde ne pourrait se flatter d'exer-
« cer la moindre influence sur cette chambre ;
« qu'elle était divisée en tant de fractions diverses
« qu'aucun ministère ne serait capable d'y former
« une majorité tant soit peu solide, et que je
« pouvais nommer qui bon me semblerait, sans
« crainte d'avoir à me dire que j'aurais pu mieux
« choisir. Dernièrement encore, quand il est venu
« me remercier de sa nomination à la présidence,
« je lui ai demandé s'il était toujours dans la même
« opinion : *Plus que jamais,* m'a-t-il dit ; *il n'y a*
« *pas de ministère qui puisse faire le bien avec*
« *une telle assemblée ; une majorité s'y formera*
« *accidentellement sur un point ou sur un autre,*
« *mais sans consistance, sans stabilité; le mieux*
« *serait de la dissoudre.....* Voilà ce que m'a dit
« M. Royer-Collard, et je crois qu'il a raison ;
« mais, au reste, voyez, Messieurs, le parti que
« vous jugerez bon à prendre. »

L'intention du Roi ainsi manifestée, M. de Montbel déclara qu'à son avis il n'y avait qu'un seul
parti, indiqué par la nature même des choses, qu'il
jugeait la chambre absolument comme M. Royer-

Collard, et qu'en conséquence il pensait que le Roi devait saisir l'occasion offerte par l'inconvenance de l'adresse, et renvoyer cette chambre, en la prorogeant d'abord pour avoir le temps de préparer les élections.

Tout le conseil a voté dans le même sens, et seul j'ai cru devoir exprimer une opinion différente.

« Je reconnais, ai-je dit, tout ce que l'adresse a
« de coupable et d'*inconstitutionnel*; mais il est un
« point capital sur lequel j'appelle l'attention du
« conseil : jusqu'à présent la discussion est restée
« ouverte entre le ministère et la chambre, et,
« quoi qu'il arrive, le pouvoir royal, arbitre sou-
« verain entre les deux parties, conservera son
« indépendance tant que nous demeurerons sur ce
« terrain. La dissolution proposée changerait com-
« plètement la position des choses ; par cette me-
« sure, la couronne se prononçant formellement
« en faveur de ses ministres, entrerait elle-même
« en lice avec l'opposition, et rendrait les colléges
« électoraux juges suprêmes de cette lutte nou-
« velle ; or ceci est de la plus haute gravité et peut
« entraîner de terribles conséquences : quelle res-
« source, par exemple, resterait-il au pouvoir royal
« *vaincu dans son appel aux électeurs*, si les col-
« léges lui renvoyaient ou la même chambre, ou

« une chambre plus hostile encore que celle-ci ?
« Et qu'on ne regarde pas cette hypothèse comme
« dénuée de fondement : grâce à la presse pério-
« dique, l'esprit qui pervertit la chambre a péné-
« tré profondément dans le corps électoral ; la
« majorité de ce corps, une forte majorité peut-
« être, voterait en ce moment dans le sens du
« centre gauche ; car, aux hommes qui professent
« réellement les doctrines de cette partie de la
« chambre, se réuniraient, pour écarter les roya-
« listes de droite, la défection et l'extrême gauche ;
« or, je le dis avec une profonde conviction, une
« chambre où dominerait la couleur du *centre*
« *gauche* serait plus dangereuse pour la monarchie
« que celle où l'extrême gauche serait en majorité ;
« car celle-ci serait appuyée par les sympathies
« d'une grande partie de la nation, et n'effraierait
« pas comme la gauche proprement dite, dont les
« projets révolutionnaires sont trop à découvert
« pour être redoutables.

« Je ne vois qu'un moyen de conjurer ce danger,
« le plus grand, à mon avis, dont le trône soit me-
« nacé, c'est de tenter l'épreuve de la session avec
« la chambre actuelle. Je n'espère pas que le mi-
« nistère puisse y rallier une majorité tant soit
« peu compacte ; mais le vote de l'adresse ne me

« paraît pas aussi démonstratif qu'on le dit d'une
« hostilité arrêtée et systématique.

« Parmi les 221 qui ont emporté ce vote, il y a
« un grand nombre de députés qu'on aurait tort de
« confondre avec les ennemis de la monarchie : la
« question de cette adresse était, pour beaucoup
« de votants, plus personnelle que politique ; les
« amis du dernier ministère se sont réunis à la
« gauche par ressentiment contre les successeurs
« de leurs patrons qu'ils espéraient ramener ainsi
« au pouvoir ; la défection en a fait autant, parce
« qu'elle attaquera tous les ministères jusqu'à ce
« qu'elle se soit emparée des portefeuilles ; mais
« ces deux fractions ne peuvent conspirer le ren-
« versement du trône ; et lorsqu'elles auront re-
« connu la ferme volonté du Roi de ne pas céder à
« des exigences inconstitutionnelles, elles se sépa-
« reront de la faction révolutionnaire, et nous les
« trouverons souvent disposées à favoriser les me-
« sures vraiment utiles que nous proposerons ; mais
« enfin, dussent ces deux fractions nous refuser
« tout concours, au moins est-il certain qu'elles ne
« s'associeront jamais à aucun projet subversif, et
« leur inertie faciliterait au gouvernement le pas-
« sage d'une session qui ne serait employée qu'à la
« discussion du budget. Nous gagnerions ainsi une

« année ; la prérogative serait sauvée ; les esprits,
« calmés par le temps et la réflexion, éclairés peut-
« être sur les calomnies dont le journalisme a
« poursuivi le ministère depuis huit mois, devien-
« draient moins hostiles, et le Roi pourrait alors,
« avec moins de danger, ou changer ses ministres,
« ou demander aux colléges de nouvelles élections.

« Que si ces prévisions se trouvaient trompées,
« si la chambre portait son aveugle opposition
« jusqu'à refuser le budget, comme on nous en
« menace, eh bien ! elle aurait fait elle-même un
« coup-d'état plus violent que tous ceux annoncés
« par la presse depuis six mois ; elle aurait brisé
« la charte, car, en refusant l'impôt, elle aurait
« anéanti toutes les combinaisons électorales ; le
« Roi rentrerait dans la plénitude de son droit con-
« stituant, et aviserait aux moyens de sauver l'état.

« Cette extrémité serait terrible sans doute ;
« j'ignore comment et par quelle voie la monarchie
« sortirait d'une semblable épreuve ; mais dans la
« conviction où je suis que la chambre actuelle
« sera moins entreprenante encore que celle qui
« sortirait des élections qu'on veut tenter, j'aime-
« rais mieux courir ces chances avec elle.

« J'ajoute qu'en procédant ainsi, le pouvoir au-
« rait le double avantage de ne point épuiser tout

« d'abord son action constitutionnelle, et de ne pas
« donner à ses ennemis le temps de mieux prépa-
« rer leurs attaques, tandis qu'il aurait, lui,
« un délai de plusieurs mois pour organiser ses
« moyens de résistance. »

M. de Montbel a combattu ces arguments ; il a dit que mon opinion sur les dispositions des électeurs était exagérée ; que si la majorité, et même une majorité assez forte des élections d'arrondissement était mauvaise, nous pouvions compter sur la presque totalité des élections de département, qui rétabliraient la balance en notre faveur. Il a ajouté que, pour éclairer les électeurs, il serait peut-être nécessaire que le Roi leur adressât une proclamation, comme cela eut lieu avec succès en 1816, et que certainement la voix du souverain ne se ferait pas vainement entendre au sein d'une nation si renommée par son amour pour ses princes.

J'ai cru devoir répondre, et peut-être ma réponse a-t-elle été plus vive qu'il ne convenait en présence du Roi : « C'est une erreur manifeste,
« ai-je dit, de compter sur la totalité des élections
« de département, et peut-être se fait-on aussi
« illusion sur l'importance de la majorité hostile
« qui sortira des colléges d'arrondissement ; les
« combinaisons électorales sont beaucoup plus dé-

« favorables aujourd'hui qu'elles ne l'étaient lors
« de la nomination de la chambre actuelle ; nous
« aurons à faire l'application de la loi de 1828, et
« l'on ne peut calculer l'influence de cette loi im-
« politique sur la composition des colléges ; l'in-
« tervention des tiers dans la formation des listes
« a donné à l'opposition une puissance énorme
« dont elle n'a que trop profité, à l'aide de ses
« sociétés directrices, et les royalistes perdent ici
« tous leurs avantages de position. Insouciants
« d'un droit dont en général on n'apprécie le mérite
« que lorsqu'il s'agit d'attaquer le pouvoir, ils né-
« gligent de se faire inscrire et reculent souvent
« devant la menace des procès que peuvent leur
« susciter les comités directeurs. Ceux-ci, au con-
« traire, ne négligent aucun moyen ; soigneux de
« faire inscrire leurs hommes, ils y procèdent
« souvent avec des droits douteux, parce qu'ils
« ne redoutent aucun contrôle de la part de leurs
« timides adversaires, et, dans leur ardeur d'in-
« vestigation, ils éloignent des listes une foule de
« gens honnêtes dont les droits sont incontes-
« tables, mais qui aiment mieux céder, ou se tenir
« à l'écart, que de soutenir une lutte fatigante, et
« parfois désagréable, par la publicité qu'elle
« donne aux affaires de famille les plus secrètes.

« On parle d'une proclamation et de l'amour des
« peuples.

« Ce qui fut bon une fois, dans les commence-
« ments de la Restauration, pourrait être inutile
« et même dangereux aujourd'hui ; et pourtant de
« semblables démarches ne doivent se faire que
« quand le succès est *infaillible*, car l'échec com-
« promettrait tout à la fois la dignité et l'autorité.

« *L'amour des peuples!!*.... Il m'est pénible d'ex-
« primer ma pensée sur ce point délicat ; mais le
« Roi veut la vérité tout entière, et j'oserai la faire
« entendre, quand même elle pourrait paraître
« blessante...... Cet amour n'est qu'une *chimère*.

« Ce n'est pas après cinq années d'exercice de la
« liberté illimitée de la presse, liberté poussée jus-
« qu'aux dernières bornes de la licence, qu'on peut
« compter encore sur ce sentiment, si français
« jadis, et qui produisit tant de prodiges : ayons le
« courage de sonder cette triste plaie, et reconnais-
« sons qu'une désaffection profonde a remplacé cet
« attachement dévoué que la nation eut longtemps
« pour ses princes ; reconnaissons et osons avouer
« au Roi, que cette désaffection va jusque-là qu'il
« suffit qu'un homme soit honoré de la confiance
« de Sa Majesté pour devenir à l'instant même ce
« qu'on nomme *impopulaire*.

4

« Voilà les résultats des déclamations furibondes
« et impudemment calomnieuses du journalisme ;
« ce dissolvant est tellement irrésistible que son
« action finirait par renverser toutes nos insti-
« tutions et bouleverser le monde, si on ne par-
« venait à la neutraliser : la presse se vante d'avoir
« fait l'éducation constitutionnelle de la France ;
« les fruits de cette éducation sont des prétentions
« effrénées à des droits chimériques, l'oubli de
« tous les devoirs, et la substitution des intérêts
« matériels à tous les sentiments nobles : parlez
« donc d'*amour* et de *fidélité* à des peuples ainsi
« endoctrinés (1). »

Ces observations n'ont convaincu personne ; la dissolution de la chambre a été arrêtée ; ou plutôt il a été décidé que le Roi prorogerait d'abord les

---

(1) La physionomie de mes collègues pendant que je parlais ainsi me fit sentir que j'allais trop loin, et qu'on ne disait pas ordinairement de ces choses-là dans le cabinet et en présence du maître. J'étais donc assez honteux et embarrassé de ma personne, lorsque, après le conseil, il fallut se tenir en ligne et saluer au passage le Roi et Monseigneur le Dauphin : je crois que notre bon Charles X s'aperçut de ce que j'éprouvais, car il se détourna de son chemin pour s'approcher de moi ; et, me posant la main sur le bras avec affection, il me dit ; « Vous avez émis franchement votre opinion, c'est bien, « c'est très-bien ; il faut dire ici tout ce qu'on pense ; j'aime la « vérité, et je veux qu'on me la dise sans déguisement. » Et il me pressa le bras en me faisant un signe de tête, accompagné d'un de ces sourires de bienveillance qui n'appartiennent qu'à lui.

M.

J'ai rempli mon devoir de Roi, en recevant l'adresse que vous venez de me présenter. Vous avez connu mes intentions dans ma réponse à l'adresse de la chambre [...] je vous [...] Retrouvez MM. dans la [salle] de vos séances. Mes Ministres vous feront connaître mes volontés

chambres au 3 septembre, et que la dissolution ne serait prononcée qu'après avoir pris des mesures pour préparer de bonnes élections. — Je suis resté seul de mon avis.

Une fois fixé sur ce point, le conseil a discuté la conduite que le Roi tiendrait envers la chambre pour la réception de l'adresse.

Un de nous a dit qu'il conviendrait que le président et le bureau fussent seuls admis à la présenter au Roi dans son cabinet particulier, comme cela eut lieu sous le règne précédent.

Un autre aurait voulu que le Roi ne la reçût pas du tout et envoyât demain, à l'ouverture de la séance, l'ordonnance de prorogation.

Enfin la majorité, dont j'ai fait partie, a décidé qu'il ne serait rien changé au cérémonial ordinaire.

Il n'est plus resté qu'à rédiger la réponse du Roi.

Plusieurs projets ont été successivement présentés et écartés ; le Roi lui-même en a écrit un de sa main (1). Je l'ai combattu, et Sa Majesté m'ayant ordonné d'en faire un autre, j'ai tracé celui qui a été adopté avec une légère modification faite par le Roi.

Nota. — Avant la discussion de l'adresse, nous

---

(1) Nous en donnons un *fac-simile*.

nous étions promis de ne prendre la parole que pour donner les explications qui nous seraient demandées, et de laisser à nos amis le soin de repousser les attaques personnelles dont nous serions l'objet. En effet, d'Haussez répondit à M. Delaborde, qui attaqua l'expédition d'Alger, et démontra, comme l'amiral Verhuel, qu'elle était *absurde* et *impraticable*, mais surtout NON MOTIVÉE..... Les bons Français !!

Cependant, poussé à bout par les discours, les gestes et les regards insultants de plusieurs orateurs furibonds, je n'eus pas la patience de me contenir jusqu'à la fin, et je montai à la tribune pour repousser les insolentes provocations qui nous étaient jetées sans aucun ménagement.

Ma réponse fut modérée, et je ne me laissai pas intimider par les vociférations de la gauche, qui m'interrompit vingt fois. Mon discours se termina par ces paroles :

« Appelés au timon des affaires par la volonté
« du Roi, nous ne l'abandonnerons que par les
« ordres de Sa Majesté. Nous nous présentons à
« vous la charte à la main ; fidèles aux loyales
« inspirations du père de la patrie, nous marche-
« rons inviolablement dans les voies constitu-

« tionnelles ; ni les outrages, ni les menaces,
« ne nous feront dévier de cette ligne que
« nous tracent l'honneur et le devoir. Si, par
« faiblesse ou par erreur, nous étions assez mal-
« heureux pour conseiller au Roi des mesures
« attentatoires à l'indépendance de la couronne
« ou aux franchises nationales, la réprobation
« de nos concitoyens et la juste sévérité des
« chambres feraient promptement justice de ces
« coupables écarts ; nous acceptons sans réserve
« cette responsabilité. »

M. Dupin aîné me répondit. Cet homme qui gâte un beau talent d'improvisation par les formes les plus communes, par des pasquinades du plus mauvais goût, et surtout par la *cautèle* de l'avocat unie à la fougue d'un tribun factieux, se livra à des mouvements de fureur qui auraient suffi pour gâter sa cause s'il avait eu affaire à des juges impartiaux, et conclut ainsi : « On dit que les ministres pour-
« ront proposer de bonnes lois, et qu'il faut les
« attendre à l'œuvre pour les juger eux-mêmes par-
« lant de leurs intentions constitutionnelles ; voici
« ma réponse : « Ces ministres que l'opinion publi-
« que repousse, ces hommes que mes convictions
« condamnent, vinssent-ils à nous, les mains pleines
« de bonnes lois, de ces lois que la nation attend

« et réclame depuis si longtemps, eh bien! je les
« repousserais en disant :

« Timeo Danaos et dona ferentes.

« Oui, eussiez-vous les mains pleines de pré-
« sents, vous êtes pour nous *Danaos*. »

C'est ainsi que le parti qui se dit *national* entend le gouvernement représentatif et les intérêts du peuple.......

20 MARS.

Les ministres de la guerre et de la marine nous ont entretenus des progrès de leurs préparatifs pour l'expédition; ces progrès sont tellement rapides que, selon toute apparence, l'expédition sera en état de mettre à la voile bien plus tôt qu'on ne l'espérait.

M. Courvoisier nous a communiqué un projet d'organisation du conseil d'état, qui m'a paru, à la première lecture, offrir de graves inconvénients.

21 MARS, AU CHATEAU.

Le prince de Polignac a rendu compte au Roi de

sa correspondance diplomatique au sujet de l'expédition.

Les puissances continentales du nord l'approuvent complètement, nous félicitent d'avance du service que nos succès rendront à l'humanité entière, et seconderont toutes les mesures que nous voudrons prendre.

Le roi de Sardaigne voudrait bien être affranchi du tribut qu'il paie aux pirates, et des avanies continuelles qu'ils font éprouver au commerce de ses sujets; mais il voit avec inquiétude l'accroissement probable de la puissance française dans la Méditerranée; il voudrait avoir part au gâteau en concourant à l'entreprise. Il sera facile de l'écarter.

Les petites puissances d'Italie sont à merveille.

L'Espagne est embarrassée; elle craindrait notre voisinage en Afrique presqu'autant que celui des Barbaresques; elle ne peut cependant nous refuser l'abri de ses ports dans une entreprise aussi éminemment utile à toute la chrétienté; elle voudrait bien y prendre part d'une manière active, mais la dépense est au-dessus de ses facultés, et force lui sera de se borner à nous fournir un lieu de dépôt pour nos malades, et un port de ralliement au besoin : sur le reste, elle voudra ce que nous voudrons.

Quant à l'Angleterre, sa jalousie naturelle ne lui permet pas de voir sans inquiétude notre marine s'engager dans une entreprise dont le succès serait si glorieux et si profitable; elle nous suscite des obstacles, elle prétend avoir droit d'exiger des explications sur le but de l'entreprise et les résultats que nous espérons en faire sortir.

A toutes ces demandes, les réponses de notre président ont été nobles et fermes; le Roi les a complètement approuvées. Sa Majesté a trouvé les prétentions de la Sardaigne et de l'Espagne inadmissibles, et a dit : « La France insultée n'a besoin « de l'appui de personne pour se venger; quant « aux Anglais, nous ne nous mêlons pas de leurs « affaires, qu'ils ne se mêlent pas des nôtres. »

MM. d'Haussez et Bourmont ont demandé un crédit extraordinaire pour leurs dépenses relatives à l'expédition; ce crédit a été porté à 50,000,000 ; ils ont fait connaître par aperçu son emploi jusqu'à ce jour (1).

---

(1) Suivant la loi des comptes présentés à la chambre des députés au mois de février 1833, l'expédition d'Alger a coûté 49,107,434 francs. Le trésor de la Casauba, et la vente des marchandises saisies sur la Régence, ont produit au trésor un encaissement de 54,719,357 francs; et il a été pris, en outre, une immense artillerie et un matériel considérable de marine.

D'Haussez continue à se plaindre de Duperré. A ce sujet, Monseigneur le Dauphin a dit : « Cela ne
« m'étonne pas ; dès son arrivée ici, quand il vint
« me voir, il me dit que cette expédition n'avait
« pas le sens commun, et me remit des notes qui
« démontraient sans réplique, selon lui, que ce
« serait une échauffourée sans autres résultats que
« la perte de quelques vaisseaux et de beaucoup
« d'hommes ; il appuya surtout sur ce que le dé-
« barquement ne pourra s'opérer en moins de vingt
« et un ou vingt-sept jours ; il établit cela en comp-
« tant jour par jour, presque heure par heure, ce
« qu'il sera possible de mettre à terre, et il en
« conclut que l'armée sera écrasée partiellement à
« mesure qu'on la débarquera. Quand un chef a si
« peu de confiance, il est fort à craindre qu'il
« n'agisse mollement, et on ferait peut-être bien
« d'ôter ce commandement à M. Duperré, qui ne
« paraît pas s'en soucier autrement, pour le donner
« à quelque autre mieux disposé. Nous ne man-
« quons pas de bons officiers généraux dans la
« marine. »

M. d'Haussez, malgré son mécontentement, a défendu le vice-amiral : « C'est un excellent officier,
« a-t-il dit, brave comme son épée, jouissant de la
« confiance des marins et la méritant à tous égards ;

« mais il est d'un caractère difficile et essentielle-
« ment contrariant; cela ne l'empêchera pas d'agir
« franchement quand il y sera, et, comme je le lui
« ai dit à lui-même, *il fera mieux qu'il ne dit.* »

23 MARS.

Le ministre de l'intérieur nous a fait comprendre que le besoin pour le gouvernement d'exercer une salutaire influence sur les élections l'obligeait à faire de nombreux changements dans la haute administration.

M. Courvoisier et moi avons demandé qu'au moins les destitutions ne portent que sur les hauts fonctionnaires décidément hostiles, et surtout sur ceux qui peuvent exercer une influence directe dans les élections.

On a proposé trois destitutions dans le conseil d'état, *Allent, d'Argout* et *Cormenin.*

Nous avons admis, Courvoisier et moi, que ces trois hommes étaient hostiles au ministère, mais rien n'indique qu'ils veuillent renverser le gouvernement légitime, et ce sont trois des capacités du conseil d'état: ne serait-ce pas une faute de se priver des services utiles d'ennemis aussi inoffensifs?

On a provoqué la destitution des directeurs généraux Calmon et Bacot de Roman : j'ai défendu le dernier, il n'est nullement hostile et a voté contre le mauvais paragraphe de l'adresse ; il n'était pas présent au scrutin secret sur l'ensemble.

24, 27, 28 MARS.

Rien de remarquable.

30 MARS.

Une assez longue liste de destitutions et remplacements a été arrêtée.

J'ai profité de la disposition des esprits pour reproduire mon idée de combattre les journaux de l'opposition dans leurs propres colonnes. « Vos
« changements de préfets, vos menaces de desti-
« tution, ai-je dit, seront sans efficacité tant que
« vous laisserez le champ libre au journalisme ;
« vos nouveaux fonctionnaires seront calomniés,
« discrédités, et leur autorité sera complètement
« paralysée avant même qu'ils aient eu le temps
« d'entreprendre de vous servir ; vos propres in-
« tentions seront dénaturées, et des calomnies
« non contredites achèveront d'égarer l'esprit pu-

« blic. Hâtez-vous donc d'opposer la vérité au
« mensonge, parlez au peuple en même temps que
« vos adversaires, et parlez par les mêmes or-
« ganes ; que les lecteurs du *Constitutionnel* et du
« *National* trouvent, tous les matins, dans leur
« propre journal, la réfutation des faits erronés
« et des mauvaises doctrines qu'ils y auront vus
« la veille : le bon droit et la raison sont pour
« vous ; une telle polémique ne peut être que sa-
« lutaire, car le bon sens public, si facile à trom-
« per par des sophismes restés sans réplique, est
« également facile à éclairer par de sages raison-
« nements ; en un mot, tenez ceci pour certain :
« *la presse périodique vous tuera, si vous ne savez*
« *la faire servir à vous sauver.* »

Tout le conseil s'est accordé à reconnaître l'*uti-lité* de ma proposition ; mais on y a fait des objections de *dépense*, de *convenance*, et je n'ai pu obtenir une solution.

En vérité, nous sommes frappés d'aveuglement.

31 MARS, AU CHATEAU.

Le Roi a signé les ordonnances de destitutions et remplacements.

Le président du conseil a rendu compte d'un entretien qu'il a eu avec l'ambassadeur d'Angleterre, au sujet de l'expédition d'Alger : le gouvernement anglais paraît fort soucieux des efforts de notre marine ; il prétend exiger une déclaration explicite des vues de la France ; le prince de Polignac a répondu, d'après l'ordre du Roi, « que Sa « Majesté n'était guidée par aucun sentiment « d'ambition, mais qu'elle n'entendait avoir besoin « du consentement de personne au monde pour « venger une insulte faite à son pavillon ; qu'elle « avait déjà fait connaître ses intentions, et que « sa parole devait être une garantie suffisante. » Cette réponse a été approuvée par le Roi et par le conseil, et il a été unanimement décidé qu'on ne ferait aucune déclaration plus explicite.

Les ministres de la marine et de la guerre ont fait connaître l'état des préparatifs ; tout marche avec un ensemble admirable et une merveilleuse rapidité.

3 AVRIL.

Depuis quelques jours, un découragement extrême semble s'être emparé de quelques membres du conseil. Courvoisier, Chabrol et moi, nous reconnaissons que le ministère n'est pas à la hauteur de la tâche qu'il s'est imposée ; nous l'avons déclaré souvent, avant la réunion des chambres, et nous en sommes encore plus convaincus depuis cette courte épreuve ; nous ne sommes point en force pour soutenir la lutte de tribune qui va bientôt se rouvrir. Il nous paraît d'ailleurs trop certain que des influences en dehors du conseil nous poussent vers de mauvaises voies ; enfin, il n'y a dans notre marche ni ensemble ni fermeté : nous avançons sur une ligne indécise, sans plan, sans système arrêté ; nous vivons au jour le jour, dans une confiance aveugle, tandis que l'orage se forme et nous menace de toutes parts.

Cet état de choses ne peut durer ; il faut ou un changement dans le ministère, ou un changement dans le système, si tant est qu'il existe un système.

A la réunion d'aujourd'hui, le président a consulté le conseil sur l'époque à laquelle il conviendrait d'assigner les nouvelles élections, et j'ai saisi cette circonstance pour demander que, avant tout, on établît, d'une manière précise et claire, le plan de conduite que l'on entendait tenir dans les diverses hypothèses qui allaient bientôt se présenter, afin que chacun pût juger, d'après les inspirations de sa conscience, jusqu'à quel point il lui sera loisible de s'associer à ce plan.

M. Courvoisier a fortement appuyé cette demande. — Nous n'avons obtenu que de vagues réponses; cependant le président a promis de s'en occuper.

6 AVRIL.

(Le conseil du 4, au château, n'a rien offert de remarquable.)

Nous avons examiné, pour la dernière fois, la question de savoir sur quel point de la côte d'Afrique s'opérerait le débarquement : les ministres de la guerre et de la marine ont indiqué la presqu'île de Sidi-Ferruch dont on a déjà parlé : à droite et à gauche sont deux petites baies qui procureront un abri passable, et dont une, assez spacieuse, offre un mouillage assez bon : ce point est d'ailleurs celui où, dans le cas de revers, il serait le plus facile de se retrancher et de se défendre ; un faible corps y tiendrait aisément contre des forces considérables.

Cette proposition a été adoptée, et le conseil s'est promis d'en garder le secret, dans la crainte que l'ennemi, averti par les journaux de l'opposition, qui s'efforcent avec une impudence vraiment incroyable, de divulguer le plan et les ressources de l'opération, ne porte sur ce point tous ses moyens de défense.

7 AVRIL, AU CHATEAU.

Il a été fort question du décret par lequel le Roi d'Espagne vient de révoquer *la loi salique.* Monseigneur le duc d'Orléans se donne beaucoup de mouvement pour engager le Roi à *protester* contre ce décret, en sa qualité de chef de la maison de Bourbon. Le conseil n'a point été d'avis que le Roi fit cette démarche qui ne nous paraît pas suffisamment autorisée par l'état des choses. Mon opinion personnelle a été motivée sur ce que la préexistence de la loi salique en Espagne n'est pas un fait tellement notoire qu'il ne puisse y avoir lieu à controverse sur ce point.

D'abord on sait que, suivant les anciennes constitutions espagnoles (partidas), les filles succédaient à la couronne, à défaut de mâle au même degré.

Les traités qui assurèrent la couronne à Philippe V ne contiennent rien d'où l'on puisse inférer que le changement de cette partie du droit public d'Espagne ait été une condition de son accession. Par la suite ce prince, soit en exécution de quelque convention secrète avec son aïeul, soit seulement par l'influence des conseils du grand Roi, entreprit de donner à l'Espagne la loi de succession qui régnait en France, et rendit, en 1713, un décret qui excluait les filles : ce décret toutefois ne pouvait acquérir force de loi qu'avec l'approbation des cortès ; il leur fut présenté dans la même année 1713, mais elles le repoussèrent *à l'unanimité.*

Les cortès furent dissoutes, et le Roi proposa l'enregistrement de son décret au conseil de Castille qui *le refusa.*

Ne pouvant vaincre la résistance de ce corps, Philippe fit exiger de chacun de ses membres un avis individuel *écrit,* favorable au décret, et, par ce moyen évidemment illégal, il donna à sa nouvelle mesure l'apparence d'une sanction qui lui parut suffisante.

Les choses demeurèrent en cet état, et il ne se présenta aucune occasion d'apprécier la validité du décret de 1713.

En 1789, le roi Charles IV n'ayant que des filles et un seul fils (aujourd'hui régnant), dont la santé était très-faible), et la reine ne jouissant pas d'un tempérament qui lui donnât l'espoir d'avoir d'autres enfants, il songea à faire revivre l'ancienne loi des *partidas* en faveur des filles ; il fit assembler ce qu'on appelle les *députés aux cortès,* c'est-à-dire un petit nombre de députés des principales villes du royaume, et leur proposa un décret portant *abolition de la loi salique;* cette proposition fut adoptée à l'unanimité ; mais la promulgation fut différée, et la reine ayant eu par la suite plusieurs enfants, le décret resta dans l'oubli : Ferdinand VII a fait rechercher ce décret aussitôt que sa nouvelle épouse s'est trouvée enceinte ; on n'a pas retrouvé la minute signée de la main du roi Charles IV, mais seulement la délibération approbative des cortès à laquelle le Roi a donné sa sanction royale par une pragmatique du 31 mars. — Qu'y a-t-il de valable, ou de cet acte, ou du décret informe de 1713 ?

Le conseil a pensé que le Roi, comme chef de la maison de Bourbon, pouvait adresser des observations au roi d'Espagne, mais que les deux couronnes ne pouvant jamais être réunies sur la même tête, il n'y avait pas lieu de protester au nom de la branche régnant en France ; que le duc d'Orléans proteste en son propre nom, s'il croit y avoir intérêt, comme son trisaïeul protesta, en 1700, contre le testament de Charles II.

10 AVRIL.

Le président du conseil a provoqué une délibération sur l'époque à laquelle il conviendrait de prononcer la dissolution de la chambre et de faire les nouvelles élections.

Deux propositions ont été faites :

1º Après la confection des listes annuelles prescrites par la loi de 1828, ce qui nous donnerait le temps d'achever l'expédition d'Alger, dont le succès aurait sans doute une heureuse influence sur l'esprit public ;

2º Après le débarquement de notre armée vers le milieu de juillet.

Sur la première on a objecté, avec grande raison selon moi, que, si le succès de l'expédition nous était favorable, un échec nous serait extrêmement nuisible, et que par conséquent il y aurait une haute imprudence à renvoyer les élections après un événement aussi douteux que l'issue d'une campagne semée de dangers comme celle-ci.

D'un autre côté, les listes annuelles ne seront closes que le 15 octobre; nous n'aurions pas le temps d'obtenir le budget, et nous retomberions dans le provisoire.

La seconde proposition n'offrirait pas les mêmes inconvénients, et les élections pourraient être heureusement entreprises sous l'influence d'un premier succès que nous devons regarder comme très-probable, d'après les mesures prises ; mais il faut ajourner toute décision jusqu'au moment où nous saurons précisément le jour probable du départ.

Cet ajournement a été adopté.

Les journaux deviennent chaque jour plus hostiles ; mais, en outre, ils font tous leurs efforts pour nuire à l'expédition d'Afrique, soit en divulguant le secret de nos forces, soit en cherchant à effrayer le soldat sur les dangers à courir : j'ai reproduit ma proposition de *réponses ;* elle a été vivement combattue par le prince de Polignac et rejetée définitivement.

Le prince de Polignac, revenant sur ma demande, au conseil de samedi dernier, a proposé d'arrêter un plan de conduite pour chacune des hypothèses suivantes :

1º Ou la chambre nouvelle offrira une majorité au gouvernement ;

2º Ou cette chambre arrivera plus hostile que celle de l'adresse.

J'ai appuyé de toutes mes forces.

Après de longs parlementages, on a décidé que, dans le premier cas, le gouvernement proposerait *diverses modifications à la législation électorale, et surtout une loi plus efficace que celles existantes contre la licence de la presse périodique.*

Quant au second cas, que la majorité du conseil s'obstine à regarder comme à peine possible, nous n'avons rien pu arrêter.

Le Roi avisera....., dit le prince.

Courvoisier, Chabrol et moi, nous ne partageons pas cette étrange sécurité, et nous augurons mal de tout ceci.

17 AVRIL.

Depuis samedi, nos réunions ont été consacrées à des discussions sans résultat sur l'époque des nouvelles élections. Nous avons repris aujourd'hui cette question, et nous avons pu nous appuyer des renseignements fournis par les ministres de la guerre et de la marine sur le départ probable de notre expédition. Il paraît *certain* que la flotte pourra mettre à la voile d'ici à un mois ; en supposant une navigation médiocrement heureuse, elle pourra commencer son débarquement vers le 20 ou le 22 mai, et la campagne sera terminée, selon toute apparence, vers la fin de juillet.

D'après ces données, le prince de Polignac a de nouveau proposé de renvoyer les élections après le résultat obtenu, que tout doit faire présager heureux, car la force de l'armée est telle, que le dey n'attendra sûrement pas un siége en règle et se hâtera de faire des réparations convenables.

Plusieurs de nous, et j'ai été du nombre, n'ont pas partagé l'opinion du président ; les élections faites au mois d'août, les chambres ne pourraient être convoquées que pour la fin de septembre, il ne resterait pas assez de temps pour le vote du budget.

Cette proposition écartée, le prince est revenu à la seconde, dont il avait déjà entretenu le conseil, c'est-à-dire *immédiatement après le débarquement,* vers le commencement de juin.

Après une discussion assez longue, coupée par des propositions diverses, nous avons arrêté de proposer au Roi la convocation des colléges électoraux à la fin de juin, et la réunion des chambres au commencement du mois d'août. Cet avis a été le mien.

Quoi qu'il arrive, je ne crois pas que les résultats de l'affaire d'Alger aient sur les élections autant d'influence qu'on le suppose ; les circonstances intérieures sont trop graves pour que les esprits s'en laissent distraire par des succès militaires auxquels, d'ailleurs, ils n'attachent pas la même importance que du temps de l'Empire, et que la presse libérale a dépopularisés d'avance.

18 AVRIL, AU CHATEAU.

Le prince de Polignac a rendu compte au Roi de la délibération d'hier ; Sa Majesté a donné sa sanction aux décisions proposées.

Les instructions destinées aux deux chefs de l'expédition d'Afrique ont été communiquées au conseil et ont donné lieu à quelques discussions peu sérieuses. Le vice-amiral Duperré commande, à la mer, comme chef suprême ; Bourmont, nommé commandant de l'armée, au grand désappointement du duc de Raguse qui y prétendait fort, n'exercera son autorité que sur les troupes ; cependant, comme M. Duperré n'a donné que trop de motifs de douter de son ardeur à bien servir dans cette circonstance, une instruction secrète, que Bourmont n'ouvrira *qu'en cas de nécessité,* lui confère le commandement général et de l'armée et de la flotte, et enjoint au vice-amiral et aux autres officiers de marine de lui obéir. — Bourmont est, en outre, autorisé à donner des grades jusqu'à celui de colonel exclusivement, pour des actions d'éclat, ainsi que des décorations jusqu'à concurrence de huit croix de Saint-Louis et seize de la Légion-d'Honneur (je ne suis pas bien sûr des chiffres pourtant).

20 AVRIL.

Depuis la grande mesure de la prorogation, un fâcheux découragement s'est glissé parmi nous, soit à raison de la conviction où nous sommes que le ministère n'est pas assez fortement constitué pour lutter contre l'opposition, soit à raison des dissidences d'opinion qui se manifestent à chaque instant sur les questions capitales.

Le prince de Polignac, que je serais quelquefois tenté de croire dirigé par des influences tout à fait en dehors de la sphère ministérielle, semble convaincu maintenant que nous ne pourrons sortir vainqueurs du combat engagé, qu'en recourant à quelque mesure extraordinaire, par application de l'article 14 de la charte : il n'avait pas encore exprimé cette disposition jusqu'en ces derniers jours ; mais depuis qu'il la laisse percer, j'y trouve l'explication d'un mot singulier qu'il me dit à l'époque de la prorogation. Nous allions ensemble à la chambre, et je cherchais à lui persuader qu'avec de la prudence et de la fermeté, nous finirions par obtenir une majorité suffisante pour atteindre la fin de la session : *Une majorité!* me répondit-il, *j'en serais bien fâché ; je ne saurais qu'en faire.*

MM. de Bourmont et d'Haussez ont toujours suivi sans aucune réserve la ligne du président et l'appuieront en tout.

M. de Montbel ne se prononce pas ouvertement, mais il est clair qu'il ne se résignerait qu'avec une extrême répugnance à des mesures qui sortiraient de la voie commune : dévoué sans réserve au Roi et au pays, il voudrait sauver l'un et l'autre sans rien hasarder et surtout sans violence.

M. de Chabrol n'est pas partisan du recours à l'article 14; cependant quand on le presse un peu, il avoue que, si les exigences de la chambre nouvelle nous jetaient dans l'alternative de compromettre l'honneur et la sûreté du trône par de honteuses capitulations, ou de les sauver par des actes *ultra-légaux*, ce serait le cas de nécessité prévu par l'article 14; mais il déclare qu'il ne se résoudrait à cette extrémité qu'après avoir épuisé tous les moyens légaux de résistance.

Cette opinion est tout à fait la mienne.

Quant à M. Courvoisier, il rejette toute possibilité de mesures extraordinaires, qui ne sont pas, à son avis, suffisamment autorisées par l'article 14 pour aucune hypothèse que ce soit; il pense que, lorsque les colléges auront répondu à l'appel du Roi, quelles que soient les exigences de la chambre nouvelle, le Roi n'aura qu'à se soumettre : telles sont, selon lui, les conséquences inévitables du principe représentatif.

Dans un tel conflit, il est évident qu'une modification ministérielle est absolument nécessaire, et que le ministère doit être ramené à une homogénéité parfaite pour le moment où il se retrouvera en présence des chambres.

A la réunion d'aujourd'hui, le prince de Polignac ayant remis sur le tapis la question toujours indécise de la conduite que nous tiendrions dans telles ou telles hypothèses données de la composition de la nouvelle chambre, j'ai saisi cette occasion pour provoquer des explications franches et complètes. Ces explications ont été telles que le président n'a pu douter de la nécessité d'une modification du conseil; et nous avons tous déclaré que c'était là une mesure urgente dans l'intérêt de la couronne.

Après cet incident, nous avons discuté de nouveau l'époque de la dissolution de la chambre, déjà arrêtée en principe et dont je croyais le moment fixé.

Dans l'hypothèse où l'expédition d'Alger échouerait, MM. Courvoisier et Chabrol ont déclaré que, à leur avis, il y aurait de grands dangers à courir en se hasardant à de nouvelles élections ; qu'alors le parti le plus sage pour la couronne serait de renvoyer tous les ministres et de rappeler la chambre prorogée.

Je n'ai pas partagé cet avis : rappeler la chambre après ce qui s'est passé, ce serait, selon moi, lui livrer le pouvoir royal sans défense, et cette concession serait d'autant plus dangereuse que la couronne se trouverait plus affaiblie par l'effet moral que produirait nécessairement l'échec de l'expédition d'Afrique. Je regrette que cette chambre ait été prorogée; j'aurais voulu, dans le temps, continuer la session commencée, et mon opinion à cet égard s'est fortifiée par la réflexion et de nouveaux renseignements recueillis sur les dispositions des votants de l'adresse; mais, après l'avoir traitée avec tant de sévérité, lui demander le concours qu'elle a hautement refusé, et le lui demander en cédant à ses exigences inconstitutionnelles, ce serait tout compromettre.

J'ai ajouté que, si l'expédition échouait, il me paraîtrait assez convenable que le Roi renvoyât des ministres malheureux ou inhabiles; mais qu'il n'en devrait pas moins dissoudre la chambre et provoquer de nouvelles élections qui, sous une autre administration, prendraient peut-être une direction favorable au pouvoir.

Le prince de Polignac n'a adopté aucune de ces opinions; il a dit qu'il ne serait ni de la dignité ni de la justice du Roi de rendre ses ministres responsables des hasards de la mer ou des revers d'une campagne.

Rien n'a été décidé quant à l'époque précise de dissolution.

21 AVRIL, AU CHATEAU.

Nous avons repris, en présence du Roi, la délibération d'hier sur l'époque précise de la dissolution. Après de nouvelles observations, il a été arrêté par Sa Majesté que la dissolution aurait lieu le 16 mai (époque à laquelle Monseigneur le

Dauphin sera revenu du Midi), et que les colléges électoraux seraient convoqués pour le 23 juin ou le 25 au plus tard.

24 AVRIL.

La question de modification du ministère a été de nouveau agitée : Courvoisier, impatient de recouvrer sa liberté, insiste pour qu'elle ait lieu sur-le-champ. Si, comme il le suppose, dit-il, le Roi veut prendre ses nouveaux ministres dans le côté droit, et même dans *l'extrême droite,* il faut qu'une épreuve bien complète, bien démonstrative, mette au grand jour la force de cette fraction, et, pour cela, il est indispensable que les élections se fassent sous son influence. Au reste, il n'a pas dissimulé, et Chabrol a été de son avis, qu'il est des noms dont l'apparition aux affaires serait d'un grand danger au milieu des circonstances difficiles qui se préparent, et il a cité ceux de MM. Bert... (1), Peyr... et Vitr...

M. de Montbel et moi avons combattu la pensée d'une modification *immédiate :* les travaux prépa-

(1) Probablement Bertier de Sauvigny, membre fort exalté de la Chambre de 1815, et conseiller d'état, préfet du Calvados en 1821, fils de l'intendant Bertier de Sauvigny, qui fut une des premières victimes de la révolution de 1789.   *(Note de M. Boullée.)*

ratoires pour les élections sont commencés et suivent une bonne direction ; les renseignements transmis par les préfets sont assez favorables, et promettent une majorité telle quelle ; toute modification du ministère en un pareil moment jetterait de l'incertitude dans les esprits, et donnerait lieu peut-être à quelques nouvelles divisions parmi les royalistes ; la prudence prescrit d'éviter ces perturbations ; il serait, d'ailleurs, d'autant plus sage de renvoyer la modification projetée après les élections, que leurs résultats pourront exercer quelque influence sur les choix du Roi. Chabrol s'est rangé, à notre avis.

Le prince de Polignac a adopté l'avis de M. Courvoisier, et quoiqu'il ne se soit pas expliqué aussi explicitement que je l'aurais désiré, je regarde comme certain que la modification aura lieu très-prochainement, *nonobstant l'avis contraire de la majorité.*

Les préparatifs de l'expédition d'Afrique sont presque terminés, et l'armée est concentrée autour de Marseille et de Toulon.

25 AVRIL, AU CHATEAU.

Le président a rendu compte au Roi de nouvelles demandes d'explications faites par le gouverne-

ment anglais au sujet d'Alger. Le conseil tout entier s'est récrié sur cette étrange exigence de nos bons voisins, et le Roi, persistant dans ses premières résolutions, a ordonné au prince de Polignac de répondre : « Qu'il ne prendrait aucun engagement
« contraire à sa dignité et à l'intérêt de la France ;
« que son unique objet en ce moment est de punir
« l'insolent pirate qui l'a osé provoquer; mais que
« si la Providence lui accorde de tels succès que
« les états de son ennemi tombent en son pouvoir,
« alors il avisera aux déterminations qu'exigeront
« l'honneur de sa couronne et les intérêts de son
« royaume; qu'au reste, tout ce qu'il peut accorder
« à ses alliés, dès à présent, c'est l'assurance de
« prendre leur avis et de ne rien décider qu'après
« avoir pesé leurs observations et les convenances
« européennes. »

Il a été arrêté que le ministre des affaires étrangères transmettra une note diplomatique dans ce sens, non-seulement au gouvernement anglais, mais encore à toutes les autres puissances intéressées et même aux villes anséatiques.

2 MAI, AU CHATEAU.

Nos conseils des 27, 28 avril et 1er mai ont été de

la dernière insignifiance : nous sommes sur la réserve les uns avec les autres, comme gens prêts à se brouiller : cet état de choses ne peut durer.

Les nouvelles de Toulon sont parfaites ; l'expédition est prête : 11 vaisseaux de haut-bord, 20 frégates, 36 bâtiments légers et 500 bâtiments de transport nolisés sur toutes les côtes de la Méditerranée, voilà ce qu'a réuni la marine. Quant à l'armée de débarquement, elle se compose d'environ 36,000 hommes, munis d'un matériel immense en artillerie de campagne et artillerie de siége, et de tous les approvisionnements qui peuvent contribuer à la nourriture des hommes et des chevaux, et même au bien-être du soldat sous un climat brûlant et dans un pays sans ressources.

Tout cela a été préparé et réuni *en moins de trois mois*. C'est vraiment prodigieux ! Je ne crois pas que l'histoire offre rien de semblable.

Monseigneur le Dauphin est allé passer la revue de départ avec le ministre de la marine : partout il a été accueilli à merveille.

A ce brillant tableau il en a succédé un bien triste.

Le garde-des-sceaux a fait au Roi un rapport très-détaillé sur les incendies qui désolent la Normandie : plusieurs fois, depuis le mois de janvier, il nous a entretenus de cet horrible fléau, et j'ai moi-même communiqué au conseil les renseignements qui me sont adressés de ce malheureux pays : aujourd'hui le mal est arrivé à un degré tellement effrayant qu'il importe de prendre les mesures les plus énergiques.

Il est évident que ces crimes ne sont pas produits par des vengeances particulières, et qu'on ne peut les attribuer qu'à un fanatisme exalté au dernier point, ou les rattacher à quelque plan politique.

On vit en Angleterre la secte de Venner prêcher la destruction de la monarchie et s'efforcer d'y coopérer par le meurtre et l'incendie ; faudrait-il supposer la France affligée d'un pareil fléau dans le XIXe siècle ?

L'opinion royaliste accuse avec plus de vraisemblance une secte politique qui n'est pas à son coup d'essai de pareilles horreurs : ce fut ainsi que, au début de la Révolution, les Jacobins effrayèrent les campagnes par un moyen semblable, et surtout en répandant le bruit que des bandes de brigands *soldés par la cour* portaient partout le pillage et l'incendie. Ces crimes et ces calomnies produisirent leurs effets également favorables aux projets de la faction : ils irritèrent les populations crédules contre les prétendus auteurs de leurs maux, et forcèrent les paysans à s'armer pour la défense de leurs propriétés. Aujourd'hui, les libéraux accusent hautement des incendies le gouvernement et le clergé ; ils excitent en même temps les populations des campagnes à s'armer, et demandent à grands cris l'établissement général des gardes nationales : doit-on voir dans ces coupables provocations l'indice de la prochaine réalisation du grand projet de *refus d'impôt ?* Il est certain que des masses populaires armées seraient alors un puissant auxiliaire pour les agitateurs.

Quoi qu'il en soit, le gouvernement doit se hâter de réprimer les crimes commis et de déjouer les espérances des factieux.

La justice locale informe avec la plus grande activité ; mais, jusqu'à présent, elle n'a pu saisir que de misérables instruments.

Des dépositions recueillies, il résulte que des hommes bien mis et portant souvent des blouses de paysans par dessus leurs habits fins de la ville, parcourent les campagnes et engagent des malheureux, le plus souvent des enfants, à mettre le feu aux bâtiments qui leur sont désignés : le prix du crime est de l'argent ; on cite un incendiaire qui a reçu jusqu'à 500 fr. Les moyens d'exécution sont le plus souvent des mèches souffrées, garnies d'une matière inflammable au contact de l'air, qui sont glissées sous le chaume qui couvre la plupart des maisons dans cette province, et prennent feu après quelques heures ; quelquefois aussi les provocateurs remettent à leurs émissaires de petites fioles contenant une liqueur qui, répandue sur le chaume, ne tarde pas à l'enflammer, mais, en tout cas, il faut un temps assez long pour qu'ils aient la facilité de s'éloigner avant que le feu n'éclate.

Jusqu'à ce jour, un grand nombre d'incendiaires ont été saisis ; mais on n'a pu recueillir aucun indice sur les misérables qui les ont séduits et mis en œuvre.

Les autorités locales ont épuisé toutes les ressources de leur police ; elles réclament des moyens extraordinaires ; quelques fonctionnaires pensent que l'établissement d'une ou plusieurs cours prévôtales sur les lieux mêmes où se commettent ces crimes, produirait une impression qu'on ne peut attendre de la marche trop lente de la justice ordinaire.

Le Roi a été profondément affligé de ce rapport, et nous a ordonné d'aviser sans aucun retard aux moyens d'arrêter ce terrible fléau : nous avons désiré un rapport plus détaillé que le garde-des-sceaux a promis de mettre mercredi sous les yeux du conseil.

5 MAI, AU CHATEAU.

M. de Montbel a donné communication des résultats de la correspondance électorale ; ces résultats sont assez satisfaisants ; les dispositions des esprits, relativement aux prochaines élections que tout le monde prévoit, donnent lieu d'espérer que l'appel du Roi sera entendu et compris.

M. Courvoisier a fait un nouveau rapport sur les incendies de la Normandie : ces crimes se multiplient tous les jours davantage, et l'autorité n'a pu saisir encore un seul des provocateurs ; cette étrange impuissance de la police locale favorise singulièrement les accusations infâmes, colportées contre le gouvernement lui-même, d'employer l'horrible moyen des incendies pour effrayer le peuple sur les suites de la conduite des députés ; ces absurdités trouvent de l'écho parmi les populations.

Les libéraux cherchent à leur donner de la consistance, en affirmant que les maisons des hommes de leur parti sont surtout exposées aux tentatives des incendiaires : le fait est faux ; les incendiaires ne choisissent pas leurs victimes sous le rapport des opinions politiques, mais il est très-remarquable qu'ils ne brûlent presque que des bicoques sans valeur ; on conclut de là qu'ils veulent plutôt effrayer que nuire véritablement. Leur succès, au reste, est complet : la population des campagnes est tout entière sous les armes, surtout dans les départements de l'Orne et de la Manche ; des patrouilles nombreuses de paysans armés circulent toutes les nuits autour des villages, arrêtant tous les étrangers qu'elles rencontrent : de là il résulte souvent des méprises déplorables et d'horribles vexations ; on assure même que des voyageurs inoffensifs ont été tués par ces hommes exaspérés.

J'ai émis l'idée de l'établissement d'une cour prévôtale ; mais elle a été repoussée presque sans discussion par le motif que, de la combinaison des articles 59 et 63 de la charte, il résulte que cette cour prévôtale ne pourrait être établie que par une loi, à moins qu'on ne veuille appliquer ici l'article 14.

Je n'ai pas insisté, mais alors j'ai demandé qu'on envoyât dans les trois départements dévastés un ou deux régiments de la garde. Voici les considérations que j'ai développées à l'appui de cette proposition :

1º On détruirait ainsi la fâcheuse impression produite sur la population des campagnes par l'argument que les libéraux ont tiré contre le gouvernement de son apparente insouciance dans le moment où trois départements étaient en proie à un fléau contre lequel les moyens ordinaires ne pouvaient évidemment rien ;

2º La présence de cette force rendrait de la confiance aux habitants et suffirait pour effrayer les malfaiteurs ;

3º Dans le cas où la faction révolutionnaire voudrait tirer un parti quelconque de l'agitation qu'elle a excitée dans le pays par la terreur, il serait fort nécessaire d'avoir là une force toute prête à réprimer cette tentative.

Le prince de Polignac a fortement combattu cette proposition. Il a dit que, à son avis, les rapports des autorités locales portaient le cachet de l'exagération, et qu'il fallait mûrement réfléchir avant d'adopter une mesure éclatante, comme l'envoi d'une partie de la garde royale à la recherche d'une poignée de misérables dont la police locale devait suffire à faire justice.

Cette affaire a été ajournée.

9 MAI, AU CHATEAU.

Hier et aujourd'hui, le garde-des-sceaux nous a encore entretenus des incendies ; j'ai reproduit ma proposition d'envoi de la garde ; Courvoisier s'y est réuni et l'a fortement appuyée ; le prince de Polignac l'a combattue, et rien n'a été décidé.

Quelle malheureuse lenteur !!...

Les journaux de l'opposition attaquent avec fureur l'expédition d'Alger, et semblent conspirer avec l'ennemi pour la faire échouer. Nous avons examiné si la législation n'offrait aucun moyen de répression contre cette conduite vraiment criminelle ; malheureusement il n'en existe pas. S'il s'agissait d'une guerre continentale, il serait pourtant impossible de tolérer une pareille licence, et ce serait bien le cas, à mon avis, de *pourvoir à la sûreté de l'état*, aux termes de l'article 14.

Le gouvernement anglais persiste dans ses exigences : il veut une *renonciation formelle* à tout accroissement de territoire, et son ambassadeur a communiqué au prince de Polignac une note presque offensante. La réponse de celui-ci a été noble et ferme ; il s'occupe, au reste, d'une note diplomatique qui répondra définitivement à toutes ces tracasseries, sans compromettre en rien notre indépendance nationale, et surtout sans faire prendre au Roi des engagements contraires à nos intérêts.

Il est certain que, dans toute cette affaire, la conduite de notre président est admirable de noblesse et d'habileté.

Les nouvelles de Toulon sont extrêmement satisfaisantes; l'armée est superbe et pleine d'enthousiasme; Monseigneur le Dauphin a inspecté avec le plus grand soin les hommes, le matériel et les vaisseaux, il est enchanté et fier de tout ce qu'il a vu, il ne doute pas du succès.

L'embarquement aurait pu commencer immédiatement après le départ de Monseigneur, le 6; tout était prêt dès le 1er; cependant les nouvelles télégraphiques ne disent pas que cette grande opération soit encore entamée; ce retard est étrange et fâcheux.

L'amiral a arboré son pavillon sur le vaisseau *La Provence*, le même que montait M. de La Bretonnière lors de la dernière insulte du dey.

11 MAI.

Enfin le télégraphe a donné la nouvelle que l'embarquement a commencé ce matin : hier le général a publié une proclamation à l'armée. Il est temps que notre flotte s'éloigne ; les journaux de l'opposition redoublent d'efforts pour dépopulariser l'expédition, qu'ils signalent comme *impraticable* et *injuste*, et surtout pour démoraliser le soldat, soit en ébranlant sa confiance dans son chef, soit en l'effrayant par la peinture exagérée des dangers et des privations qui l'attendent.

Nous n'avons pu nous occuper aujourd'hui d'autre chose que de nos craintes et de nos espérances au sujet de l'expédition : c'est une grande et noble entreprise ; quelle gloire pour le règne de Charles X! quelle source de prospérités pour notre commerce si elle réussit! mais aussi que de dangers à surmonter! et quel malheur si elle échouait!!

16 MAI, AU CHATEAU.

Monseigneur le Dauphin, de retour depuis hier, a assisté au conseil.

Son Altesse Royale nous a entretenus de ce qu'elle a vu : *Avec des troupes animées d'un tel esprit, le succès est presque infaillible,* a dit le prince. D'ailleurs toutes les précautions que la sagesse humaine peut inspirer ont été prises pour la sûreté et le bien-être du soldat : le ministre de la guerre et celui de la marine ont fait de véritables prodiges.

Les nouvelles télégraphiques ont annoncé hier l'arrivée sur la rade de Toulon des bâtiments de convoi chargés du matériel embarqué à Marseille. — L'embarquement des troupes se fait avec ordre.

Le garde-des-sceaux a fait un nouveau rapport plus effrayant que les autres sur les incendies de Normandie ; il est clair maintenant qu'on veut nous faire recommencer 1789 ; les paysans sont exaspérés et accusent hautement le gouvernement de favoriser les incendiaires, *puisqu'il ne prend aucune mesure pour les réprimer :* les campagnes sont généralement armées et prétendent se garder elles-mêmes, puisque les hommes du pouvoir les abandonnent ; des voyageurs inoffensifs ont été victimes de ces désordres ; des agents de police, pris pour incendiaires par les paysans, ont eu mille peines à se sauver de leurs mains.

J'ai encore parlé d'une cour prévôtale, que le

conseil a repoussée comme *inconstitutionnelle*, et pouvant donner lieu à l'opposition d'accuser le gouvernement d'avoir suscité lui-même le fléau pour en tirer occasion de revenir à cette juridiction redoutable.

Alors Courvoisier a reproduit la proposition d'un envoi de troupes de la garde; je l'ai appuyé de toutes mes forces, et notre insistance a triomphé d'une opposition dont je ne puis m'expliquer le motif. Le conseil a décidé qu'il serait envoyé sur le champ dans le Calvados et la Manche deux bataillons de grenadiers et deux escadrons de chasseurs sous le commandement d'un officier général.

C'est trop peu, mais enfin mieux vaut cela que rien, et j'espère que plus tard nous obtiendrons un envoi supplémentaire.

Le ministre de l'intérieur a rappelé la décision déjà prise pour la dissolution de la chambre et la convocation des colléges électoraux. Le Roi a signé l'ordonnance de dissolution; les colléges se réuniront le 23 juin et les chambres le 3 août.

M. de Montbel a saisi cette occasion pour entretenir le conseil des espérances que transmettent les préfets sur cette importante matière; si leurs données sont exactes, le ministère pourrait compter sur une majorité de 30 ou 40 voix. Ce serait peu dans des temps ordinaires ; mais, vu les circonstances, ce serait un avantage immense.

20 MAI, AUX TUILERIES.

(Le conseil qui devait avoir lieu hier à Saint-Cloud a été remis.)

Les trois nouveaux ministres assistent au conseil. Le Roi, s'adressant plus spécialement à eux, a ouvert ainsi la séance :

« Messieurs, je dois vous faire connaître en
« peu de mots quel est le système que je veux
« suivre et que j'ai déjà développé plusieurs fois
« au conseil ; ma ferme volonté est de maintenir
« la charte ; je ne veux m'en écarter sur aucun
« point, mais je ne souffrirai point que d'autres
« s'en écartent. J'espère que la chambre des dé-
« putés sera composée d'hommes sages, assez
« amis de leur pays pour seconder mes inten-
« tions ; s'il en était autrement, je saurais, sans
« sortir de la ligne constitutionnelle, faire res-
« pecter ma prérogative, que je regarde comme
« la meilleure garantie de la tranquillité publique
« et du bonheur de la France.

« Voilà mes intentions, c'est à vous de les

« seconder, chacun dans la partie d'administration
« qui lui est confiée. »

M. d'Haussez a communiqué sa correspondance télégraphique ; l'embarquement de l'armée a été terminé le 18, jour auquel l'amiral a publié une courte allocution à ses officiers, sous-officiers et marins : cependant la flotte n'est pas encore partie ; quelques bateaux de transports seulement ont quitté la rade ; on attend des câbles de fer qui doivent arriver d'Angleterre d'un moment à l'autre.

Le prince de Polignac a mis en discussion la *forme* de la proclamation que le Roi adressera aux électeurs ainsi que l'époque de publication.

J'aurais de nouveau combattu l'idée de cette proclamation si elle eût été débattue, mais le prince en a parlé comme d'une chose arrêtée dans l'esprit du Roi. — C'est une fausse mesure ; mais j'espère sortir du ministère avant le résultat définitif, et je n'ai pas voulu faire une opposition inutile.

La majorité a décidé que cet acte aurait lieu à une époque très-rapprochée du moment des élections, par exemple en même temps que la publication de la liste des présidents de collège.

On a ensuite demandé quelle serait sa forme, et par qui elle serait *contresignée*.

Je ne sais plus qui a proposé de faire contresigner par *le chancelier*.

On a répondu que le chancelier n'avait point qualité, qu'il n'était soumis à aucune responsabilité et qu'on ne pourrait, en toute hypothèse, l'obliger à contresigner un acte qu'il n'aurait pas délibéré.

J'ai dit qu'il me semblerait plus rationnel que le contre-seing fût donné par le ministre de l'intérieur, dans le département duquel se trouvaient les élections.

M. Chantelauze, nouveau garde-des-sceaux, a proposé de faire contresigner par tout le conseil : on a répondu que ce contre-seing collectif serait une innovation sans motif plausible, et indiquerait l'intention de rendre la responsabilité moins pesante en la divisant (Je n'ai pas compris cet argument). Enfin il a été arrêté que le président du conseil contresignerait.

Je veux terminer cette note par l'exposé de ce que j'ai su relativement à la modification ministérielle ; c'est un souvenir à conserver.

Nous avions tous reconnu la nécessité de cette modification, mais nous n'étions pas d'accord sur le moment opportun ; Montbel et moi soutenions qu'il fallait laisser faire les élections ; Courvoisier, que le mauvais état de sa santé pressait de chercher du repos, insistait pour qu'au contraire les élections fussent faites sous l'influence des nouveaux choix ; Chabrol ne se prononçait pas ; il déclarait seulement qu'il n'entendait nullement *donner sa démission*, parce qu'une retraite dans les circonstances difficiles où se trouvait le gouvernement lui paraîtrait une sorte de désertion, et il se bornait à *attendre les ordres* du Roi.

Je partageais tout à fait le sentiment de M. de Chabrol ; mais après avoir échoué dans plusieurs propositions que je croyais utiles, et n'attendant rien de bon de la marche que paraissait vouloir adopter le président du conseil, je désirais fort être compris dans *la réforme* et m'exprimai, dans diverses circonstances, de manière à rendre mon éloignement presque nécessaire.

Les choses en étaient là lorsqu'hier 19, dans la matinée, le prince est venu chez moi, et, après quelques phrases insignifiantes, m'a dit d'un air dégagé, et comme s'il s'agissait de la chose la plus simple du monde : *Eh bien! nous avons trois nouveaux collègues...* Frappé de ce mot *trois*, je ne doutais pas de mon remplacement, et, prenant la main du prince : « Vous me soulagez d'un poids énorme, « lui ai-je répondu, et ce sera pour moi un heu-

« reux moment que celui où j'installerai mon suc-
« cesseur dans cet enfer qu'on appelle le cabinet
« du ministre. »

Que voulez-vous dire? a repris le prince, *mais vous nous restez...* Et alors il m'a expliqué que Montbel passait aux finances à la place de Chabrol; que M. Chantelauze remplaçait Courvoisier aux sceaux, et qu'un nouveau ministère était formé, aux dépens de l'intérieur, qui se trouvait ainsi partagé entre MM. de Peyronnet et Capelle.

Je ne sais quel sentiment dominait en moi pendant ce récit, ou le regret de voir échapper une liberté que je croyais si bien tenir, ou la surprise que, dans un gouvernement constitutionnel, des ministres responsables pussent recevoir ainsi des collègues dont les œuvres allaient devenir celles du ministère tout entier, sans qu'on eût daigné s'assurer si les hommes qu'on enchaînait les uns aux autres se convenaient réciproquement et consentaient à faire un échange de confiance mutuelle.

Quand le prince a jugé à propos de terminer l'historique des nominations et l'éloge des *nouveaux collègues*, je lui ai exprimé mon étonnement de n'avoir pas suivi le sort de Courvoisier et de Chabrol, et l'ai instamment prié de vouloir bien

proposer au Roi mon remplacement immédiat : « *C'est impossible,* m'a-t-il répondu, *c'est abso-*
« *lument impossible,* le Roi ne veut plus entendre
« parler d'aucun changement, et certes vous ne
« voudrez pas donner votre démission ; une re-
« retraite volontaire dans les circonstances où
« nous nous trouvons paraîtrait si honteuse que
« Montbel s'est résigné à prendre le ministère
« des finances qu'il ne voulait pas d'abord, et
« que Chabrol a prié instamment qu'on ne dît
« pas, dans l'ordonnance, qu'il a *donné sa dé-*
« *mission,* parce qu'en effet il n'aurait pas voulu
« la donner dans un tel moment : d'ailleurs, je
« suis sûr que le Roi ne recevrait pas votre dé-
« mission. »

« *Je resterai, si le Roi l'exige*, ai-je répondu,
« *mais souvenez-vous de ce que je vous dis : le*
« *ministère que vous venez de former n'a pas pour*
« *trois mois d'existence.....* »

« Bah ! bah ! m'a dit le prince en me quittant,
« vous êtes l'homme aux difficultés ; vous verrez
« que nous marcherons à merveille et que tout
« ira bien. »

Peu satisfait de cette conversation, je me suis empressé d'aller voir Montbel ce matin, de bonne heure. Je l'ai trouvé encore tout désolé de sa nouvelle position, et voici mot pour mot ce qu'il m'a conté :

« Je n'ai eu connaissance du projet définitif de
« modification que lundi : le prince de Polignac
« m'en a parlé chez lui, en présence de d'Haussez.
« D'après ce projet, c'était Capelle qui devait avoir
« les finances, et l'intérieur était partagé entre
« Peyronnet et moi. J'ai déclaré que cet arrange-
« ment ne pouvait me convenir, et que je me
« retirerais plutôt que de rester ainsi avec une
« fraction de ministère, à la suite de M. Peyronnet.
« Après une longue et inutile insistance, le prince
« a renvoyé le tout à la décision du Roi.

« Ce même jour, je fus mandé à Saint-Cloud ; le
« Roi me répéta ce que m'avait dit le prince, et
« ma réponse fut la même ; alors le Roi m'a pro-
« posé le ministère des finances que j'ai nettement
« refusé par le motif, qu'entièrement étranger à
« cette administration compliquée, je ne pourrais
« répondre à la confiance dont Sa Majesté m'ho-
« norait, et que je regardais comme indigne d'un
« honnête homme de prendre des fonctions qu'il
« ne peut pas remplir : là-dessus je me suis retiré.

« Avant-hier le Roi m'a de nouveau mandé à
« Saint-Cloud, et j'y ai trouvé Chabrol. Le Roi
« m'a pressé de la manière la plus vive d'accepter

« le ministère des finances, et, sur mon refus, cet
« excellent prince est allé jusqu'à me serrer dans
« ses bras en me demandant si j'aurais le courage
« de l'abandonner au milieu des embarras qui
« l'assiégent de toutes parts ; vous qui connaissez
« si bien tout ce qu'a de séduisant l'extrême
« bonté du Roi, vous comprendrez qu'il m'était
« impossible de résister à de pareilles instances ;
« cependant j'ai encore demandé à réfléchir.

« Chabrol, de son côté, s'est joint au Roi pour
« me démontrer que je ne pouvais refuser ; il
« m'a dit que je m'exagérais trop les difficultés
« de cette administration, et que, au reste, si je
« le désirais, il viendrait tous les jours travailler
« avec moi jusqu'à ce que je fusse bien au courant.

« Malgré tout cela, à peine de retour à Paris,
« j'ai écrit au Roi que décidément je ne pouvais
« accepter un emploi que je sentais si fort au-
« dessus de mes forces, et que je suppliais Sa
« Majesté de m'excuser si je n'avais pas le courage
« de lui porter moi-même un refus dont je savais
« qu'elle aurait la bonté de s'affliger (il m'a montré
« sa lettre).

« Au reçu de ma lettre, le Roi m'a de nouveau
« fait appeler, et, après de nouvelles instances
« faites du ton le plus affectueux, il a fini par me

« dire : « *Je vous demande d'accepter par amitié,*
« *par dévouement pour ma personne, mais d'ail-*
« *leurs je l'exige comme Roi ; l'ordonnance est*
« *faite, elle sera signée demain et envoyée au*
« *Moniteur ; j'espère qu'après cela vous n'aurez*
« *pas le triste courage de m'affliger par un refus*
« *public......* »

« Vaincu par ces derniers mots, j'ai répondu au
« Roi, « *Vous le voulez, Sire, j'obéis, mais à la*
« *condition que je serai libre de me retirer aussitôt*
« *que les élections seront terminées.* »

« Dans le trajet de Saint-Cloud à Paris, de nou-
« velles réflexions réveillèrent tous mes scrupules
« et je courus chez le prince de Polignac lui dé-
« clarer que, malgré toute la douleur que me
« causait la rétractation de ce que je venais de dire
« au Roi, je ne pouvais décidément me résigner
« au fardeau qu'on voulait m'imposer par une sorte
« de violence morale, et que je le priais de porter
« mon refus au Roi. Le prince partit en effet sur-
« le-champ ; mais, peu d'heures après, il me rap-
« porta ce billet de la main du Roi, et il m'a bien
« fallu céder. (Montbel me montra alors un billet
« par lequel le Roi le rassurait avec bonté sur son
« injuste défiance de lui-même ; lui déclarait dans
« les termes les plus affectueux qu'il n'acceptait

« pas son refus, et lui réitérait sa promesse de
« recevoir sa démission après les élections.)

Et les nouveaux collègues, les aviez-vous vus ?
ai-je dit à Montbel. *Quelle part ont-ils prise à tous
ces arrangements ?*

« J'ai vu hier Chantelauze, m'a-t-il répondu ; il
« m'a dit *qu'il n'était à Paris que depuis trois*
« *jours ; qu'il avait reçu par le télégraphe, dès le*
« *25 du mois dernier, l'annonce de sa nomination*
« *prochaine, et qu'il avait d'abord refusé comme*
« *au 8 août et au mois de novembre, mais que, à*
« *son passage à Grenoble, Monseigneur le Dauphin*
« *l'avait tellement pressé d'entrer au ministère*
« *qu'il avait cru devoir céder, en déclarant toute-*
« *fois qu'il n'accepterait que sous la condition*
« *expresse que M. de Peyronnet entrerait en même*
« *temps que lui.* » Eh bien ! lui ai-je répondu, que
« ce qui vient de se passer vous serve de leçon, et
« vous apprenne quelle confiance vous devez
« attendre de vos nouveaux collègues : M. de
« Polignac a traité cette affaire tout seul, à l'insu
« du conseil, et nous ignorions encore tous, il y a
« trois jours, votre entrée parmi nous » (1).

(1) J'ai appris depuis d'autres détails que j'ai consignés par écrit. Voir la feuille marquée A, annexée).

(On peut lire cette note à la suite de la seconde partie.)

Voilà tout ce que j'ai appris de cette étrange modification. Il serait de mon intérêt et même de mon honneur de profiter des torts qu'on a eus envers moi pour donner ma démission ; mais l'insistance que le Roi a mise à retenir Montbel atteste assez tout l'embarras que pourrait causer un nouveau changement ; je sens que je n'aurais pas la force de résister au premier mot du Roi, et il ne résulterait de ma démarche que le ridicule de paraître avoir voulu me faire prier ; j'aime mieux me résigner d'avance, mais je ne manquerai pas la première occasion.

23 MAI, AU CHATEAU.

Le nouveau garde-des-sceaux a fait un rapport sur les incendies, et reproduit la proposition déjà adoptée d'envoyer des troupes de la garde : il a été arrêté que le prince de Polignac, remplissant par intérim les fonctions de ministre de la guerre, donnera les ordres nécessaires, et que le général de Latour-Foissac aura le commandement.

La flotte n'a pas encore appareillé, ce retard commence à nous inquiéter.

La nomination des nouveaux ministres a produit

un redoublement de fureur de la part des journaux de l'opposition : presque tous s'accordent à dire que ces messieurs ne sont entrés au ministère qu'*en prenant l'engagement formel de seconder les projets de coups d'état du président du conseil.* Ces clameurs me toucheraient peu, si la même opinion n'était adoptée par de bons royalistes : je ne puis croire à cela; un engagement semblable aurait eu pour but d'organiser, par avance, une majorité qui ferait la loi aux autres ministres, car le président sait très-bien, et nous l'avons tous assez énergiquement annoncé, que nul de nous ne consentirait à déserter le poste où la confiance du Roi l'a placé : or, c'est déjà beaucoup de nous avoir associé, à notre insu, des collègues dont nous ne connaissions pas les dispositions; il y aurait une sorte de trahison à nous enchaîner ainsi d'avance à la responsabilité d'actes que nous n'aurions pas la liberté de discuter..... Non, le prince de Polignac n'est pas capable d'une telle tromperie (1).

(1) En regard de cet alinéa, dans la marge, M. le comte de Guernon-Ranville a écrit plus tard : — *Nota.* Cette assertion des journaux n'était pas absolument dénuée de fondement. (V. la feuille A, Appendice.) — Le dernier mot est surchargé. Au lieu de *tromperie*, il y avait *ineptie.*   J. T.

25 MAI.

J'ai fait part au conseil de mon intention de créer plusieurs chaires nouvelles dans diverses facultés, notamment une chaire de droit criminel à Paris, et j'ai saisi cette occasion pour l'avertir que je prendrais incessamment son avis sur un projet d'établissement d'écoles secondaires de droit dans les villes de Besançon, Bourges, Orléans et Douai, comme moyens de décentraliser l'enseignement. MM. Chantelauze et Peyronnet se sont élevés contre cette idée et m'ont promis une forte opposition : selon eux, la multiplicité des écoles ne peut servir qu'à augmenter le nombre des étudiants, et jeter dans la carrière des emplois publics une foule de nouveaux aspirants : ils ont ajouté que, s'ils avaient été membres du conseil lorsque je l'ai consulté sur l'ordonnance relative à l'enseignement primaire, ils l'auraient combattue de toutes leurs forces, parce qu'ils regardent comme inutile au peuple et nuisible au bon ordre cette extrême facilité donnée aux dernières classes d'acquérir une instruction qui ne sert qu'à éveiller des sentiments d'ambition et le dégoût des travaux obscurs du cultivateur et de l'artisan.

Le prince de Polignac, qui s'est réuni à ces messieurs, les a rassurés sur ce dernier point, en disant que l'ordonnance du 24 février est INEXÉCUTABLE, *et que ce fut cette considération qui détermina le conseil à la laisser passer.*

J'ai combattu de mon mieux les divers arguments qu'on m'a opposés, et j'ai fini par déclarer que, bon ou mauvais, le système qui pousse à la diffusion de l'enseignement étant entré fort avant dans l'opinion publique, il y aurait, selon moi, de la folie à prétendre le combattre, et qu'il était, au contraire, d'une bonne politique de s'en emparer, afin d'en diriger l'application.

Quant à mon ordonnance du 24 février, quoi qu'on en dise, elle est fort *exécutable*, et *si Dieu me prête vie ministérielle*, j'espère qu'avant deux ans il n'y aura si petit village, en France, qui n'ait son enseignement primaire.

27 MAI, AU CHATEAU.

M. de Peyronnet a présenté et on a discuté une liste de présidents de colléges.

Le ministre de la marine a annoncé le départ de la flotte; elle a appareillé le 25 par un temps superbe.

29 MAI, AUX THUILERIES.

(A cause de la fête de demain, le Roi est revenu de Saint-Cloud.)

Le prince de Polignac a dit qu'il avait ordonné un travail relativement à la mesure prise par le roi d'Espagne. Cette mesure est souverainement impolitique et dangereuse, mais je ne sais comment nous pourrions la combattre. A ce sujet le Roi nous a dit que le roi de Naples, qui était en voyage lors de la publication du décret, ne l'avait connu qu'avec le public; voici les propres expressions du Roi : « J'en ai parlé au roi de Naples; je « lui ai demandé si son gendre l'avait consulté. Il « m'a répondu : *Je n'ai rien su qu'après l'événe-* « *ment, je n'avais pas la moindre idée des projets* « *de Ferdinand, et je n'ai appris l'existence de son* « *décret qu'en l'entendant crier dans les rues.* »

Le prince de Polignac a lu un long mémoire sur ce que nous pourrons faire d'Alger, si nous le prenons; ce mémoire pose cinq hypothèses que je n'ai pu retenir. Le Roi a observé avec raison que toute discussion en ce moment sur ce point serait prématurée, et qu'il serait temps de s'en occuper quand le but de l'expédition serait atteint.

1ᵉʳ JUIN.

Discussion de la liste des présidents. — Lecture de plusieurs projets de *proclamation*. — M. Peyronnet chargé de la rédaction définitive.

5 JUIN.

J'ai communiqué au conseil mon projet d'*écoles secondaires de droit*, approuvé par le conseil de l'instruction publique; tout le monde l'a combattu : vainement j'ai fait ressortir la considération *politique* de diminuer le nombre des étudiants entassés à Paris, et la considération *morale* de donner aux familles les moyens de faire étudier leurs enfants sous leurs yeux, au lieu de les envoyer se perdre dans les grands centres de population et de corruption; je n'ai persuadé personne et mon projet a été *ajourné indéfiniment*. J'y reviendrai, je fais déjà une assez grande concession aux adversaires de la propagation de l'enseignement en ne donnant pas les trois facultés à chacune de nos vingt-six académies.

M. de Peyronnet a lu son projet de proclamation, il a été discuté et adopté après quelques modifications.

6 JUIN, A SAINT-CLOUD.

M. de Peyronnet a lu la liste définitive des présidents de collége, et l'ordonnance a été signée.

Le projet de proclamation, adopté hier, a été lu : le Dauphin l'a fort approuvé ; le Roi en a demandé une copie, et renvoyé son approbation à dimanche prochain.

Un émissaire du Grand-Seigneur est arrivé à Toulon, il se nomme *Bahir-Pacha :* il avait d'abord tenté de pénétrer à Alger ; mais, repoussé par nos croiseurs, il a demandé à venir en France traiter au sujet de la conduite du dey : le préfet maritime lui a proposé d'envoyer ses dépêches à Paris, en attendant l'expiration de la quarantaine. Il a refusé. — On croit qu'il n'a pas de mission pour la France, et qu'il n'allait à Alger que dans la vue de prendre la direction de la défense contre notre armée.

13 JUIN, A SAINT-CLOUD.

Les conseils précédents ont été remplis par l'examen des rapports des préfets sur les chances électorales; ces chances sont beaucoup moins favorables qu'elles n'avaient paru d'abord; il m'est démontré que la modification ministérielle a exercé une fâcheuse influence.

Le Roi nous a raconté qu'un anglais de haute distinction, tenant au parti radical, lui a dit que, causant avec Sebast... des projets de l'opposition, celui-ci lui avait dit : « Le Roi est généralement
« aimé, mais la dynastie des Bourbons ne convient
« plus à la France; nous ferons les plus grands
« efforts pour nous en débarrasser, et, si nous
« réussissons, nous assurerons à cette famille une
« existence honorable en pays étranger, à Rome,
« par exemple..... »

Le ministre de la marine nous a donné des nouvelles de la flotte; elle a relâché dans la baie de Palma : pourquoi cette relâche ? Ces retards sont inquiétants; Duperré trahirait-il ?

Le garde-des-sceaux a donné de bons renseignements sur les incendies; le fléau diminue considérablement; les esprits se calment, la garde se conduit à merveille, et sa présence produit les meilleurs effets.

23 JUIN, AU CHATEAU.

Les réunions depuis le 13 n'ont rien offert de remarquable.

Le ministre de la marine a ouvert le conseil d'aujourd'hui en nous donnant de bonnes nouvelles d'Afrique : notre armée a commencé son débarquement, le 14, au point du jour, sur la presqu'île de Sidi-Ferruch. Les efforts des feuilles libérales en faveur de notre ennemi n'ont pas été entièrement perdus, car on a pu juger par les travaux exécutés sur ce point, qu'il s'attendait à être attaqué là : *en peu d'heures* une grande partie des troupes a été mise à terre, des coups de canon et de fusil ont été échangés avec les Turcs, nous avons eu quelques blessés et Bourmont a pensé être tué : un boulet est venu frapper à ses pieds et l'a couvert de sable; malgré deux jours d'interruption causée par le mauvais temps, tout était débarqué le 20, hommes, chevaux, approvisionnements et matériel de guerre : ainsi on a fait en *quatre jours* ce qui en exigeait vingt-sept d'après M. de La Borde, l'amiral Verhuel et l'amiral Duperré lui-même.....

Un combat sérieux a eu lieu le 19; l'ennemi a été complètement défait et son camp enlevé.

Le président du conseil, après avoir donné de nouveaux détails sur ces heureux débuts de la campagne, a de nouveau parlé de son plan en cas de conquête; voici, autant qu'il m'en souvient, les diverses alternatives qu'il propose, et sur l'une desquelles il désire que le conseil se fixe d'avance :

1º Garder Alger et tous les états de la Régence, et y établir un vaste système de colonisation;

2º Proposer aux autres puissances européennes de partager avec nous ce territoire, en nous indemnisant des frais de notre expédition;

3º Maintenir le mode de gouvernement actuel, en établissant un dey sous la protection de la France qui entretiendrait sur plusieurs points de la côte, et notamment à Alger, de fortes garnisons à la place des Turcs qui seraient immédiatement congédiés;

4º Maintenir la Régence telle qu'elle existe, sous la suzeraineté de la Porte, mais en prenant des mesures pour assurer la destruction complète de l'esclavage et de la piraterie;

5º Traiter avec la Porte pour lui rendre le pays

sur lequel elle n'a maintenant qu'un droit de souveraineté mal reconnu, et en obtenir la concession d'un vaste territoire vers Bône: dans cette hypothèse, le dey serait nommé par la Porte sur la présentation de la France, ou *vice versâ*, et la piraterie serait également abolie sans retour.

Chacun a fait ses observations et discuté ces diverses propositions; mais un premier point a donné lieu à un sérieux examen, c'est celui de savoir si, d'après la correspondance diplomatique qui a précédé l'expédition, le Roi n'était point engagé envers ses alliés à ne rien décider sans leur assentiment. Le prince de Polignac a rappelé les termes et l'esprit de cette correspondance, et nous sommes tous tombés d'accord que le Roi n'avait pris aucun engagement; loin de là, une des notes porte expressément que Sa Majesté n'en peut prendre aucun à l'avance.

Sur les propositions en elles-mêmes, quand mon tour de parler est venu, j'ai dit que cette discussion me semblait encore prématurée, et que, en toute hypothèse, il ne serait peut-être pas mal que tout fût indécis au moment où nous nous trouverons maîtres de la Régence, car j'ai remarqué qu'en diplomatie l'*indécision* était toujours une position extrêmement favorable pour le *possesseur*.

« Au sujet des négociations avec la Porte,
« il m'a paru bizarre que nous nous crussions
« obligés de demander son consentement pour
« disposer de la conquête (quand elle sera faite),
« et que nous n'en ayons pas eu besoin pour
« l'entreprendre.

« En ce qui touche l'usage que nous ferons de
« la victoire, je crois que le Roi est libre de tout
« engagement antérieur, quoiqu'il ait déclaré qu'*il
« ne faisait point la guerre pour conquérir :* si on
« nous opposait cette déclaration, nos diplomates
« trouveraient sans doute de bonnes raisons pour
« démontrer qu'il n'en résulte pas la renonciation
« à profiter d'une conquête *incidente.*

« Ceci posé, si on consulte l'amour-propre na-
« tional, nul doute qu'il faudra garder le pays
« conquis; mais, je l'avoue, ce parti me paraîtrait
« le plus contraire de tous à nos véritables inté-
« rêts: il est certain, et le passé ne l'a que trop
« prouvé, que nous n'entendons absolument rien
« à la grande colonisation.

« J'admets que le sol que nous allons prendre est
« d'une admirable fertilité ; encore faudra-t-il y
« établir des colons, les aider pendant longtemps,
« et surtout les protéger contre les tribus des Bé-
« douins qui sont maîtresses des montagnes et que

« nous ne pourrons aisément civiliser; or, une
« telle entreprise exigerait une suite d'idées et
« d'actes dont notre caractère est peu susceptible,
« et surtout d'énormes dépenses que nos chambres
« ne sanctionneraient pas facilement.

« Le parti le plus simple, et le plus utile peut-
« être, serait de faire sauter les fortifications d'Al-
« ger, de détruire son port qui ne vaut rien pour
« le commerce, de reprendre notre ancien établis-
« sement de La Calle, en y joignant, à titre d'in-
« demnité, la ville de Bône qui a un bon port,
« dit-on, et un vaste territoire qui nous servirait à
« commencer une colonisation sur une échelle rai-
« sonnable : on laisserait le reste à la Régence
« sous la protection française. »

Après une vive discussion, cette affaire a été encore ajournée.

Le prince de Polignac a lu une lettre par laquelle le prince Léopold refuse le trône de Grèce, qu'il a tant sollicité, et un projet de réponse.

Rien n'a été arrêté sur ce dernier point; toutefois le Roi a exprimé beaucoup de mécontentement de la conduite de ce prince, et Monseigneur le Dauphin a dit que c'était un *sot*, qu'*il ne méritait pas de réponse;* le conseil m'a paru *unanime* sur l'une et l'autre proposition.

Puisque j'ai parlé de ce principicule, il faut que je consigne ici ce que j'en sais.

Pauvre cadet d'une pauvre famille princière d'Allemagne, le susdit Léopold eut l'insigne bonheur de plaire à sa cousine, la princesse Charlotte, fille de Georges IV, héritier de la couronne d'Angleterre.

On s'occupait alors de marier cette princesse, et son père lui destinait je ne sais plus quel haut personnage d'Allemagne ou d'ailleurs.

Or, la jeune personne, douée d'une tête fort vive et d'une volonté tant soit peu altière, trouva bon de traiter par elle-même cette affaire de mariage, et, comme son cousin de Saxe-Cobourg, grand garçon assez bien bâti, joignait à une longue figure brune un air bonasse qui promet un mari facile, elle se dit que ce mari-là lui conviendrait, et le prince reçut un matin l'invitation d'aller prendre le thé chez la princesse : elle était seule avec une dame de son intimité. Aussitôt qu'elle eut fait asseoir le cousin, elle lui dit sans plus de préparation : *Voulez-vous m'épouser ?...* Stupéfait d'une telle proposition, le Léopold balbutie quelques monosyllabes sans suite ; la jeune personne reprend : *Oui, vous voulez bien m'épouser ; dans ce cas, allez sur-le-champ demander ma main à mon père...* Pour le coup le cousin trouve la force de faire quelques représentations sur l'improbabilité qu'une telle demande soit accueillie..... « Allez toujours, répond la douce Charlotte, allez, on vous refusera, mais ne vous inquiétez pas de ce refus, j'en fais mon affaire, allez !.... » Il y fut en effet, éprouva un refus poli, accompagné d'un sourire dans lequel un plus fin aurait lu l'expression du dédain ; mais la princesse tint parole, et fit si bien *son affaire*, que son père fut obligé de rappeler le cousin d'abord éconduit. On sait comment fut brisé ce lien.

Léopold, splendidement traité par le gouvernement anglais, trouvait pourtant sa position fausse, à raison de l'excessive froideur avec laquelle il était accueilli par son beau-père : il voulait sortir de ce pays ; mais après avoir eu l'expectative de la couronne d'Angleterre, il lui fallait un bel établissement.

On sait comment la France fit la faute énorme de se mêler des affaires de la Grèce, les dépenses que son intervention chevaleresque lui occasionna et la stérile gloire qu'elle en recueillit au combat de Navarin.

A propos de ce combat, voici une anecdote peu connue : les trois puissances alliées, protectrices de la Grèce, avaient donné à leurs amiraux des instructions qui leur défendaient tout acte d'agression contre la flotte turco-égyptienne; mais le duc de Clarence (1), grand amiral d'Angleterre, ne l'entendait pas ainsi, et, après avoir signé, en sa qualité de grand amiral, les instructions que son gouvernement lui ordonnait d'envoyer à Codrington, il écrivit en dessous de sa signature : *have at them* (tombe dessus). Codrington, qui ne demandait pas mieux, s'entendit avec les amiraux français et russes, et l'on vit les flottes combinées des trois plus grandes puissances du monde tomber en vrais forbans sur la malheureuse flotte égyptienne, lorsque celle-ci, tranquillement à l'ancre dans la baie de Navarin, était privée d'une grande partie de ses chefs qui étaient à terre, et l'écraser sans miséricorde avec des forces énormément supérieures, malgré son héroïque résistance : voilà ce que nos journaux ont vanté comme un *noble fait d'armes*, comme une *glorieuse victoire*, comme un *combat à jamais honorable pour notre marine.* Pauvre amiral égyptien! ah! *si tes confrères savaient peindre !!*

---

(1) Le duc de Clarence est devenu roi sous le nom de Guillaume IV.

Après ce beau triomphe et ce qu'on a appelé l'*affranchissement de la Grèce,* il fallut donner un roi au nouveau royaume ; l'Angleterre et la Russie dirent à la France : *Choisissez ce roi et nous l'accepterons, s'il nous convient*............

La France proposa d'abord le jeune Othon de Bavière ; il fut refusé par les autres, je ne sais pourquoi, comme trop jeune peut-être.

Cependant Léopold de Saxe-Cobourg, le veuf de la princesse Charlotte d'Angleterre, s'était mis sur les rangs et sollicitait en vrai cadet affamé les bontés de Charles X qui, je ne sais encore pourquoi, éprouvait de l'éloignement pour lui, mais craignait surtout que ce choix ne donnât à l'Angleterre plus d'influence qu'il ne convenait aux intérêts de la France sur les affaires de Grèce ; pourtant les sollicitations de Léopold furent si pressantes, ses protestations d'un dévouement et d'une reconnaissance éternels furent si multipliées que Charles X se rendit : il le proposa au lieu d'Othon et les autres l'acceptèrent.

Alors il est venu à Paris, et j'ai eu l'honneur de dîner avec lui chez l'ambassadeur russe : j'ai trouvé au Saxon une pauvre figure de *roi des Grecs ;* un officier général qui était près de moi (je crois que c'était le général Loverdo, mais je n'en suis pas sûr) s'extasiait sur *l'honneur de commander à l'héroïque nation, de lui rendre l'existence, de réveiller ses vieilles gloires, de lui donner des institutions qui serviraient un jour de modèles à tous les peuples du monde........* Mon voisin me dit là-dessus des choses qui me faisaient regretter qu'il ne fût pas le premier ministre du nouveau monarque : « Tout cela est admirable, général, lui répondis-je, et je veux croire que les Grecs modernes sont dignes des hautes destinées que votre enthousiasme leur annonce; mais considérez un peu cette figure *royale*, et dites-moi si vous démêlez dans ses linéaments l'indice du génie créateur qui seul pourrait entreprendre de réaliser vos rêves...... »

Mon général garda un moment le silence en fixant Léopold qui était vis-à-vis de nous, et puis me dit : *Ma foi! je crois que vous avez raison, ce n'est pas celui-là qui refera la Grèce.*

Le futur restaurateur des Grecs avait pourtant bonne envie de se créer un établissement solide : d'abord il nous demandait quelque soixante millions, *à titre d'emprunt,* pour premier fonds de son trésor royal; puis il désirait fort honorer de son alliance la famille d'Orléans, et demandait la main de la jolie blonde. Sur le premier point, nous n'étions pas assez bien avec les chambres pour espérer qu'elles nous donneraient gracieusement soixante millions à placer en si bonnes mains, et en vérité elles auraient eu grand tort ; quant au mariage, le duc d'Orléans, qui calcula tout aussi bien que le prince saxon, répondit que sa fille se sentait peu de vocation pour aller régner sur la *Béotie*.

C'est à la suite de ce double échec que Léopold de Saxe-Cobourg, *roi nommé de Grèce,* a écrit la lettre de *démission* dont j'ai parlé plus haut.

26 JUIN.

Les élections tournent mal ; M. de Peyronnet nous a fait connaître les résultats parvenus à sa connaissance : tous ou presque tous sont en faveur de l'opposition ; les 221 sont réélus ; l'effet de la proclamation du Roi est nul, ou plutôt le meilleur titre des candidats au choix des électeurs est d'avoir voté l'insolente adresse et mérité ainsi la censure royale.

Les innombrables chicanes suscitées aux électeurs royalistes par les comités libéraux de la Société *Aide-toi, le ciel t'aidera,* en ont éloigné un grand nombre des colléges ; ces chicanes ont fait naître tant de procès que les cours royales n'ont pas suffi à leur expédition, et qu'il a été nécessaire d'ajourner de quelques jours les élections de dix-neuf départements dont les listes se seraient trouvées incomplètes si on n'avait donné aux cours le temps de statuer sur les procès intentés.

27 JUIN, A SAINT-CLOUD.

Le Roi était fort triste aujourd'hui, les résultats électoraux l'affligent et l'inquiètent.

Quelqu'un a signalé l'étrange conduite du *Journal des Débats* dans cette grave circonstance, conduite si différente des opinions qu'il a longtemps soutenues avec tant de talent ; à cette occasion le Roi nous a dit :

« Ces gens-là n'ont point d'opinion, ils ont de
« l'orgueil et l'amour de l'argent par-dessus tout ;
« voici ce que j'ai entendu de Bertin de Vaux lui-
« même ; c'était lorsque le ministère Martignac fut
« appelé à remplacer le ministère Villèle ; Bertin
« de Vaux vint me voir quelques jours après, et
« me dit dans la conversation : *Ce ministère, c'est*

« *moi qui l'ai fait; qu'il se conduise bien avec
« moi, sans quoi je pourrais bien le défaire comme
« l'autre........* Voilà ce qu'il m'a dit, parlant à ma
« personne.

« Au reste, que peut-on attendre de gens qui se
« vendent à qui veut les acheter? Le ministère
« Richelieu donnait à ce journal 12,000 fr. par
« mois; Villèle et Corbière ne voulurent lui rien
« donner; quand le ministère Martignac arriva, il
« rétablit la subvention, mais Bertin de Vaux et
« les autres exigèrent qu'on leur payât ce qu'ils
« appelaient *l'arriéré*, c'est-à-dire le temps pendant
« lequel ils avaient fait une guerre si violente à
« Villèle, et ils reçurent 500,000 fr., dont 300,000
« fr. pour Bertin de Vaux le jeune, et 200,000 fr.
« pour Chat......, car j'en suis sûr (1). »

Le prince de Polignac a reparlé de la lettre du
prince Léopold et de son projet de réponse : cette
lettre exprime de bons sentiments pour la personne

---

(1) Le Roi se trompait en quelques points : le *Journal des
Débats* avait été hostile au ministère Richelieu ; il fut appelé par
le ministère Villèle au prix de 12,000 fr. par mois; à la chute de
Chateaubriand, son patron Bertin de Vaux renonça à la subvention
et déclara une guerre à mort.

Il n'y avait pas de fonds pour le paiement des 500,000 fr.
accordés par Martignac; le Roi consentit à faire sur sa cassette une
avance de cent mille écus qui devait lui être plus tard remboursée
par le ministère ; ce remboursement n'a jamais eu lieu.

du roi ; le prince espère, dit-il, que les motifs de son refus de la souveraineté de la Grèce (ces motifs sont l'insuffisance de la délimitation des frontières et la pénurie absolue des finances du nouvel état) seront appréciés par Sa Majesté. Le Roi hésitait à répondre ; le Dauphin a déclaré que, à son avis, il n'y avait point lieu ; il a dit : *Cet homme a fait une platitude, eh bien ! qu'on le laisse, mais le Roi ne lui doit aucune réponse ; le silence en pareil cas exprimera assez l'opinion qu'on a de sa conduite.* Cette opinion du Dauphin n'est pas combattue ; il n'y aura pas de réponse.

Le ministre de l'intérieur a proposé et fait accueillir plusieurs destitutions pour mauvaise conduite dans les élections.

Le garde-des-sceaux a fait un rapport assez satisfaisant sur les incendies. La garde se conduit à merveille, et sa présence en Normandie produit tous les bons effets que j'en attendais.

29 JUIN, A LA CHANCELLERIE.

M. de Peyronnet a fait connaître les opérations des colléges électoraux d'arrondissement. Partout les 221 sont réélus à de fortes majorités.

Après avoir expédié les affaires courantes, nous causions sur la fâcheuse position où nous allions nous trouver en présence de la chambre nouvelle, et chacun faisait son hypothèse pour sortir d'embarras, lorsque M. Chantelauze, qui jusque-là avait gardé le silence, a dit: « Je connais un moyen qui serait sûr, mais peut-être ne voudriez-vous pas l'employer..... »

Nous lui avons tous demandé avec empressement quel était ce moyen ; et, après s'être fait presser assez longtemps, il nous a fait, dans un discours de trois quarts d'heure, l'exposé d'un plan dont je suis encore tout étourdi : en résumé, sa proposition se réduirait à choisir entre ces trois hypothèses, toutes trois susceptibles, selon lui, d'être réalisées par l'application de l'article 14 de la charte :

1° *Suspendre entièrement le régime constitutionnel, et gouverner par ordonnance, jusqu'à ce que le calme soit entièrement rétabli, et le gouvernement raffermi sur des bases monarchiques ;*

2° *Déclarer nulle l'élection des votants de l'adresse ;*

3° *Casser la nouvelle chambre aussitôt que les élections seront terminées, et en faire élire une autre d'après un système électoral établi par une ordonnance, et que l'on combinerait de manière à donner aux royalistes une majorité certaine dans les colléges.*

Mais avant tout, et pour assurer l'exécution de la mesure qu'on adopterait, disposer les troupes de manière à ce que des garnisons nombreuses, comme de 20 à 30,000 hommes, soient placées dans les quatre plus grandes villes du royaume (Paris, Lyon, Bordeaux et Rouen), et déclarer ces mêmes villes *en état de siége*, en même temps qu'on publierait la grande mesure (je crois, en vérité, mais je n'ose m'en rapporter sur ce point à mes souvenirs de quelques heures, que la proposition de mise en état de siége s'appliquait à toute la France).

Cet étrange discours a été suivi d'un long et profond silence ; M. de Montbel l'a rompu le premier pour demander si les jurisconsultes, membres du conseil, pensaient que, *dans telles graves circonstances données, l'article 14 de la charte autorisait le Roi à prendre de ces grandes déterminations qui ne vont à rien moins qu'à suspendre momentanément l'action des lois.*

Cette question a été l'objet d'une longue discussion à la suite de laquelle nous sommes tous tombés d'accord qu'*en vertu de l'article 14, le pouvoir royal peut prendre toutes les mesures extra-légales qui lui paraissent nécessaires pour sauver l'état menacé d'un danger imminent, tel que la législation existante soit évidemment insuffisante à garantir le salut public ; qu'alors il y a lieu à l'application de la règle de haute politique* : SALUS POPULI SUPREMA LEX.

Ce point de droit décidé, personne ne prenant la parole sur les propositions de M. Chantelauze, j'ai demandé à faire quelques observations dont voici le résumé :

« 1° Si l'article 14 donne au Roi un pouvoir su-
« périeur à la loi elle-même dans certains cas
« extraordinaires, au moins est-il douteux que ce
« pouvoir puisse jamais aller jusqu'à suspendre en
« masse tout le régime constitutionnel ; mais en-
« core, en admettant cette prodigieuse hypothèse,
« ne pourrait-elle être réalisée que dans une cir-
« constance où la force irrésistible des événements
« viendrait paralyser tout à coup l'action entière
« du gouvernement, dans le cas d'invasion, par
« exemple ; mais suspendre toute la charte, parce
« que les colléges électoraux ont nommé une
« chambre factieuse, ce serait outrepasser toutes
« les bornes du droit exceptionnel fondé, ou plutôt
« reconnu par l'article 14.

« 2° L'annulation d'un certain nombre d'élec-
« tions serait un nouveau 18 fructidor fort dange-

« reux et sans aucun résultat, car cette annulation
« réduirait la chambre au-dessous du nombre
« prescrit pour la validité des opérations ; il fau-
« drait donc de toute nécessité recourir à de nou-
« velles élections, et l'on entrerait dans le cas
« prévu par la troisième hypothèse.

« 3° Dissoudre la chambre nouvelle avant sa réu-
« nion, c'est-à-dire avant d'avoir acquis la preuve
« légale de l'hostilité qu'on lui suppose et qui n'est
« encore que probable, ce serait agir avec une
« grande précipitation ; et il serait plus hasardeux
« encore de casser les colléges électoraux eux-
« mêmes avant d'avoir acquis la certitude com-
« plète, irrécusable, qu'ils ont envoyé à la cou-
« ronne une chambre décidément hostile.

« Quant à la mise en état de siége, il serait
« surabondant de la discuter, si aucune des trois
« hypothèses indiquées n'était admise. »

M. Chantelauze a soutenu vivement son plan, je
l'ai combattu avec non moins de vivacité ; les
autres membres du conseil se sont abstenus de
prendre part à notre débat; seulement M. Peyronnet
a déclaré *qu'il partageait mon opinion, et que, à
son avis, le moment n'était pas venu de recourir
à des moyens extrêmes comme ceux indiqués par le
garde-des-sceaux.*

En sortant, j'ai chaudement engagé M. de Peyronnet à persister dans l'opinion qu'il venait d'émettre. M. Chantelauze m'effraie ; est-ce qu'en effet il aurait pris l'engagement du coup d'état ? Ce long discours, cette résistance affectée à faire connaître ses *moyens de salut*..... tout cela aurait-il été concerté d'avance ?

Nous verrons bien...

4 JUILLET.

Dans ce conseil, comme dans les deux précédents, nous ne nous sommes occupés que de la marche à suivre avec la nouvelle chambre. D'après ce que nous connaissons des élections, il est maintenant évident que l'opposition sera en majorité, quoique plusieurs membres du conseil cherchent encore à élever des doutes sur cette triste vérité ; cependant la couronne a donné, par l'appel aux électeurs, son *ultima ratio*.

Le Roi est profondément affecté ; il est clair que les événements trompent toutes ses prévisions, et qu'il aperçoit tous les dangers de sa position ; cependant son esprit n'est pas abattu, sa résolution de combattre vigoureusement les factieux paraît irrévocablement arrêtée, et, si de nouveaux troubles doivent surgir, les royalistes auront du moins un chef.

Sa Majesté, après avoir écouté avec attention le rapport, que lui a fait le président du conseil, des discussions qui déjà nous ont occupés sur l'objet capital, nous a ordonné d'en délibérer de nouveau, et de lui apporter mercredi prochain le plan de conduite que nous croirions devoir adopter en présence de la chambre nouvelle.

6 JUILLET.

Le ministre de l'intérieur nous a communiqué le tableau des élections connues; il en résulte, selon lui, que si le gouvernement a la majorité, elle sera si faible qu'il y aurait de l'imprudence à compter sur son appui pour sortir de la position critique où nous sommes engagés.

Mais alors que faire?... avons-nous tous dit.

A cette question, M. de Polignac a répondu qu'il ne voyait de moyen de salut que dans un sage emploi de la prérogative réservée au Roi par l'article 14 de la charte.

Nous avons insisté pour savoir quelle serait son

opinion sur le mode de cet emploi, et, après avoir un peu hésité, notre collègue nous a lu un plan de conseil ou assemblée *extraordinaire* que je serais tenté de regarder comme une conception du prince de Polignac qui aurait chargé Peyronnet de le mettre en lumière, et ma croyance à ce sujet est fondée, d'une part, sur l'hésitation de Peyronnet dont la réserve n'est pas le défaut, et, d'un autre côté, sur la chaleur vraiment paternelle avec laquelle le prince l'a soutenu. Quoi qu'il en soit, d'après ce plan, le Roi convoquerait, sous le nom de *grand conseil de France,* une assemblée composée d'un certain nombre de pairs, de députés, de magistrats, de membres des conseils généraux, tout cela nommé je ne sais pas comment, et constitué sous la présidence de Monseigneur le Dauphin.

Le Roi ferait mettre sous les yeux du susdit *grand conseil de France* l'exposé des obstacles qu'éprouve son gouvernement, et lui demanderait son avis sur les moyens de les écarter.....

Le prince de Polignac et M. d'Haussez ont fortement appuyé cette conception qui leur a paru *offrir au trône et à la nation toutes les garanties désirables, et porter en elle la solution facile de toutes les difficultés*.....

MM. de Montbel, Capelle et moi n'avons pas

partagé cet enchantement; d'une longue et vive discussion il est résulté pour nous la conviction :

1º Qu'une telle réunion, pâle copie de l'assemblée des notables de 1788, serait sans qualité aucune et sans la moindre autorité aux yeux de la nation ;

2º Qu'impuissante pour faire le bien, cette assemblée pourrait entraver le gouvernement, et lui susciter de nouvelles difficultés à joindre à celles dont il est déjà entouré ;

3º Que ses avis favorables ne donneraient aucune force aux décisions à prendre, et que, si elle s'avisait de les improuver, son opposition achèverait d'énerver le pouvoir déjà si malheureusement désarmé.

M. de Peyronnet s'étant rallié à notre avis, le *grand conseil de France* a été repoussé.

Enfin un nouvel appel, fait à l'expérience de notre ministre de l'intérieur, a donné lieu à une proposition autrement sérieuse : c'est de « dis-
« soudre la chambre nouvelle aussitôt que les
« élections seront terminées; de procéder à la for-
« mation d'une autre chambre en modifiant di-
« verses parties de la législation électorale; mais
« en même temps de suspendre la liberté de la
« presse..... »

Cette triple proposition a réuni de prime-abord l'assentiment de tous mes collègues qui ont développé avec beaucoup de détail, et, je dois l'avouer, avec des arguments souvent imposants, les motifs de leurs convictions.

Malgré cette unanimité, je n'ai pu me dispenser de combattre un système que je crois fort dangereux, et voici en peu de mots les principales considérations que j'ai développées à l'appui de mon opinion :

D'abord j'ai reconnu qu'en principe ces mesures seraient autorisées par l'article 14 de la charte, *s'il était évident que les moyens légaux ordinaires fussent devenus insuffisants pour sauver l'état.*

« Mais, ai-je dit, des mesures de cette nature
« ne peuvent procurer de solides avantages, si
« elles ne sont d'avance justifiées par les provo-
« cations de l'ennemi que l'on doit combattre et
« vaincre à tout prix ; provocations tellement di-
« rectes, tellement violentes que, aux yeux de
« tous, le gouvernement se trouve placé dans la
« nécessité *actuelle, inévitable* de pourvoir à son
« salut. Cette nécessité s'est présentée, plus ou
« moins impérieuse, à trois époques récentes : les
« projets de la faction révolutionnaire, qui s'est

« attribué le nom parlementaire d'*opposition*, sont
« dévoilés depuis longtemps, et l'imminence du
« péril fut énergiquement signalée le jour où l'on
« entendit un ministre du Roi s'écrier, avec une
« douloureuse conviction : *Nous allons à l'anar-*
« *chie*. Ce cri de détresse excita dans toute la
« France un sentiment de surprise et d'effroi
« extrêmement favorable au pouvoir, et la con-
« science publique eût sanctionné les mesures
« extra-légales que le gouvernement aurait em-
« ployées alors pour élever une digue à cette
« envahissante anarchie.

« Il l'aurait pu encore, avec moins d'avantage,
« mais sans avoir à craindre une trop forte résis-
« tance, lorsque le ministère Martignac, convaincu
« d'impuissance avec son funeste système de con-
« cessions, se retira après avoir achevé de désar-
« mer la royauté par le retrait de la loi sur la
« censure facultative : personne alors en France
« ne doutait que la mission du nouveau ministère
« ne fût d'écraser sans retour le parti de la Révo-
« lution, et ce parti lui-même, encore mal orga-
« nisé, s'attendait à quelque violente attaque à
« laquelle il n'était pas en mesure d'opposer de
« sérieuses résistances.

« Enfin, une troisième occasion, moins favo-

« rable encore, se présenta au vote de l'insolente
« adresse ; la chambre violait son mandat et la
« constitution, en refusant systématiquement son
« concours à une administration constitutionnel-
« lement formée ; on aurait alors compris que la
« couronne, ainsi jetée violemment hors des lois
« constitutionnelles, s'armât de l'article 14 pour y
« rentrer.

« On n'a saisi aucune de ces occasions ; je ne
« dis pas qu'on ait eu tort, mais je dis qu'actuel-
« lement il est *trop tard* pour faire ce qu'alors
« on ne jugea pas devoir faire.

« Des circonstances analogues peuvent se re-
« produire, mais il faut savoir les attendre, les
« faire naître même au besoin, et, jusqu'à ce
« qu'elles se présentent, le parti qu'on propose me
« paraîtra *prématuré.*

« On dit qu'*en donnant leurs suffrages aux vo-*
« *tants de l'adresse, malgré la réprobation dont*
« *le Roi les a flétris par sa proclamation, les*
« *électeurs se sont placés précisément dans la posi-*
« *tion où la chambre s'était mise par le vote de*
« *cette même adresse.* Je n'admets pas sans réserve
« cet argument : l'adresse constituait un fait telle-
« ment complet qu'il en résultait, d'après ceux qui
« ont conseillé la dissolution de la chambre,

« l'impossibilité matérielle pour le gouvernement
« de marcher avec cette chambre. Aujourd'hui,
« les mêmes hommes qui avaient refusé leur con-
« cours à l'administration qu'ils espéraient faire
« congédier, avertis de la volonté royale de main-
« tenir le ministère, tant que ses actes n'auront
« pas justifié la méfiance de la chambre, ces
« mêmes hommes, dis-je, peuvent apporter d'autres
« dispositions, et, puisque les colléges auxquels
« la couronne a fait appel les renvoie, il est de la
« sagesse de la couronne de les entendre, ou se
« justifier d'un premier vote irréfléchi, ou dé-
« voiler entièrement leurs projets coupables en
« persistant dans leur hostilité : alors ce sera le
« cas de recourir aux mesures extrêmes autorisées
« par l'article 14, car il sera devenu évident que
« tout gouvernement est impossible s'il n'est opéré
« quelque profonde modification dans le système
« électoral.

« Voilà pour l'opportunité des mesures pro-
« posées.

« D'un autre côté, ceux qui réclament l'appli-
« cation immédiate de l'article 14 ne s'exagèrent-
« ils point les forces du parti révolutionnaire dans
« la chambre ?

« Si mes renseignements, recueillis avec le soin

« le plus scrupuleux sont exacts, l'opposition se
« partage en deux fractions de vues et d'intentions
« fort différentes : pour la moins nombreuse, qui
« forme ce qu'on appelle *l'extrême gauche*, l'adresse
« a été une attaque directe contre la prérogative,
« ç'a été un acte vraiment révolutionnaire : les
« hommes de cette fraction savaient que, sous
« l'apparence d'un acte d'opposition parlementaire,
« ils faisaient faire un pas immense à leur prin-
« cipe ; ils reviennent à la chambre, enhardis par
« un premier succès, et décidés à le pousser
« jusqu'à ses dernières conséquences ; la lutte
« entre la monarchie et ce parti est un combat à
« mort.

« La seconde fraction, formée d'une petite partie
« de la gauche proprement dite, du centre gauche
« tout entier, de quelques membres aveuglés du
« centre droit et de la *défection,* n'a vu dans
« l'adresse qu'un acte d'opposition *de personnes :*
« il faut donc le reconnaître, à la honte de cette
« nombreuse partie de la chambre, il ne s'agit
« pour elle que d'une question de *noms propres ;*
« elle est tout entière *royaliste*, quoique diverse-
« ment nuancée dans ses doctrines ; elle veut une
« administration royaliste, mais elle ne veut pas
« que cette administration soit prise hors de ses

« rangs : elle fait au gouvernement une guerre de
« portefeuilles. Il y a, au reste, beaucoup de
« raisons de penser que, pour un grand nombre
« de députés de cette fraction, le vote de l'adresse
« n'eut aucun caractère systématique ; que, poussés
« à cette démarche dont ils ne prévoyaient pas
« toutes les conséquences, soit par des considé-
« rations du moment, soit par les intrigues dont
« ils furent entourés, soit enfin par les menaces
« du journalisme libéral, ils ont regretté de s'être
« tant avancés : ces hommes ne sont pas à craindre
« pour le gouvernement, et l'on peut regarder
« comme certain que, éclairés par la fermeté du
« Roi, et surtout effrayés par les progrès de
« l'esprit révolutionnaire, ils apporteront à la
« chambre nouvelle des dispositions moins hos-
« tiles, et se résigneront même à donner franche-
« ment leur appui au ministère lorsqu'ils auront
« reconnu que leur persistance dans une oppo-
« sition mal entendue ne ferait que servir les
« projets de l'extrême gauche. Ma conviction à
« cet égard est si bien établie que je m'explique
« difficilement que certaines réélections des 221
« aient été si chaudement appuyées par les co-
« mités électoraux ; c'était pour eux une affaire de
« système du moment, mais c'est une faute grave

« qu'ils ont commise, et nous devons en profiter,
« car ils pouvaient *mieux* choisir.

« Si ces prévisions se réalisaient, on conçoit
« tout l'avantage que le gouvernement pourrait
« tirer de la position dont il s'emparerait, en
« marchant dans les voies constitutionnelles, ap-
« puyé sur une majorité ralliée par le besoin de
« résister à l'ennemi commun ; alors la disposition
« des esprits indiquerait assez jusqu'à quel point
« le ministère pourrait profiter de cette majorité ;
« mais ce qui me paraît indubitable, c'est qu'il en
« obtiendrait un budget raisonnable, et, ce point
« gagné, la couronne aurait le temps d'aviser aux
« satisfactions qu'il lui conviendrait de donner à
« l'opinion publique, sans compromettre sa di-
« gnité, sans rien céder de sa prérogative.

« Mais le contraire dût-il arriver, eussions-nous
« la certitude de rencontrer dans la nouvelle
« chambre une forte majorité d'opposition, eh
« bien ! alors il serait encore plus nécessaire pour
« nous de ne pas nous écarter en ce moment des
« voies parlementaires.

« Qu'arriverait-il, en effet, cette hypothèse se
« réalisant ?

« Toutes les propositions du gouvernement se-
« raient repoussées par un vote systématique ;

« mais la conscience publique ne tarderait pas à
« faire justice d'une opposition qui sacrifierait
« ainsi l'intérêt du pays à un intérêt de faction, et
« si les ministres saisissaient cette circonstance
« pour apporter aux chambres quelques-unes de
« ces lois si impatiemment attendues, telles que la
« loi d'affranchissement complet de l'enseigne-
« ment, ou une bonne et large loi municipale, ils
« auraient l'inappréciable avantage de placer l'op-
« position dans l'alternative de se compromettre
« aux yeux du pays en refusant leur concours à
« des mesures d'une utilité généralement recon-
« nue, ou de perdre une partie de la force morale
« en revenant sur la détermination si fièrement
« annoncée par un de ses plus fougueux organes,
« *de refuser tous les biens offerts par une main*
« *ennemie.*

« Viendrait ensuite la discussion du budget.
« L'opposition se bornerait-elle à le morceler?
« Le Roi pourrait suppléer aux besoins du service
« par des bons royaux; en attendant, on aurait
« obtenu le double avantage de maintenir la pré-
« rogative et de se donner une année pour pré-
« parer une transaction honorable, ou jeter les
« bases d'un nouveau système d'attaque contre
« la faction.

« La chambre aurait-elle l'imprudence de re-
« fuser le budget? Ce refus constituerait un véri-
« table *coup d'état;* ce serait toute une révolution
« qui entraînerait nécessairement une transforma-
« tion complète dans notre organisation politique :
« en effet, à l'expiration du budget courant, il ne
« devrait plus exister aucune contribution légale-
« ment établie, il n'y aurait plus ni électeurs ni
« éligibles, le gouvernement représentatif serait
« brisé, et de ce nouveau cahos sortirait la néces-
« sité, évidente à tous les yeux, que la couronne
« s'emparât du pouvoir *dictatorial,* on fît usage de
« son pouvoir *constituant* afin de tout reconstruire.

« Cependant cette grande crise ne se manifeste-
« rait vraiment décisive qu'à l'expiration de l'année ;
« plusieurs mois se seraient écoulés, et on aurait
« profité de cette trêve pour rappeler l'armée
« d'Alger, qui sans doute aura depuis longtemps
« accompli sa noble entreprise, et on la rempla-
« cerait en Afrique par des régiments *peu sûrs;*
« les troupes victorieuses pourraient être concen-
« trées autour de Paris, où il serait honorable
« pour elles de recevoir de la main même du Roi
« le prix de leur brillante conduite, et, dans le
« moment où la chambre factieuse trahirait ses
« devoirs, le gouvernement aurait à sa disposition

« une force suffisante pour appuyer ses grandes
« mesures en comprimant toute espèce de résis-
« tance, ou rendre la répression d'autant moins
« sanglante qu'elle serait plus prompte et plus
« énergique..... »

Ces considérations, longuement développées et discutées en détail, n'ont ramené personne à mon opinion, et le conseil a décidé que, dès demain, il proposerait au Roi de recourir aux mesures indiquées par le ministre de l'intérieur.

7 JUILLET, A SAINT-CLOUD.

Le président du conseil a rendu compte au Roi de la délibération d'hier, et a dit que le conseil avait décidé *unanimement* qu'il y avait lieu à faire l'application de l'article 14 de la charte. J'ai interrompu le prince pour réclamer contre le mot *unanimement*, et alors il a dit qu'en effet j'avais été *seul* d'un avis contraire.

Après ce rapport, le Roi a voulu entendre le développement des motifs sur lesquels chacun de nous avait établi son opinion, et j'ai profité de cette circonstance pour faire en présence de Sa Majesté et de Monseigneur le Dauphin l'exposé complet, et autant méthodique que je l'ai pu, du système que j'ai soutenu hier avec si peu de succès.

Monseigneur, qui m'avait écouté avec une attention soutenue, a dit qu'il serait très-porté à préférer mon plan *comme plus légal et peut-être plus sûr, mais que la majorité en adoptant un autre, il fallait bien se ranger à l'opinion commune.*

Le Roi a dit qu'il voyait avec une grande satisfaction que nous étions *tous* d'accord sur le point relatif au droit que nous réservait l'article 14 de la charte; que, quant au reste, ce n'était entre nous qu'une question d'*opportunité*. Alors Sa Majesté a exposé avec beaucoup de franchise et de noblesse les motifs qui la portaient à sanctionner l'avis de la majorité; entr'autres phrases, j'ai recueilli celles-ci :

« L'esprit de la révolution subsiste tout entier
« dans les hommes de la gauche; en attaquant le
« ministère, c'est à la royauté qu'ils en veulent,
« c'est le système monarchique qu'ils veulent
« renverser.

« J'ai malheureusement plus d'expérience sur
« ce point que vous, Messieurs, qui n'êtes pas
« d'âge à avoir vu la Révolution; je me souviens
« de ce qui se passa alors; la première *reculade*

« que fit mon malheureux frère fut le signal de
« sa perte..... Ils lui faisaient aussi des protesta-
« tions d'amour et de fidélité, ils lui demandaient
« seulement le renvoi de ses ministres, il céda et
« tout fut perdu.....

« Ils feignent de n'en vouloir qu'à vous, ils me
« disent: « Renvoyez vos ministres et nous nous
« entendrons..... » Je ne vous renverrai pas ;
« d'abord parce que j'ai pour vous tous, Messieurs,
« de l'affection, et que je vous accorde toute ma
« confiance ; mais aussi parce que, si je cédais
« cette fois à leur exigence, ils finiraient par nous
« traiter comme ils ont traité mon frère, non
« qu'ils nous conduisissent à l'échaffaud, car nous
« nous battrions et ils nous tueraient à cheval.....

« Ainsi, Messieurs, marchons avec fermeté sur
« la ligne que nous nous sommes tracée, et occupez-
« vous de régler sans délai les moyens d'applica-
« tion du système que vous avez conçu..... »

10 JUILLET.

Le conseil s'est occupé des moyens d'application
du système adopté.

M. de Peyronnet a présenté trois projets d'ordonnance, l'un qui suspend la liberté de la presse et interdit toute publication périodique sans autorisation du gouvernement, et remet en vigueur la loi du 21 octobre 1814 ;

Un autre qui dissout la chambre des députés ;

Un troisième qui établit un nouveau système électoral en revenant aux dispositions de la charte, modifiée par les lois précédentes.

Le premier a donné lieu à une longue discussion, et nous sommes à peine tombés d'accord sur quelques-unes de ses dispositions.

Un point sur lequel nous avons été unanimes, c'est qu'il faut, à tout prix, éviter l'intervention de l'autorité judiciaire : ou les magistrats s'associeraient à la mesure en condamnant les récalcitrants, et alors ils partageraient une responsabilité d'autant plus fâcheuse qu'en réalité il s'agit de violer la législation existante, et qu'un tel acte, s'il est autorisé par la constitution pour ces cas d'urgence qui obligent de voiler la statue de la liberté, répugnent pourtant aux habitudes régulières de la justice ; — ou bien ils résisteraient et méconnaîtraient l'autorité de l'ordonnance, et delà naîtrait une collision qui ne serait pas sans danger.

Il a donc été décidé que tout se ferait *administrativement*.

Les admirables succès de notre armée ont fait un moment diversion aux soucis qui nous accablent.

Alger, la guerrière, a fléchi devant nos armes, et la bannière de France flotte sur ses remparts.

Trois jours de tranchée ont suffi pour amener une capitulation sans réserve: la ville s'est rendue *à discrétion* le 4 ; l'Europe entière est affranchie des plus honteux tributs; un matériel immense et des trésors considérables sont tombés en nos mains, nous avons conquis un grand royaume, et, si nous étions sages, le mot de Napoléon pourrait se réaliser : *La Méditerranée serait un lac français.*

Tant de gloire au dehors et des embarras si cruels au dedans !

Quel triste contraste !

D'après les ordres du Roi, un *Te Deum* d'actions de grâces sera chanté dans toutes les églises de France, ce sera une belle et noble cérémonie demain à la cathédrale de Paris; jamais la religion n'aura célébré une gloire plus nationale et plus pure.

Nota.—Les premiers ordres pour l'expédition sont partis de Paris le 8 février; la ville s'est rendue à discrétion le 4 juillet ; — *156 jours pour les préparatifs et l'accomplissement.*—Le débarque_ ment a commencé le 4 juin, et *20 jours après* notre armée occupait Alger.

11 JUILLET, AU CHATEAU,
Après le *Te Deum*.

Le prince a rendu compte au Roi de la séance de la veille.

Diverses propositions ont été faites pour perpétuer le souvenir de la prise d'Alger : tout le conseil s'accorde pour qu'un monument soit élevé sur le lieu même où mourut Saint-Louis.

M. d'Haussez voudrait que, avec le bronze des canons pris, on fît les bas-reliefs de l'Arc-de-l'Étoile : cette idée n'a pas paru plaire à Monseigneur le Dauphin, à la gloire duquel l'Arc-de-l'Étoile fut consacré après la campagne d'Espagne.

Tout cela a été ajourné et l'on s'est occupé d'un intérêt plus pressant, les récompenses méritées par l'armée.

Le Roi a déclaré que, maître de disposer du trésor trouvé dans la Casauba, il voulait que, avant même de l'appliquer aux frais de l'expédition, on en prélevât la somme nécessaire pour donner à toute l'armée expéditionnaire une gratification équivalant à trois mois de solde. Tout le conseil a applaudi à cette royale pensée.

On a ensuite parlé des avancements : après le combat de Staoueli, Bourmont envoya une proposition d'avancements et de décorations tellement étendue qu'il eût été impossible d'y faire droit sans la réduire de plus des trois quarts ; cette considération fit renvoyer à la fin de la campagne, sauf une ou deux croix de Saint-Louis, notamment celle donnée au jeune Bourmont qui succomba à ses glorieuses blessures avant, je crois, d'avoir reçu cette récompense. Il a été décidé qu'aussitôt que les propositions de Bourmont, à l'occasion de la dernière affaire (la prise de la ville), seraient arrivées, le prince de Polignac soumettrait à Monseigneur le Dauphin un travail très-étendu.

Quant aux deux chefs, il a été arrêté que Bourmont recevrait le bâton de maréchal, et que Duperré serait élevé à la pairie.

Je regrette qu'on ne donne pas aussi le bâton à Duperré : malgré tout le mauvais vouloir qu'il a montré avant et au commencement de l'expédition, il s'est bien conduit pendant les opérations de l'armée qu'il a secondées de son mieux ; et puis il n'y a pas de maréchaux dans la marine ; cependant elle en avait autrefois, et les ordonnances sur l'institution nouvelle lui en attribuent deux ; cette récompense serait d'ailleurs très-politique : la marine n'est pas animée d'un bon esprit en général, et cette haute récompense donnée à l'un de ses chefs les plus distingués pourrait contribuer à la ramener au gouvernement légitime.

Au reste, *non nostrum est*.....

21 JUILLET, A SAINT-CLOUD.

Depuis le 11, toutes nos réunions ont été consacrées à la discussion des projets d'ordonnances qui ont enfin été arrêtées définitivement hier, sauf dernière rédaction.

Cette longue discussion a été fort vive, souvent aigre, et n'a pas produit d'heureux résultats : l'ordonnance sur la presse est rigoureuse et devait l'être pour atteindre le but qu'on se propose ; elle remet en vigueur plusieurs dispositions de la loi du 21 octobre 1814, qui avait suspendu l'article 8 de la charte, et ses moyens d'exécution ont été combinés de manière à ne donner lieu qu'à l'action administrative.

L'ordonnance électorale remet en vigueur les articles 36 et 37 de la charte; ainsi la chambre n'aura plus que 252 députés (je crois) et la septennalité est abolie.

Il y aura deux degrés d'élection; les colléges d'arrondissement présenteront des candidats, et les colléges de département nommeront les députés.

Enfin l'article 46 de la charte sera strictement observé.

Quant aux formalités prescrites pour les élections, c'est à mon gré un tissu d'incohérences et surtout un prodige de déception. Après avoir disputé pied à pied le terrain sur lequel je me suis placé dès le commencement de cette affaire; après m'être fait dire presque des injures par l'un des ardents souteneurs du projet, j'ai clos mon opposition en disant à M. de Peyronnet : « A votre place, je remplacerais les 22 articles de formalités de cette ordonnance (du 5e au 26e) par un article unique ainsi conçu : *Les députés de chaque département seront nommés par le préfet....* »

Dans le courant de la discussion, les propositions les plus bizarres se sont croisées, et en vérité elles auraient pu passer aussi bien que celles adoptées; ainsi l'un voulait que les députés ne fussent nommés que par les grands colléges; un autre se serait arrangé d'une élection faite par les seuls conseils généraux ; le prince de Polignac a exposé un système assez séduisant en théorie, mais dont l'application présenterait des difficultés peut-être insolubles; il tendrait à faire nommer les députés *par masses d'intérêts :* ainsi la propriété foncière en nommerait un certain nombre, le commerce en nommerait de son côté, les corps savants aussi auraient leur représentation, etc. Le premier des inconvénients de ce système, c'est qu'il exigerait une refonte complète de notre organisation sociale, et que les circonstances ne permettent pas d'entreprendre un tel travail.

Et moi aussi j'ai proposé mon plan dont j'avais déjà dit quelques mots dans une note que je communiquai au président du conseil, au mois de décembre dernier : j'aurais voulu que le gouvernement rachetât la dérogation forcée qu'il fait à la charte par de larges concessions aux libertés publiques: ainsi, au lieu du cens énorme de 300 francs qui réduit à 80,000 le nombre total des électeurs, j'aurais fixé le cens à 50 ou même à 20 francs d'impôt *foncier, personnel et mobilier,* mais ce cens n'aurait donné droit d'élire que des électeurs; cette élection aurait eu lieu par communes dont chacune aurait choisi son délégué dans une assemblée tenue par le maire assisté de tout son conseil municipal.

Les électeurs nommés par les communes se seraient réunis au chef-lieu de chaque arrondissement pour procéder à l'élection d'un député, et la chambre se serait ainsi trouvée composée de 361 députés.

J'aurais exigé pour toute condition d'éligibilité, soit des électeurs d'arrondissement, soit des députés, d'avoir leur domicile *réel* dans le département ; afin de contrebalancer l'influence démocratique, j'aurais admis aux colléges d'arrondissement des électeurs de droit, par exemple un petit nombre des plus imposés, je suppose *un* par 2,000 habitants, les magistrats inamovibles, les officiers généraux de terre et de mer, etc....; enfin j'aurais accordé un certain nombre de députés spéciaux au commerce et à l'industrie, répartis entre les huit ou dix plus grandes villes du royaume.

Ce plan n'a pas paru digne d'une discussion sérieuse et a été repoussé par une fin de non-recevoir tirée de ce qu'il serait *contraire à l'article 40 de la charte*.....; soit ! mais l'ordonnance adoptée lui est-elle moins contraire ?

Au conseil d'aujourd'hui, le prince de Polignac a rendu compte au Roi de tous les travaux des réunions précédentes et de leur résultat.

M. Capelle a proposé d'envoyer des commissaires extraordinaires dans les divisions militaires : cette proposition a été d'abord adoptée; puis, quand il a fallu choisir ces commissaires, il s'est trouvé qu'on manquerait totalement d'hommes.

Il est bien entendu que les mesures arrêtées seront soumises à l'approbation des chambres lors de la prochaine réunion; jusque-là c'est un *provisoire d'urgence*.

24 JUILLET.

Les projets d'ordonnance ont été rapportés par M. de Peyronnet, lus, relus et adoptés définitivement; ils seront présentés demain à la signature du Roi.

M. Chantelauze, qui a été chargé de rédiger un rapport en forme sur les motifs qui rendent absolument nécessaire la mesure relative à la presse périodique, nous a dit que son travail était terminé : déjà, il y a quelques jours, il lut au conseil du Roi une partie de ce travail *qui ne sera pas discuté*.

M. Capelle a encore parlé des commissaires extraordinaires, mais il a été impossible de se fixer sur les choix.

Voilà une grande affaire engagée : comment finira-t-elle ?

Quelle que soit l'issue, j'ai hâte d'y arriver ; le portefeuille me pèse effroyablement, et je ne manquerai pas de m'en débarrasser aussitôt que je le pourrai avec honneur.

25 JUILLET, A SAINT-CLOUD.

Consummatum est : le Roi a signé ce matin les ordonnances, reste à les exécuter. Le prince de Polignac nous a donné plusieurs fois l'assurance, et il l'a répétée aujourd'hui, que toutes les mesures militaires étaient prises pour que la résistance qu'on pourrait craindre fût à l'instant même comprimée.

Voici ce qui s'est passé ce matin à Saint-Cloud sur tout cela :

Au retour de la messe, lorsque le Roi est rentré chez lui, le baron de Vitrolles m'a pris dans un coin de la bibliothèque où se tient le conseil et m'a parlé de bruits de coups d'état qui, depuis quelques jours, ont pris plus de consistance : « Je ne vous
« demande pas le secret du conseil, m'a-t-il dit,
« mais je vous engage à bien réfléchir avant de
« prendre des mesures décisives ; le moment ne

« serait pas bien choisi; une grande fermentation
« agite les esprits à Paris, et l'on ne peut prévoir
« quelles seraient les suites d'un mouvement popu-
« laire..... » S'étendant sur ce sujet, le baron m'a
donné des détails qui m'ont d'autant plus surpris
que, depuis plus de deux mois que M. de Peyronnet
est à l'intérieur, il ne nous a pas dit un mot qui res-
semblât à rien de ce que paraît savoir ou soupçonne
M. de Vitrolles; et cependant M. de Peyronnet a trop
d'expérience pour se laisser tromper par la police.

En quittant le baron de Vitrolles, j'ai cherché
Mangin et l'ai questionné longuement sur les dispositions de Paris; toutes ses réponses ont été
rassurantes et il a fini par me dire : « Je me doute
« du motif qui excite vos sollicitudes; mais tout
« ce que je puis vous dire, c'est que, *quoi que*
« *vous fassiez, Paris ne bougera pas, marchez*
« *hardiment*, JE RÉPONDS DE PARIS SUR MA TÊTE...
« J'EN RÉPONDS. »

Le Roi est rentré en ce moment et le conseil
s'est ouvert.

M. Chantelauze a lu son rapport qui a été unanimement loué. Les ordonnances, au nombre de
quatre, ont ensuite été lues, puis nous avons tous
signé le rapport. L'ordonnance de la presse et
celle sur les élections ont été présentées au Roi

par le président du conseil. Avant de signer, le Roi a paru absorbé par une profonde réflexion ; il s'est tenu pendant plusieurs minutes la tête appuyée sur sa main, et la plume à deux pouces du papier ; puis il a dit : *Plus j'y pense, et plus je demeure convaincu qu'il est impossible de faire autrement*, et il a signé..... Nous avons ensuite tous contresigné dans le plus profond silence, et pendant ce temps M. de Peyronnet a présenté à la signature du Roi l'ordonnance de dissolution de la chambre élue et celle de convocation d'une nouvelle chambre au 28 septembre prochain.

Cela terminé, on a parlé du cas où l'apparition de ces mesures, qui seront publiées demain au *Moniteur*, donneraient lieu à quelque mouvement populaire ; le prince a dit qu'*il ne craignait aucun événement fâcheux, mais que, en toute hypothèse, il y avait à Paris des forces assez considérables pour garantir la paix publique et réprimer les perturbateurs*. A tout événement, il a été décidé que, si les circonstances devenaient graves, le duc de Raguse recevrait des lettres de service comme *gouverneur de la 1re division*, et serait à ce titre chargé de tout (1).

---

(1) Voir la note B à la fin de la seconde partie.

En revenant à Paris, Montbel et moi, nous avons traversé le bois de Boulogne à pied, selon notre habitude; le commencement de notre promenade a été triste, contre l'usage; mais enfin nous avons pris notre parti : « Nous venons d'en-
« gager une partie dans laquelle nous avons mis
« nos têtes pour enjeu, ai-je dit à Montbel; mais
« quoi qu'il arrive, notre conscience est tranquille,
« car nous n'avons en vue que le service du Roi et
« le bonheur de la France. » *Vous avez raison*, m'a répondu Montbel, *advienne que pourra* (1)!

MARDI, 27 JUILLET.

Les ordonnances ont produit plus d'effet encore que je ne le supposais, et je n'ose prévoir jusqu'où peut aller l'effervescence qui se manifeste de toutes parts.

Hier soir mon salon a été encombré de personnes *de toutes couleurs* qui venaient me féliciter du *parti énergique pris par le gouvernement:*

---

(1) Le vray serviteur doit redresser les volontés de son maistre à une fin avantageuse pour lui; lorsqu'il ne les peut conduire où il veut, il les doit suivre où elles vont.

MÉMOIRES DU CARDINAL DE RICHELIEU.

je dis *de toutes couleurs,* car en vérité il en est venu que je croyais fort libérales, et qui crient maintenant plus haut que les autres que *c'était le seul moyen d'en finir et qu'il n'y a plus aucun ménagement à garder avec les révolutionnaires*..... Si ce moyen que nous avons adopté réussit, tant mieux, mais je me serais bien trompé.

Ce matin on est venu m'avertir que des groupes se formaient ; M. Delvincourt est accouru me dire que les élèves s'agitaient, et m'a proposé de faire fermer les écoles ; je n'ai pas été de cet avis ; si les étudiants veulent remuer, la fermeture des écoles ne les en empêchera pas, et jetterait dans les groupes des jeunes gens qui auraient préféré suivre les leçons.

Je suis allé au conseil chez le ministre des affaires étrangères dont j'ai trouvé l'hôtel assiégé par le peuple et gardé par un fort piquet de gendarmes ; du reste, je n'ai remarqué sur ma route aucun signe d'agitation ; solitude et silence dans le faubourg Saint-Germain, et, de l'autre côté de la rivière, des figures étonnées et mécontentes, mais point de rassemblements.

Toute la journée, des groupes ont parcouru le boulevard en poussant de loin en loin des cris de

Vive la charte! Des pierres ont été lancées sur l'hôtel où nous étions réunis, quelques tentatives ont été faites pour forcer la porte, mais les gendarmes ont facilement dissipé l'attroupement et fait plusieurs prisonniers.

A six heures et demie nous avons appris que le sang venait de couler et qu'un gendarme avait été tué sur la place du Palais-Royal : un instant après on est venu nous dire que la troupe de ligne, qui occupe la rue Saint-Honoré, a refusé de tirer sur le peuple dont les groupes menaçants résistaient aux efforts de la police pour les dissoudre, et même qu'un officier du 5e régiment a refusé formellement d'en donner l'ordre.

A huit heures nous avons appris que le peuple, enhardi par la défection de la troupe de ligne, a vigoureusement assailli les gendarmes et quelques patrouilles de la garde royale ; que ceux-ci, forcés de se défendre, ont d'abord tiré en l'air ; qu'enfin, poussés à la dernière extrémité, ils ont fait un feu soutenu, et que plusieurs hommes et femmes du peuple ont été atteints.

Il paraît que les attroupements sont principalement formés par des ouvriers imprimeurs que des étudiants dirigent et exaspèrent en leur représentant que l'ordonnance sur la presse va les mettre

.sans pain ; du reste, tout ce mouvement a lieu aux cris de *Vive la charte !*

Vers dix heures, le duc de Raguse est venu chez le prince ; il recevra demain matin ses lettres de service comme gouverneur de la 1re division ; en attendant, il va continuer à agir comme capitaine général de la garde de service, en se concertant avec le commandant de la place.

Je ne sais qui de nous a proposé de mettre la ville en état de siége. Cette proposition a passé sans discussion, et M. de Peyronnet et moi avons été chargés par le prince de chercher dans le Bulletin des lois les dispositions sur lesquelles l'ordonnance devait être appuyée : c'étaient les lois des 8 juillet 1791, 19 fructidor an V, article 39, et le décret du 26 mars 1807.

Le duc de Raguse a demandé quels étaient les effets de cette mesure ; ils lui ont été expliqués.

Je l'ai ensuite engagé à publier dès demain matin, à l'aube du jour, une proclamation pour faire connaître aux Parisiens « qu'il prend le gou-
« vernement de la division, et que, la ville étant
« déclarée en état de siége, il emploierait toutes
« les mesures militaires propres à comprimer les
« agitateurs ou à les réprimer sévèrement s'ils

« osaient entreprendre de troubler la paix pu-
« blique. »

Le maréchal m'a prié de rédiger moi-même cette proclamation : je l'ai fait sur-le-champ ; il a emporté mon écrit, en promettant de le faire imprimer dans la nuit à plusieurs milliers d'exemplaires, et de le faire afficher et répandre dans tous les quartiers avant le jour.

Nous avons quitté l'hôtel du président à minuit, et nous sommes retournés à pied chacun chez nous : j'ai trouvé toutes les rues parfaitement calmes ; mais, à mon grand étonnement, j'ai rencontré les troupes de la garnison que le maréchal a fait rentrer dans leurs casernes. Il me semble qu'il aurait mieux fait de profiter de la nuit pour faire occuper les ponts et les principales rues ou places dans lesquelles les rassemblements commencent ordinairement à se former.

28, MERCREDI.

Dès sept heures du matin on est venu me donner l'alarme sur les mouvements populaires, mon quartier est fort tranquille ; mais on dit que dans la rue Saint-Honoré et sur les boulevards, le peuple s'agite et détruit partout les insignes de la royauté ; des marchands dont les insignes portent les armes de France ont été maltraités et forcés de les laisser briser : je vais me rendre chez le président du conseil, je crains que les attaques d'hier ne se renouvellent; il paraît qu'il y a une grande exaspération contre lui.

9 heures. — M. Delvincourt est encore venu me proposer de fermer l'école de droit ; en vérité je n'en vois pas le motif : les élèves qui paraissent prendre une grande part au mouvement n'en seraient pas détournés par cette mesure, et quelques jeunes gens tranquilles, qui vont suivre les leçons d'aujourd'hui comme à l'ordinaire, seraient, en cas de fermeture, poussés à se joindre aux groupes, comme curieux d'abord, et puis ensuite peut-être comme parties agissantes.

J'apprends à l'instant une chose bien extraordinaire : hier soir je ne m'étais pas trompé en jugeant, par le nombre de troupes que j'ai rencontrées, que le maréchal retirait dans les casernes toute la force armée; il n'est pas resté, en effet, un seul soldat dans les rues ni sur les places, et les agitateurs ont profité de cette inconcevable incurie pour élever partout des barricades ; on dit qu'il y en a dans presque toutes les rues, et on en porte le nombre trop haut pour que je puisse le croire.

10 heures. — Le mouvement prend une extension effroyable, déjà la fusillade s'est engagée sur plusieurs points; on dit que tous les fabricants libéraux ont fermé leurs ateliers et envoyé leurs ouvriers aux barricades; l'entrepôt de roulage de M. Audry de Puyraveau paraît être le quartier-général d'une insurrection organisée.

Tout cela est peut-être exagéré ; mais ce qu'il y a de certain, c'est que l'émeute paraît prendre un caractère beaucoup plus grave qu'hier; aux cris de : *Vive la charte!* se mêlent des cris plus séditieux, et partout les insignes de la royauté sont outrageusement détruits.

On vient m'avertir que le peuple se porte en fureur vers l'hôtel du prince de Polignac ; je vais m'y rendre, car il importe que le conseil soit réuni en permanence.

DEUXIEME PARTIE.

JOURNAL DE VINCENNES

OU NOTES POUR FAIRE SUITE AU

JOURNAL DES SÉANCES DU MINISTÈRE

DONJON DE VINCENNES, 1er SEPTEMBRE 1830.

La révolution l'emporte encore une fois..... ! La légitimité, *qui s'est abandonnée elle-même*..... est de nouveau proscrite et exilée, et nous entraîne dans la chute du trône. Nous voilà exposés à payer de notre vie une tentative désespérée, faite pour sauver le principe, hors duquel la France ne peut attendre ni repos, ni prospérité.

Peut-être, probablement même, nous succomberons dans cette terrible épreuve, soit sous le coup d'une condamnation que la fureur du parti triomphant saura bien, sans doute, arracher à la pusillanimité de nos juges, soit par les mains d'une populace exaspérée ; mais notre sang ne sera pas inutile à la cause que nous avons défendue jusqu'au dernier moment, s'il sert à prouver aux Français et aux rois de l'Europe que les révolutions ne peuvent s'asseoir que sur des cadavres.....

Quoi qu'il arrive, mon sacrifice est fait ; en signant les ordonnances, je savais que j'étais dans une partie où je devais mettre ma tête pour enjeu ; il n'est plus temps de disputer contre le gagnant et, comme au gladiateur vaincu, il ne me reste *qu'à mourir avec grâce* et je tâcherai de n'y pas faillir.

J'ai pourtant encore un devoir à remplir envers ma famille et mes amis : c'est de leur apprendre tout ce que j'ai fait pour répondre à la confiance dont m'honorait notre auguste et trop malheureux Roi. Les souvenirs que je vais consigner ici feront suite au journal que j'ai tenu pendant les huit mois que j'ai passés au ministère, et que la présence d'esprit de ma femme a sauvé avec la plupart de mes papiers.

Ce journal s'est terminé, je crois, au lundi 26 juillet, jour de la publication des ordonnances ; je reprends donc la suite des événements, à partir du mardi 27 inclusivement.

27 JUILLET.

Ce jour était celui où, selon l'usage, nous devions tenir conseil entre nous, et la réunion était indiquée chez le président.

Quelques rumeurs étaient arrivées jusqu'à moi dans la matinée sur les attroupements populaires et la fermentation qui se manifestait dans les écoles ; M. Delvincourt, doyen de la faculté de droit, m'avait proposé de faire fermer l'école, et je m'étais opposé à cette mesure qui me paraissait au moins inutile.

A trois heures, je me rendis chez le prince de Polignac ; son hôtel était assiégé par la populace qui lançait de loin des pierres dans les croisées et le jardin, mais un fort piquet de gendarmerie, stationné dans la cour et à la porte, empêchait les assaillants d'approcher assez pour nuire.

Pendant notre réunion, des groupes ne cessèrent de parcourir les boulevards en poussant des cris de *Vive la charte !*

Vers le soir, pendant le dîner (entre six et sept heures), nous apprîmes qu'on s'était battu sur la place du Palais-Royal, qu'un gendarme avait été tué et que la troupe, forcée de faire usage de ses armes, avait blessé plusieurs des assaillants.

Peu d'instants après, on vint nous dire que la troupe de ligne hésitait à repousser les attaques du peuple, et même qu'un officier du 5e ou du 53e avait formellement refusé de commander le feu près du passage Delorme.

Dans la soirée, le procureur du Roi, mandé par le garde-des-sceaux, pour lui rendre compte d'une protestation contre les ordonnances publiées par les rédacteurs de plusieurs journaux de l'opposition, vint nous donner de nouveaux détails sur l'intensité du mouvement populaire ; il lui fut enjoint de poursuivre les journalistes en contravention.

Je sortis de chez le prince à minuit, etc. . . . . . (Voir la suite, p. 160.)

28 JUILLET.

Je fus instruit dès le matin que, pendant toute la nuit, les insurgés avaient construit des barricades en grand nombre, et qu'ils préludaient à des troubles plus graves que ceux de la veille par des vociférations révolutionnaires et en détruisant partout les insignes du gouvernement royal. A dix heures, je me rendis chez le prince de Polignac dont on me dit que l'hôtel était très-sérieusement menacé ; Montbel et d'Haussez s'y trouvaient déjà ou ne tardèrent pas à y arriver.

Les attroupements paraissant se diriger de divers points sur l'hôtel, il fut décidé que nous nous rendrions immédiatement aux Tuileries, où le maréchal avait établi son quartier-général, et nous effectuâmes cette retraite en sortant par la rue Neuve-des-Capucines.

Dès ce moment, l'insurrection paraissait générale, et le duc de Raguse n'avait pas plus *de onze mille hommes*, en comptant la gendarmerie de la ville et les fusiliers sédentaires.

Vers une heure, MM. Capelle et Peyronnet qui étaient allés le matin à St-Cloud, vinrent nous rejoindre au château; nous nous trouvâmes alors tous réunis, mais sans tenir conseil, car nous regardions le maréchal comme *commissaire extraordinaire* et investi de tous les pouvoirs que l'état de siége confère à l'autorité militaire.

A deux heures, j'appris, par hasard, que la proclamation que j'avais remise la veille au maréchal n'avait pas été publiée, et qu'à deux pas de l'état-major on ignorait encore la mise en état de siége. Dans le même moment, on vint nous dire que plusieurs députés se mêlaient au mouvement; qu'un conciliabule, tenu en permanence chez M. Audry de Puyraveau, paraissait diriger l'insurrection, et qu'enfin tous les gros fabricants attachés à l'opposition avaient fermé leurs ateliers et envoyé leurs ouvriers aux barricades. Je me hâtai d'engager le maréchal à réparer sans délai l'étrange oubli de la proclamation ; mais la gravité des circonstances exigeant de nouveaux détails, je rédigeai sur sa demande un nouveau projet qu'il remit en ma présence à un aide-de-camp, avec ordre de le porter lui-même à l'imprimerie royale et de le faire imprimer sous ses yeux.

Dans ce même moment, le prince de Polignac me montra une liste d'une douzaine de noms d'agitateurs, la plupart députés, signalés comme les chefs de la révolte, que le maréchal avait donné l'ordre d'arrêter.

Cependant le maréchal, qui paraissait fort effrayé de l'intensité que d'un moment à l'autre acquérait l'insurrection, envoyait de tous côtés des colonnes d'infanterie et de cavalerie pour enlever et détruire les barricades.

Sans doute ces mesures étaient bien combinées, mais j'avoue que je n'en comprenais pas l'opportunité. Ainsi, il poussait dans trois ou quatre directions de fortes colonnes, qui devaient parcourir un certain cercle, et puis rentrer au quartier-général, après avoir sur leur route détruit les barricades et dissipé les attroupements ; mais, dans les rues étroites que ces colonnes devaient traverser, elles avaient à essuyer une grêle de coups de feu, tirés des fenêtres, du fond des allées, et une pluie de tuiles et de pavés jetés par les femmes et les enfants, qui en avaient fait provision à tous les étages ; et, le plus souvent, il leur était impossible de riposter à des ennemis cachés, qui les fusillaient presque à bout portant. D'un autre côté, le maréchal, qui avait à Vincennes trente ou quarante pièces de canon attelées, n'en avait fait venir que douze. Enfin, les recommandations les plus expresses étaient faites à chaque troupe, de tirer en l'air plusieurs fois, avant de songer à une défense sérieuse, et de ne faire même usage de leurs armes qu'après avoir essuyé au moins une quarantaine de coups de feu.

De trois à quatre heures après midi, quatre ou cinq députés, parmi lesquels étaient MM. Casimir Perrier et Lafitte, vinrent au quartier-général *pour conférer avec le maréchal,* dirent-ils, *sur les moyens d'arrêter l'effusion du sang.* Au moment où ils se retiraient, le maréchal entra dans la pièce où nous étions, nous dit qu'à leur demande il avait répondu que *la première condition pour qu'il fît cesser le feu était que les révoltés rentrassent dans le devoir.....* et offrit au prince de les voir de son côté. Le prince y consentit d'abord, et un aide-de-camp fut dépêché pour les rappeler ; mais ensuite le prince observa qu'il ne pourrait leur rien dire de plus que le maréchal, et ne les vit pas; ils exigeaient avant tout le retrait des ordonnances.

Vers ce même moment, M. Bayeux, avocat-général, vint aux Tuileries demander des ordres au garde-des-sceaux, et nous donna des détails sur ce qui se passait dans les rues.

Plus tard, nous apprîmes que le drapeau tricolore avait été arboré sur plusieurs barricades, et qu'aux cris de : *Vive la charte!* se mêlaient ceux de : *Vive la République!* Le maréchal, nous dit alors, que ce n'était plus *une simple insurrection*, mais *toute une révolution;* et que, forcé de changer son plan de résistance, il allait rappeler toutes les troupes pour les concentrer autour du Carrousel. *Ce poste est inexpugnable, ajouta-t-il, j'y tiendrais un mois s'il le fallait, et nous aurons le temps de faire venir de nouvelles troupes.*

Je conseillai alors au maréchal d'appeler auprès de lui tous les maires de Paris, de leur prescrire d'assembler et de tenir en permanence leurs conseils municipaux, de réunir autour d'eux tous les bons citoyens et de s'employer de leur personne à calmer l'irritation populaire. Je rédigeai une lettre circulaire dans ce sens, que M. de Glandevès se chargea de faire copier en douze exemplaires et d'expédier à destination (1). Il fut, au reste, résolu que, le lendemain matin, nous irions à Saint-Cloud, conférer en présence du Roi sur les moyens à employer pour combattre cette nouvelle révolution.

Le soir, vers neuf ou dix heures, je sortis du château avec le général de Montmarie, qui, depuis le matin, était venu offrir ses services, et nous parcourûmes une partie des quais : on se battait encore, cependant le feu était fort ralenti. De l'autre côté de la rivière, près du pont des Arts, un groupe de révoltés tirait sur le peloton de la garde placé à l'extrémité du pont, près du Louvre ; mais les balles se perdaient ou dans la rivière, ou dans les murs du château.

J'appris dans cette promenade que, depuis le matin, la troupe tout entière n'avait reçu *aucune distribution*. Dans la matinée, le maréchal avait envoyé chercher du pain à la manutention ; mais le convoi avait été enlevé au retour, la manutention elle-même envahie, et les soldats étaient restés dix-huit heures sans boire ni manger.

---

(1) J'ai su depuis que cette lettre n'avait pas été envoyée, et que, le lendemain seulement, 29, le maréchal se borna à convoquer les maires par une lettre ainsi conçue :

« Monsieur le Maire, je vous invite à vous rendre immédiatement « à mon état-major aux Tuileries, avec le costume de vos fonctions. »

(Deux ou trois seulement purent arriver au château.)

La même incurie avait eu lieu relativement aux munitions de guerre, si près de Vincennes, où se trouvait un immense approvisionnement! nos soldats avaient manqué de cartouches dès le milieu du jour, et on avait vu un peloton de grenadiers de la garde, chargé de défendre le pont de la Grève, demeurer une heure exposé, l'arme au bras, au feu des révoltés, sans pouvoir riposter, faute de cartouches.....

J'appris aussi que plusieurs officiers généraux s'étaient empressés de venir, dès le matin, comme M. de Montmarie, offrir leurs services, et que le maréchal les avait laissés passer toute la journée dans l'anti-chambre de son cabinet, sans même leur faire offrir des rafraîchissements.

Vers minuit, toutes les troupes étaient rentrées au Carrousel, et ce fut alors que nous pûmes apprécier l'extrême danger de la position.

Le maréchal ne s'était pas montré une seule fois aux troupes, et quelques personnes doutaient qu'il voulût sérieusement combattre la révolution; presque toute la troupe de ligne avait refusé de tirer sur les insurgés; une grande partie s'était même prononcée en leur faveur, beaucoup de soldats avaient livré leurs cartouches en abandonnant leur drapeau; enfin la garde seule était restée fidèle à ses devoirs ; mais l'imprévoyance qui avait présidé aux arrangements du chef suprême, le défaut absolu d'approvisionnements de tous genres et l'indécision des mesures militaires avaient jeté le découragement dans les rangs, et l'on pouvait tout craindre de nouvelles collisions, qui se préparaient pour le lendemain, si l'on n'avisait aux moyens de rendre de la confiance aux défenseurs de la royauté.

Une circonstance particulière était venue dans la journée nous éclairer sur la force de nos ennemis, et montrer combien la police avait été mal informée : tous les prisonniers faits par la troupe étaient porteurs de cartes ou signes de reconnaissance, indiquant une organisation préparée de longue main. Ces cartes étaient triangulaires; elles portaient, d'un côté, une signature, et de l'autre, une date remontant aux derniers mois de 1829 ou premiers de 1830, et des inscriptions analogues aux mots d'ordre de la première Révolution : *Liberté, Égalité, etc....*

La nuit fut extrêmement calme ; j'aurais voulu que les ministres en profitassent pour aller rendre compte au Roi de l'état des choses, et conférer sur les mesures à prendre ; mais il avait été arrêté que cette démarche n'aurait lieu que le lendemain matin. Il fallut attendre.

Les soldats n'ayant reçu aucune distribution dans la journée, je ne sais qui proposa, vers neuf ou dix heures du soir, de leur donner quelqu'argent pour qu'ils puissent au moins se procurer des vivres ; il y avait fort peu d'espèces au trésor, on distribua une centaine de mille francs et des vins des caves du château.

JEUDI 29.

Les événements de la journée de la veille avaient rendu la position extrêmement grave : ce n'était plus seulement une populace ameutée, qui avait lutté contre les troupes du Roi ; des députés de l'opposition avaient pris la direction du mouvement ; un assez grand nombre d'anciens gardes nationaux avaient paru dans les groupes, revêtus de leur uniforme, et donnaient à l'insurrection un caractère d'autant plus inquiétant qu'elle pouvait se propager dans les départements voisins. Cette insurrection, commencée par la classe ouvrière et les jeunes gens des écoles de droit et de médecine, puis soutenue par les élèves de l'école polythecnique et une partie notable de la bourgeoisie, ne pouvait plus se prolonger sans un immense danger pour le Roi et même pour la monarchie ; car il ne s'agissait évidemment de rien moins que d'une révolution gouvernementale, dont les ordonnances n'avaient été que le prétexte. D'abord les assaillants avaient combattu aux cris de : *Vive la charte! A bas les ministres!* Mais les factieux avaient bientôt dévoilé des projets complètement subversifs. Le drapeau tricolore avait été arboré à l'Hôtel-de-Ville et sur plusieurs monuments publics, et des cris de : *Vive la République! Vive Napoléon II!* s'étaient fait entendre en assez grand nombre.

En présence d'un tel danger, nous pensions qu'une grande concession était indispensable pour rallier à l'autorité légitime les opposants se disant *constitutionnels,* et nous étions déterminés à conseiller au Roi le retrait des ordonnances et le changement immédiat du ministère.

Ce fut dans ces dispositions que nous allions partir pour nous rendre à St-Cloud, le jeudi matin, lorsque deux membres de la chambre des pairs, MM. de Semonville et d'Argout (1) arrivèrent aux

---

(1) Je crois, mais je n'en suis pas sûr, que ces deux pairs étaient

Tuileries; ils eurent une longue conférence avec le maréchal et le prince de Polignac; ils reproduisirent la demande, faite la veille par les députés, du retrait immédiat des ordonnances. La réponse fut simple : *ni le maréchal, ni le prince ne pouvaient prendre sur eux cette mesure, il fallait attendre les ordres du Roi, et nous allions partir pour les solliciter.*

Les deux pairs qui paraissaient ne vouloir pas comprendre la nécessité d'un retard quelconque insistèrent longtemps pour un retrait immédiat; mais enfin ils consentirent, sur la proposition du prince, à se rendre avec nous à St-Cloud, afin de présenter eux-mêmes cette demande au Roi.

M. de Semonville se montra, ou plutôt affecta de se montrer violent dans cette conférence; on nous a dit depuis, à St-Cloud, qu'il avait été jusqu'à presser le maréchal de prendre tout sur lui, sans attendre les ordres du Roi, et même d'arrêter les ministres.....

Au moment de partir, nous désirâmes savoir du maréchal ce qu'il pensait de sa position militaire; après nous avoir donné le détail des placements de

---

accompagnés de MM. de Girardin et de Vitrolles ; ce qu'il y a de certain, c'est que ceux-ci se trouvèrent à St-Cloud.

troupes qui occupaient le Louvre, le Carrousel, la rue St-Honoré, celle de Rivoli et les quais, depuis St-Germain-l'Auxerrois jusqu'au pont Louis XVI, ainsi que toute la ligne des Tuileries à St-Cloud, il finit par ces mots, que la suite a rendus remarquables :

« *Vous pouvez assurer au Roi que, quoi qu'il arrive, et sans avoir besoin de nouveaux renforts, la population tout entière de Paris s'armât-elle contre moi, je puis tenir ici pendant quinze jours..... Oui, cette position est inexpugnable, et j'y tiendrais contre tout Paris pendant quinze jours.....* »

Nous nous acheminâmes vers St-Cloud à neuf heures du matin, au moment où la fusillade recommençait le long des quais et au Louvre, occupé par les suisses.

MM. de Semonville et d'Argout arrivèrent en même temps que nous, le prince de Polignac désira qu'ils vissent le Roi sur-le-champ et ils furent introduits dans le cabinet de Sa Majesté.

Il y avait à peine un demi-quart d'heure que ces messieurs étaient chez le Roi, il n'y avait pas une heure que le maréchal nous avait affirmé « *qu'il tiendrait aux Tuileries pendant quinze jours* », lorsqu'un officier général (je crois que c'était M. de

Coëtlosquet) arriva et nous annonça que les révoltés étaient maîtres du château. Voici à peu près ce qu'il nous rapporta :—« Peu d'instants après votre
« départ, plusieurs maires qui avaient été convo-
« qués par le maréchal (1) sont venus au quartier-
« général ; le maréchal est sorti avec eux et les a
« engagés à faire entendre au peuple que l'ordre
« venait d'être donné aux troupes de ne plus tirer,
« et que tout allait s'arranger ; cette annonce fut
« reçue aux cris de *Vive le Roi ! Vivè la charte !*
« Cependant, le maréchal ayant fait évacuer le
« Louvre par le colonel Salis qui le gardait avec
« ses suisses, la foule a profité de ce mouvement
« pour escalader la colonnade et s'emparer des
« galeries dans lesquelles on dit que beaucoup de
« suisses ont été massacrés ; elle a ensuite débouché
« vers le Carrousel en poussant des cris de triom-
« phe ; alors toute la garde a cédé le terrain et
« je l'ai vue se retirant par les Champs-Élysées
« *plus vite qu'il ne convient à une simple retraite.*
« En un clin-d'œil, le château des Tuileries a été
« envahi et rempli de peuple, depuis les caves
« jusqu'aux combles. Le maréchal a rallié ses
« troupes le mieux qu'il a pu et s'occupe à les

(1) Sans doute par la lettre que j'avais fait expédier la veille.

« concentrer au bois de Boulogne, mais Paris
« tout entier est au pouvoir des révoltés. On m'a
« dit qu'un peloton d'une trentaine de grenadiers
« de la garde, qui occupaient une maison dans la
« rue de Rohan, n'ayant pu suivre le mouvement,
« a été surpris par le peuple qui a tout massacré,
« officier et soldats... »

Ce triste récit se terminait lorsque M. de Semonville et d'Argout sortirent du cabinet du Roi, et que nous fûmes avertis que le conseil allait s'ouvrir. A ce moment, le prince de Polignac vint à moi et me dit : *Êtes-vous d'avis du retrait des ordonnances? — J'en étais, il y a une heure, lui répondis-je, actuellement je n'en suis plus.*

Le conseil fut un peu retardé par l'arrivée du duc de Raguse, qui entra sur-le-champ chez le Roi ; j'ai su qu'en se présentant il dit :

« *Sire, c'est une campagne manquée ;* j'ai la
« douleur d'annoncer à Votre Majesté que je n'ai
« pu maintenir son autorité dans Paris : *les suisses*
« *que j'avais chargés de la défense du Louvre,*
« *saisis d'une terreur panique, ont abandonné*
« *ce poste important* (1) ; entraîné moi-même dans

---

(1) L'assertion était inexacte ; ce fut lui qui donna au colonel de Salis l'ordre formel d'évacuer le Louvre et de se replier sur les Tuileries.

« une déroute générale, je n'ai pu rallier mes
« bataillons qu'à l'Étoile, et j'ai donné l'ordre
« de continuer le mouvement de retraite sur St-
« Cloud...... Une balle dirigée contre moi a tué le
« cheval d'un officier à mes côtés; je regrette
« qu'elle ne m'ait pas traversé la tête, la mort me
« serait moins affreuse que le triste spectacle dont
« je viens d'être témoin...... »

Pendant que le maréchal était chez le Roi, une personne arrivant de Paris nous donna de nouveaux détails sur l'envahissement des Tuileries, qu'elle attribuait à l'inexplicable abandon du Louvre. Nous apprîmes en même temps qu'une commission du *Gouvernement provisoire* se formait à l'Hôtel-de-Ville, sous la direction de M. Lafayette.

Le conseil s'ouvrit sous l'influence de ces désastreuses nouvelles.

Le Roi communiqua au conseil les propositions que venaient de lui faire MM. de Semonville et d'Argout; ils demandaient « *le retrait immédiat des*
« *ordonnances et le changement du ministère.* A
« cette double condition, ils se faisaient fort
« d'amener une conciliation dont la forme eût été à
« peu près ainsi : la chambre des pairs et les cours
« de justice de Paris se rendraient en corps à St-
« Cloud, *et supplieraient le Roi de pardonner à sa*

« *bonne ville de Paris les désordres auxquels
« elle s'était livrée pour un excès d'amour pour
« la charte......* A cela le Roi répondrait qu'il
« consentait à tout oublier, pourvu que chacun
« rentrât sur-le-champ dans le devoir, puis une
« amnistie générale couvrirait les erreurs du *bon*
« *peuple.....* »

Nous n'avions pas à nous occuper de cette comédie ; le changement des ministres dépendait uniquement de la volonté du Roi ; il ne restait donc à discuter que la question du retrait des ordonnances.

Ceux de mes collègues qui parlèrent avant moi votèrent sans difficulté l'adoption de cette mesure, *seul moyen, selon eux, d'arrêter l'effusion du sang et peut-être de sauver la famille royale, exposée à périr sous les débris du trône renversé pour la troisième fois.......*

Interrogé à mon tour, j'osai combattre à peu près en ces termes l'opinion qui paraissait devoir réunir toutes les voix.

« J'ignore si la mesure proposée aurait amené
« quelque résultat salutaire, hier ou ce matin;
« alors toutefois je l'aurais conseillée au Roi
« comme un moyen de suspendre au moins les
« malheurs de la guerre civile ; mais, en ce

« moment, elle ne serait à mes yeux qu'un acte
« de faiblesse et n'aurait d'autre effet que de légi-
« timer en quelque sorte la révolte et d'enlever
« à la couronne jusqu'à la dignité du courage
« malheureux.

« On suppose qu'après s'être compromise jusqu'à
« violer le palais du Roi, l'insurrection se trou-
« vera satisfaite du retrait de ces ordonnances,
« qui n'ont été évidemment que *le prétexte* d'un
« mouvement combiné et préparé depuis long-
« temps : cet espoir n'est, selon moi, qu'une
« illusion. Pour peu qu'on veuille examiner la
« marche des événements, on doit demeurer
« convaincu qu'il ne s'agit plus maintenant ni
« du ministère, ni des ordonnances, mais du
« pouvoir royal tout entier, et que la lutte,
« au point où elle est parvenue, est un com-
« bat à mort entre la légitimité et la révolu-
« tion. Dans une telle position, la mesure pro-
« posée ne serait de la part de la couronne que
« l'aveu d'une défaite absolue et sans ressource :
« ce serait l'équivalent d'une *abdication ;* car la
« main qui l'aurait signée serait à l'instant même
« frappée d'une irrémédiable impuissance, et, si
« une chute définitive et sans retour s'en trou-
« vait empêchée pour le moment, ce ne serait

« qu'un répit que suivrait bientôt une effroyable
« catastrophe.

« Et ce répit, serait-on même sûr de l'obtenir?
« Quelle garantie apporte-t-on que la paix serait
« le prix immédiat de l'humiliation de la cou-
« ronne? Vous n'avez que la parole douteuse de
« deux hommes sans mission : les grands corps de
« l'état ratifieraient-ils l'engagement pris en leur
« nom, de sauver au moins quelques apparences,
« en venant demander *pardon* au nom de la révolte
« victorieuse? Les révoltés consentiraient-ils à
« cette étrange démarche? Ont-ils seulement pro-
« mis de déposer les armes aussitôt que la royauté
« aura capitulé? S'est-on assuré qu'en leur livrant
« sans réserve la prérogative royale, on achèterait
« par ce dernier sacrifice l'hérédité du trône? S'est-
« on du moins informé si, dans l'ivresse de leur
« triomphe, ils ne repousseront pas avec une sorte
« de mépris cette concession que l'état des choses
« rendra peut-être dérisoire à leurs yeux? En un
« mot, au nom de qui, en vertu de quels pouvoirs
« MM. de Semonville et d'Argout sont-ils venus
« proposer au Roi une *capitulation* qu'ils n'au-
« raient pas la puissance de faire accorder aux
« vainqueurs ?.....

« *Le trône est déjà renversé*, dit-on ;..... le mal

« est grand ; mais je crois qu'on l'exagère, et je ne
« puis me persuader que la monarchie soit ainsi
« brisée *sans combat;* car il faut bien le recon-
« naître, la déplorable guerre des rues dont nous
« avons été les témoins depuis deux jours, quoi-
« qu'elle ait malheureusement fait couler beaucoup
« de sang, ne constituait pas une résistance éner-
« gique, telle qu'on doit l'attendre des meilleures
« troupes de l'Europe. Quoi qu'il en soit, Paris
« n'est pas la France ; les masses ont pu être éga-
« rées par les déclamations du libéralisme ; mais
« elles ne veulent pas de révolution ; les chambres
« n'en veulent pas davantage, la majorité de l'ar-
« mée est fidèle ; la garde, un moment ébranlée,
« aura bientôt repris l'attitude qui lui convient, et
« si la royauté ne s'abandonne pas elle-même, avec
« de tels appuis, elle triomphera de cette nouvelle
« tentative révolutionnaire. Si pourtant le génie
« du mal doit encore une fois l'emporter, si le
« trône légitime doit encore une fois tomber, qu'il
« tombe du moins avec honneur : la honte seule
« n'a pas d'avenir !!.....

« Il me paraît, au reste, indispensable de rap-
« porter une des ordonnances du 25, non pour
« satisfaire aux exigences de la révolte, mais
« parce que l'intérêt de la couronne lui en impose

« la nécessité : c'est celle qui prononce la dissolu-
« tion de la chambre nouvellement élue. Le gou-
« vernement du Roi est dans la légalité; il doit
« conserver l'avantage de cette position, et Sa Ma-
« jesté sera bien forte contre les révolutionnaires,
« lorsqu'elle se montrera appuyée sur les cham-
« bres..... Si le Roi adoptait ce parti, il serait
« d'ailleurs indispensable de reculer de quelques
« jours l'ouverture de la session, qui était fixée au
« 3 août, et surtout de réunir les chambres dans
« une ville autre que Paris, ainsi que la charte
« l'autorise..... »

Personne dans le conseil n'adopta ce système que déclarait, cependant, approuver Monseigneur le Dauphin, et le retrait immédiat des ordonnances fut résolu.

Cette décision prise, Monseigneur le Dauphin dit : *« Qu'il aurait été fort disposé à adopter mon*
« *avis, et qu'il regrettait que la majorité en eût*
« *décidé autrement. Au reste, ajouta Son Altesse*
« *Royale, je ne doute pas que si nous sommes ré-*
« *duits à la terrible nécessité de prolonger la lutte,*
« *nous trouverons de nombreuses ressources dans*
« *la fidélité des provinces; mais fussions-nous*
« *abandonnés de tous, ce jour dût-il être le der-*
« *nier de notre dynastie, nous saurions honorer*

« *notre chute, en périssant les armes à la*
« *main....* »

Ce point décidé, le changement de ministère devenait indispensable; il fut arrêté que le portefeuille des affaires étrangères et la présidence seraient donnés à M. de Mortemart, et le garde-des-sceaux rédigea sur-le-champ l'ordonnance qui fut signée et contre-signée séance tenante.

Le Roi arrêta aussi que le ministère de l'intérieur serait offert à M. Casimir Perrier et celui de la guerre au général Gérard.

Enfin, une ordonnance spéciale mit toutes les troupes de la première division sous les ordres immédiats de Monseigneur le Dauphin.

Pendant ces diverses délibérations, le Dauphin laissa échapper ces paroles, que la suite a rendues remarquables : — « *En vérité, on serait tenté de* « *faire comme mon oncle de Savoie....... mais* « *non...... Bordeaux....... Un enfant!....... C'est* « *impossible.......* »

Toutes ces mesures arrêtées, le Roi nous remercia de la manière la plus affectueuse des preuves de dévouement que nous lui avions données et nous congédia.

De ce moment nous dûmes regarder le cabinet comme entièrement dissous, et chacun de nous aurait pu ne songer qu'à sa sûreté ; mais la personne même du Roi pouvait encore se trouver en péril, l'honneur et notre attachement pour nos princes nous défendirent de nous éloigner. Toutefois, dans la crainte que notre présence ne portât le moindre ombrage aux négociateurs, qui croyaient encore à la possibilité d'une transaction, nous eûmes soin de nous tenir entièrement à l'écart, et même de ne pas paraître dans les salons du château.

M. de Girardin se rendit sur-le-champ à Paris, pour annoncer les décisions royales et préparer les voies à M. de Mortemart.

Quelques instants après cette réunion, je fus rendre mes devoirs à Mme la duchesse de Berry ; déjà elle connaissait les résultats du conseil et paraissait très-irritée de la concession arrachée au Roi ; dans une conversation fort animée, elle me dit que Sa Majesté lui avait donné l'assurance que, dans vingt-quatre heures, elle pourrait rentrer à Paris : *Moi!* avait répondu la princesse, *que j'aille montrer aux Parisiens ma face humiliée! non, jamais!!...*

Madame, après m'avoir exprimé tout son mécontentement, ajouta : « *Au reste, je sais que vous*
« *n'étiez pas de cet avis-là ; Monseigneur le Dau-*
« *phin me l'a dit, en ajoutant : Je n'en étais pas*

« *moi-même ; mais je n'ai été soutenu que par*
« *Guernon.... Que croyez-vous donc qu'on aurait*
« *dû faire ?* »

Je répondis à cette question par l'exposé rapide du plan que je croyais (et que je crois encore) en harmonie avec les devoirs et l'honneur du pouvoir souverain ; Madame m'interrompit plusieurs fois par des phrases approbatives, et finit par me presser d'aller répéter tout ce que je venais de lui dire à Monseigneur le Dauphin.

Je courus chez ce prince et le trouvai occupé à donner des ordres pour la disposition des troupes qui venaient de passer sous son commandement : je lui dis que, comptant peu sur le succès de la démarche qu'allait faire M. de Mortemart, je croyais de mon devoir de faire part à S. A. R. de mes idées sur la marche qui devrait être adoptée aussitôt qu'on aurait acquis la certitude de l'échec que je prévoyais. Le prince voulut bien m'entendre, et je lui retraçai en peu de mots le plan que j'avais conçu et dont voici les principales bases :

« Le danger qui menace la monarchie doit être
« combattu tout à la fois par des mesures militaires
« énergiques et par les voies parlementaires. »

« Sous le premier rapport, Monseigneur ne peut
« songer à rentrer de vive force dans Paris ; trop

« de sang paierait son triomphe, et d'ailleurs il
« suffirait de gagner du temps et d'isoler le foyer
« de la révolte pour amortir l'ardeur de la popu-
« lation trompée et entraînée bien plus loin qu'elle
« ne voulait aller, par une poignée de factieux
« dont elle-même ferait justice. Dans cette vue, il
« suffirait :

« 1° De détruire les télégraphes dans un rayon
« assez étendu pour empêcher toute communi-
« cation de Paris avec la province ;

« 2° D'occuper avec de l'artillerie les hauteurs
« environnant Paris, non pour tirer sur la ville,
« mais pour commander ses principales avenues ;

« 3° De se rendre maîtres, par de forts détache-
« ments de cavalerie, des grandes routes et des
« barrières ;

« 4° De s'emparer du cours de la Seine et de la
« Marne, au-dessus et au-dessous de Paris.

« Ces mesures préalables suffiraient d'abord pour
« concentrer l'incendie dans son foyer, puis pour
« empêcher les révolutionnaires de la province
« d'accourir au secours de leurs affiliés de la
« capitale, et enfin pour faire cesser tout contact
« entre les troupes et la population insurgée.

« Peut-être le petit nombre des troupes fidèles
« dont on pouvait disposer en ce moment rendrait-

« il difficile l'exécution simultanée de toutes ces
« opérations ; mais les camps de St-Omer et de
« Lunéville sont levés et en marche sur St-Cloud,
« et dans peu de jours 12,000 hommes de troupes
« dévouées peuvent rejoindre l'armée sous les murs
« de Paris. Enfin, l'artillerie de la garde, celle de
« Vincennes et celle qu'amènent les troupes des
« deux camps, ne formerait pas moins de 60 pièces
« attelées. Avec de pareilles forces, Monseigneur
« pourrait aisément tenir la campagne autour de
« Paris, tout le temps nécessaire pour relever le
« courage des royalistes et éclairer la nation.

« Pendant que Monseigneur disposera ainsi de
« la force armée, le Roi convoquera les chambres
« pour le jour le plus rapproché qu'il se pourra,
« le 10 ou le 11 août, par exemple, en indiquant
« pour lieu de réunion une ville éloignée de 30 à
« 40 lieues de Paris, Blois ou Tours, et par pré-
« férence cette dernière ville, à cause du voi-
« sinage de l'Anjou et de la Bretagne. Le Roi et
« la famille royale se rendront immédiatement
« dans cette ville, où Sa Majesté appellera auprès
« d'elle tous les princes de sa maison, tous les
« officiers généraux non employés sous les ordres
« de Monseigneur, le corps diplomatique et les
« grands corps de l'état (le « conseil d'état, la

« cour de cassation, la cour des comptes), et
« l'ordonnance exprimera que le siége du gou-
« vernement étant transféré momentanément dans
« cette ville, c'est là que doivent être dirigées
« toutes les correspondances judiciaires et admi-
« nistratives.

« Enfin, une proclamation adressée à la nation
« exposera les motifs de ces grandes mesures et
« annoncera que le Roi, d'accord avec les cham-
« bres, et en se renfermant strictement dans les
« limites de la charte, va s'occuper des mesures
« propres à réprimer les tentatives de révolution qui
« viennent d'ensanglanter la capitale, etc., etc. »

Monseigneur parut adopter ce plan, dont je ne pus cependant que lui indiquer rapidement les parties principales, et m'ordonna de les rédiger par écrit.

Ce travail fut bientôt fait; il me fut impossible d'entrer dans tous les détails; mais, en quatre pages, j'en exposai assez pour faire saisir l'ensemble des opérations et les résultats qu'elles pouvaient amener. Je fus porter cet écrit à Monseigneur le Dauphin, qui, sans doute, en approuva le contenu, car il se hâta de le communiquer au Roi : il était alors à peu près cinq heures après midi.

Ce fut le soir de ce même jour qu'eut lieu une

scène extrêmement violente entre Monseigneur le Dauphin et le duc de Raguse, au sujet de la conduite de celui-ci dans la matinée.

VENDREDI 30 JUILLET.

Cette journée fut terrible. D'un côté, il nous arrivait à chaque instant de Paris, des nouvelles de plus en plus désastreuses ; et d'un autre côté, il semblait que la royauté, encore entourée des plus puissants éléments de défense, eût complètement désespéré d'elle-même.

Le Roi et ses conseillers intimes s'étaient persuadé que le retrait des ordonnances et la nomination d'un ministère libéral, devaient satisfaire aux exigences de la révolte, et ils s'attendaient d'heure en heure à voir arriver les députations pacifiques promises par M. de Semonville.

Inconcevable aveuglement ! Est-ce que les révolutions reculent jamais volontairement ? Est-ce que les meneurs de celle-ci eussent même été maîtres d'arrêter l'élan d'une populace qu'ils avaient exaspérée par des cris de destruction et la vue du drapeau tricolore ? Est-ce qu'on ignorait que Lafayette était à la tête de ce mouvement, et pouvait-on supposer que ce vétéran du désordre se reposerait avant d'avoir tiré toutes les conséquences de sa déplorable maxime d'insurrection?

M. de Mortemart avait dû partir dans la nuit précédente, chargé des dernières espérances de son noble maître, et la matinée de vendredi était déjà fort avancée qu'il n'avait encore transmis aucune nouvelle. Cependant, on ne prenait point de mesures pour une sérieuse résistance, dans le cas trop probable où les concessions du Roi ne seraient pas acceptées. Les débris de la garde disséminés dans le parc de St-Cloud et à Sèvres restaient livrés à la plus dangereuse oisiveté ; on aurait dû tenir ces troupes constamment en haleine, relever leur moral par des revues, détourner leurs réflexions par de rapides mouvements. L'inertie dans laquelle on les laissait passer de longues heures d'anxiété, produisit son effet inévitable ; la désertion se mit dans leurs rangs, et des pelotons entiers abandonnèrent leurs armes dans le parc.

Vers une ou deux heures après midi, le baron de Vitrolles, qui avait accompagné la veille MM. de Semonville et d'Argout vint nous raconter la manière dont les décisions relatives aux ordonnances avaient été reçues ; il ne put nous donner de grands détails ; mais de son récit il résultait que les concessions tardives de la couronne étaient repoussées par le parti révolutionnaire, enivré de son triomphe, et que déjà le duc d'Orléans était placé à la tête du nouveau gouvernement, avec le titre de *lieutenant-général*.

Ces désastreuses nouvelles avaient du moins l'avantage de faire cesser une funeste indécision, et j'espérais que, complètement éclairée, la cour allait enfin montrer quelqu'énergie dans la conviction que, désormais, son courage était sa seule ressource. Nous ne pouvions offrir nos conseils ; depuis vingt-quatre heures, nous nous étions tenus complètement à l'écart pour ne donner aucun ombrage aux partisans d'une transaction, et dans la prévoyance du cas où notre seule présence à St-Cloud deviendrait un nouveau grief, nous nous tînmes prêts à partir au premier ordre du Roi, quels que fussent les dangers auxquels nous aurions été alors exposés.

De longues heures ; des heures bien précieuses furent encore perdues, et la journée entière se passa dans la plus déplorable inaction ! Les personnes du château qui eurent le courage de rester en communication avec nous, nous dirent que le Roi espérait encore ; que M. de Mortemart n'avait pas donné la moindre nouvelle, et qu'on ne songerait à prendre un parti, qu'après avoir reçu de lui la confirmation de tout ce qui nous était parvenu dans la journée sur les actes du nouveau pouvoir.

Le soir, à une heure déjà avancée, on fit demander un officier dévoué pour aller à la recherche de M. de Mortemart. Celui qui accepta cette mission ne put sans doute la remplir, car, à minuit, aucune nouvelle du premier ministre n'était parvenue au château (c'était, je crois, M. Arthur de La Bourdonnaye).

SAMEDI 31 JUILLET.

A deux heures du matin, nous apprîmes que la famille royale quittait St-Cloud pour se rendre à Trianon; nous suivîmes ce mouvement de retraite.

Quelques instants après l'arrivée à Trianon, le Roi nous fit appeler, et nous nous réunîmes en conseil. J'appris alors que tout espoir de transaction était à peu près abandonné.

Dès l'ouverture de ce conseil, il fut reconnu qu'il n'y avait plus un moment à perdre pour opposer enfin une sérieuse résistance aux entreprises de la révolution, et nous engageâmes le Roi à passer sur-le-champ la revue des troupes qui l'avaient suivi et à leur adresser quelques mots pour relever leur courage et ranimer leur dévouement. Le Roi consentit à cette démarche, mais il désira ne prendre aucune décision avant l'arrivée du Dauphin resté à St-Cloud pour protéger le mouvement de retraite, et la séance fut levée.

La précipitation avec laquelle le Roi termina ce conseil me persuada qu'il lui était revenu tout à coup en pensée, que notre présence auprès de lui et notre reprise des affaires ne feraient qu'ajouter aux difficultés d'une pacification qu'il espérait peut-être encore.

Plusieurs heures se passèrent dans une cruelle anxiété; à chaque instant des bruits alarmants se répandaient autour du Roi; on parlait de nombreuses troupes d'insurgés marchant sur Versailles; des coups de fusil se faisaient entendre dans le lointain, et on prétendait qu'ils étaient tirés par l'avant-garde de l'armée parisienne, qui venait enlever le Roi. L'affectation avec laquelle ces rumeurs étaient propagées dénotaient un vif intérêt à forcer le Roi de s'éloigner. Était-ce le résultat de la peur ou de la trahison?

Cependant les troupes désorganisées de la garde se réunissaient autour de Trianon; un morne découragement se décelait sur toutes les figures, et il paraissait évident que, si l'état d'incertitude dans lequel on laissait ces soldats se prolongeait encore, la défection ne tarderait pas à devenir générale.

Monseigneur le Dauphin rejoignit dans la matinée : nous apprîmes alors tous les dangers qu'il avait courus au pont de Sèvres et le courage qu'il avait déployé. Voici ce que nous raconta un témoin oculaire :

« Le prince occupait l'entrée du pont, du côté de
« Sèvres, avec un bataillon de la garde, et les
« lanciers de Fimarcon ; une foule d'insurgés était
« de l'autre côté, et faisant des démonstrations
« comme pour forcer le passage, s'était déjà ap-
« prochée du pont. Le prince s'avança au devant
« de cette troupe et l'engagea à ne pas tenter une
« lutte dans laquelle elle serait écrasée ; une vive
« fusillade fut la réponse à cette allocution et des
« vociférations couvrirent la voix du prince. Le
« duc de Guiche, aide-de-camp de Monseigneur,
« s'approcha de lui et l'engagea à se retirer. *Votre*
« *Altesse court ici un danger inutile*, dit cet offi-
« cier, *ce n'est pas sa place.....* Monsieur, répondit
« le prince, *un fils de France est toujours à sa*
« *place en présence du danger, lorsqu'il s'agit*

« *surtout d'épargner le sang français*, et il re-
« nouvela ses tentatives, pour ramener cette foule
« égarée, ou du moins la déterminer à ne pas se
« compromettre dans une attaque meurtrière et
« sans possibilité de succès..... Ces efforts furent
« vains, et les insurgés, tout en continuant de
« tirer sur le prince, gagnaient du terrain, et déjà
« s'étaient engagés sur le pont. Le Dauphin, dé-
« sespérant de faire entendre raison à ces insensés,
« et ayant vu un officier frappé d'un coup de feu à
« ses côtés (1), revint à ses troupes et donna l'ordre
« au chef de bataillon de faire faire une charge
« pour déblayer le pont. Cet officier prononce le
« commandement, les soldats restent immobiles ;
« le commandement est répété, même immobilité,
« suivie bientôt de quelques murmures, puis tout
« à coup une violente agitation se manifeste, et la
« troupe tout entière s'ébranle au pas de course,
« pour passer à l'ennemi! Le Dauphin se précipite
« au devant de cette foule mutinée, en s'écriant :
« *Arrêtez! si vous voulez m'abandonner, que ce ne*
« *soit pas du moins en fuyards! sachez conserver*
« *l'ordre et le calme qui conviennent à des soldats.*

(1) Le duc d'Esclignac, lieutenant-colonel des lanciers de la garde. Une balle lui cassa la jambe, et il a été nécessaire de lui faire l'amputation.

« *A vos rangs !!* Ces hommes obéissent machinale-
« ment et vont se reformer à quelques pas en ar-
« rière. Pendant ce temps, le Dauphin ayant or-
« donné aux lanciers de balayer le pont, une
« charge, vigoureusement exécutée, refoule à plus
« de deux cents toises dans la plaine la populace
« parisienne, et en un clin d'œil le pont fut en-
« tièrement libre. *Maintenant,* dit le prince, en
« s'adressant à l'infanterie, *si vous êtes décidés à*
« *déserter le poste de l'honneur, voilà votre che-*
« *min, partez !.....* Les malheureux ne se le firent
« pas répéter, et coururent se ranger sous le
« drapeau de la révolte. »

Cet événement paraissait avoir entièrement découragé les personnes qui entouraient le Roi.

Désolé de voir abandonner une cause qui offrait encore de grandes ressources, je pressai mes collègues de se livrer à un examen sérieux de ce qu'il y avait à faire, et de ne pas laisser perdre le peu de moments qui restaient à la monarchie pour chercher des moyens de salut. Mes instances furent longtemps vaines ; mais enfin, secondé par M. de Montbel, j'obtins que le conseil entrât en délibération (le prince de Polignac était absent en ce moment).

J'exposai en peu de mots le plan que j'avais

soumis à Monseigneur le Dauphin le jeudi, et je proposai de conseiller au Roi :

1º La translation momentanée du siége du gouvernement à Tours, où tous les grands corps de l'état et le corps diplomatique seraient immédiatement appelés ;

2º Vu l'ordonnance de révocation de la dissolution prononcée le 25, la convocation des chambres dans cette même ville de Tours pour le 15 août ;

3º La retraite de la famille royale sur la Loire et les mesures militaires propres à intercepter les communications entre Paris et les départements.

Toutes ces propositions furent successivement adoptées, et nous nous occupâmes sur-le-champ de la rédaction des ordonnances de mise à exécution, afin que le Roi pût les signer aussitôt qu'il aurait approuvé ce plan, ainsi que des instructions circulaires pour les préfets, les receveurs généraux, les autorités militaires et les procureurs généraux. Pendant que Montbel, Chantelauze et moi, nous nous occupions de ces divers travaux, M. de Peyronnet se chargea de rédiger une proclamation pour annoncer à la nation ces grandes mesures, et la résolution du Roi de combattre la révolution par tous les moyens dont il pourrait disposer, ainsi que pour appeler les bons citoyens au secours de la monarchie si violemment ébranlée.

Tout, à l'exception de la proclamation, était terminé lorsqu'on vint nous avertir que la cour allait partir pour Rambouillet.

On nous fit entendre en même temps que nous ferions bien de songer à notre sûreté personnelle, et le Roi nous fit offrir quelques secours d'argent, car il savait que nous étions complètement au dépourvu sous ce rapport. Une somme de six mille francs nous fut distribuée par M. de Montbel, et M. Capelle nous procura des feuilles de passeport en blanc que lui avait remises un employé de l'administration de Versailles. Cette dernière ressource m'était personnellement inutile, car, dès la veille, un employé du château de St-Cloud (1) m'avait donné son passeport pour Besançon, et le signalement se rapportait assez bien au mien pour que je n'eusse aucune inquiétude sur ce point.

Désespéré de voir avorter mes dernières espérances, je me hâtai, d'accord avec mes collègues, d'anéantir toutes les écritures que nous venions de faire, et chacun chercha les moyens de se

(1) Il se nommait *Barbier.*

mettre en sûreté, sans pourtant nous éloigner du Roi que nous croyions pouvoir encore servir.

Chantelauze se réunit à moi; au moment où nous descendions le perron, le prince de Polignac passa rapidement près de nous et me dit ce peu de mots qui me rendirent quelque courage : « *Je viens de voir votre mémoire dans les mains du Roi, nous allons à Tours.....* »

Pendant que nous cherchions à nous placer dans la voiture de la suite du Roi, un officier général, que je ne connaissais pas, nous dit assez rudement *que notre présence compromettait la sûreté du Roi et que nous devrions nous éloigner.* Notre réponse fut vive et l'homme de cour en parut médiocrement satisfait.

Nous avions trouvé place dans une voiture déjà occupée par un des prêtres de la chapelle; notre collègue Capelle se joignit à nous, et la longue file se mit en mouvement vers cinq heures du soir.

Dans ce trajet, M. Capelle nous dit qu'au moment de partir il avait vu le Roi: *que Sa Majesté espérait encore que tout s'arrangerait à l'amiable avec les chefs du mouvement parisien, mais que la présence des ministres signataires des ordonnances excitait des méfiances et que nous ferions bien de nous éloigner......*

Cette insinuation équivalait à un ordre, et nous ne devions pas hésiter à nous y conformer.

Cependant je ne doutais pas que les espérances d'arrangement ne fussent complètement illusoires, et, dans ma profonde conviction, le Roi devait tôt ou tard revenir au plan de résistance qui seul pouvait, selon moi, convenir à la dignité de la couronne. Ma première pensée fut de rester près de Sa Majesté, en me cachant sous l'habit d'un soldat de la garde. J'avais beaucoup d'amis parmi les officiers du 2e et du 6e d'infanterie, et il m'eût été facile de conserver dans leurs rangs le plus strict incognito. Je parlai de ce projet à Chantelauze; malheureusement sa mauvaise santé ne lui permettait pas d'employer la même ruse; il se trouvait dans la nécessité de s'éloigner. Je ne voulus pas abandonner un collègue faible et souffrant; nous arrêtâmes que nous partirions de Rambouillet le lendemain de grand matin, et que nous irions droit à Tours où nous ne devancerions sûrement le Roi que de quelques heures.

DIMANCHE 1ᵉʳ AOUT.

Nous étions arrivés à Rambouillet la veille, vers dix heures du soir ; en descendant de voiture, M. Capelle nous quitta sans nous dire quels étaient ses projets. Chantelauze et moi, qui ne connaissions ni la ville, ni même le château, hésitâmes un moment si nous ne nous ferions pas conduire vers la demeure royale ; mais décidés que nous étions à partir dès le lendemain de grand matin, nous préférâmes aller coucher à l'auberge ; et, après d'assez longues recherches, nous trouvâmes dans une sorte de mauvais cabaret une très-petite chambre, avec un seul lit de camp, sur lequel nous nous jetâmes tout habillés.

Le lendemain, vers quatre heures et demie du matin, nous fîmes demander s'il n'y avait point quelque voiture publique pour Tours ou Chartres ; on ne put nous en indiquer. La petite ville de Rambouillet était encombrée de troupes de la garde, et le désordre y était si grand, que nous ne pûmes obtenir aucun renseignement sur les moyens de transport vers le lieu que nous regardions comme le rendez-vous général. Nous prîmes le parti de nous acheminer à pied.

Avant le départ, Chantelauze remplit les blancs de la feuille de transport qu'on lui avait procurée à Trianon. Au milieu de nos inquiétudes, je ne pus m'empêcher de rire de bon cœur, en voyant le garde-des-sceaux de France fabriquer ainsi un faux matériel, et se mettre dans le cas prévu par je ne sais plus quels articles du Code pénal. Il prenait dans cette pièce, qui, du reste, n'aurait pu tromper un instant l'œil du plus maladroit gendarme, un nom que j'ai oublié et la qualité de marchand colporteur.

Nous partîmes à cinq heures; en passant devant le parc, nous pûmes apercevoir quelques bivouacs de la garde. D'après les renseignements que nous avions pris à notre auberge, on croyait qu'il y avait bien sept à huit mille hommes; ce nombre me parut exagéré.

Notre journée ne fut pas très-longue, nous ne pûmes atteindre que Chartres à sept ou huit lieues de Rambouillet, mais elle fut horriblement pénible. Chantelauze, faible et souffrant, marchait avec une extrême lenteur, et moi, habitué dans mes longues courses pédestres à faire une lieue et demie à l'heure, il me fallait à chaque instant m'arrêter pour attendre mon pauvre compagnon ; ou ralentir mon pas au simple mouvement de la promenade. Je ne sache rien de plus fatiguant que cette manière de voyager.

Enfin, après quatorze heures de marche, nous arrivâmes au terme de ces huit malheureuses lieues. Il était à peu près sept heures du soir, quand nous entrâmes à Chartres ; une grande foule de peuple, réunie sur la place publique, procédait à l'organisation d'une garde nationale, et déjà le drapeau tricolore flottait aux fenêtres de quelques libéraux. Dans notre trajet, nous avions plus d'une fois causé avec des hommes de la campagne, des ouvriers, des artisans ; dans tous nous avions trouvé les mêmes sentiments, une haine implacable contre le gouvernement légitime, une exécration profonde du ministère Polignac et des évêques, qu'on accusait d'être les auteurs des incendies, et une exaltation fanatique pour la mémoire de Napoléon. Un jeune paysan, qui voyagea quelques heures avec nous aux approches de Maintenon, nous montra avec mystère un foulard qui portait la figure de l'ex-Empereur, et nous dit que tous les hommes du peuple en avaient de semblables dans le pays.

Nous couchâmes à Chartres, et en partîmes le

lendemain lundi, dans une petite cariole remplie
de voyageurs, qui allaient à Châteaudun.

Je m'étais procuré une veste, qui remplaça fort convenablement l'habit noir, un peu déplacé dans ce moment.

LUNDI 2 AOUT.

Nous avions dans notre mauvaise cariole deux bonnes sœurs de charité, un cuirassier de la garde, qui avait trouvé bon d'abandonner son régiment ; une grosse femme, fort éveillée et fort remuante, qui faisait partie, je ne sais à quel titre, du bagage de ce déserteur, et un petit marchand mercier, qui venait de Rouen. Ce dernier parla pendant plusieurs heures, avec un enthousiasme qui m'aurait paru fort plaisant dans d'autres circonstances, du bonheur que la nouvelle révolution allait donner au monde. A l'entendre « l'âge d'or allait renaître,
« tous les peuples régénérés par les doctrines ré-
« publicaines *se donneraient la main;* et le genre
« humain tout entier, débarrassé des entraves in-
« ventées par le despotisme, ne formerait plus
« désormais qu'une grande famille : partant, plus
« de douanes, plus d'impôts, plus de guerre, plus
« de rivalité d'aucune sorte..... »

Au reste, cet honnête fou ne dit pas un mot offensant pour Charles X ; il paraissait même assez porté à ne lui trouver d'autre tort que d'être un obstacle *à la fusion universelle.*

A Châteaudun, nous trouvâmes une autre petite voiture pour Tours, et nous en profitâmes sur-le-champ.

Jusque-là, nous n'avions rencontré aucun obstacle ; mais à quelque distance de Tours, à deux lieues environ avant d'y arriver, une dame, qui monta dans notre cariole, nous inspira de vives inquiétudes, par le récit qu'elle nous fit de l'état des esprits à Tours. La révolution était accomplie dans cette ville, la garde nationale s'était emparée de tous les pouvoirs et exerçait une police extrêmement sévère. Le général Donnadieu, qui d'abord avait essayé de comprimer ce mouvement, s'était vu forcé de prendre la fuite pour se soustraire aux mauvais traitements dont on le menaçait. Cependant, les révolutionnaires, qui le croyaient caché en ville, faisaient partout des recherches pour s'emparer de sa personne, et, à ce propos, notre conducteur nous raconta que, à son précédent voyage, la voiture avait été fouillée avec la dernière rigueur à l'entrée et à la sortie.

Ces circonstances me donnaient peu d'inquiétude

pour moi-même : j'avais un passe-port fort en règle, et dont le signalement m'allait à merveille; seulement il était pour Besançon et je n'en suivais pas la route, mais il m'eût été facile d'expliquer cette circonstance par la crainte de traverser la Bourgogne qui, la première, avait répondu au mouvement de Paris. Cependant, je jugeai prudent de détruire quelques papiers d'une haute importance, et notamment une lettre du Roi au duc de Raguse, que j'avais recueillie sur une table de l'état-major au moment où nous quittâmes les Tuileries.

Quant à Chantelauze, après avoir examiné son passe-port fabriqué, il le trouva d'une apparence si suspecte qu'il n'osa le garder et le mit en pièce. C'était prudent pour éviter le code pénal; mais comment se présenter à la porte de Tours sans papiers? Dans cette perplexité, je proposai à mon compagnon de descendre un peu avant d'arriver à Tours, de coucher dans une auberge du faubourg et de n'entrer en ville que le lendemain à pied comme si nous étions des habitants sortis pour une promenade.

Nous quittâmes en effet notre cariole à une demi-lieue de Tours environ ; il était alors huit heures du soir à peu près.

Chantelauze, plus souffrant encore que la veille

et très-fatigué, marchait avec une telle lenteur que nous employâmes au moins une heure à parcourir la petite distance qui nous séparait du faubourg ; quand nous atteignîmes les premières maisons, vers les neuf heures et demie, il ne faisait plus assez clair pour distinguer de loin une auberge, et nous ne trouvâmes personne sur la route pour nous diriger. Poussant nos recherches du côté qui me parut le plus favorable, nous nous engageâmes dans une route que, depuis, j'appris être celle du Mans, et nous marchâmes encore près d'une demi-heure avant de retrouver des maisons. Enfin, nous aperçûmes quelques lumières et nous croyions toucher au terme de nos fatigues lorsque nous entendîmes courir derrière nous plusieurs personnes, et, en peu de minutes, nous nous trouvâmes entourés de six ou huit hommes armés, l'un d'un fusil, d'autres, d'instruments de travail ou de bâtons, et qui nous demandèrent qui nous étions.

Mon premier mouvement fut de me débarrasser par un ou deux bons coups de poing des plus pressants de mes interrogateurs et de me dérober à force de jambes à l'impertinente curiosité des autres ; mais cette velléité passa comme un éclair, et la pensée que mon compagnon qui ne pourrait me suivre serait victime du désappointement de nos gens d'armes improvisés, m'inspira de la résignation. Nous nous fîmes conduire devant le maire du village où nous allions entrer, et dont j'ai oublié le nom ; Chantelauze lui conta qu'il était un marchand colporteur de Bordeaux, où il allait pour réaliser quelques fonds, et que, parti de Paris au milieu du tumulte de la révolution, il n'avait pu se munir de papiers. Quant à moi, mon passeport fut trouvé parfaitement en règle. Ce maire, qui paraissait bon homme, était fort disposé à nous laisser continuer notre route, mais les braves gens qui nous avaient arrêtés pensèrent qu'il fallait nous conduire à Tours : « *Il y a des gens* « *qui ne sont pas ce qu'ils paraissent, dirent-ils ;* « *n'a-t-on pas arrêté tantôt l'archevêque de Paris,* « *habillé en routier, et caché dans une charretée* « *d'osier ? Et Peyronnet, ne l'a-t-on pas pris avec* « *sa charge de billets de banque ?* » A part la charretée d'osier et la charge de billets de banque, ces propos nous apprirent l'arrestation de notre collègue et nous inspirèrent des craintes sérieuses pour nous-mêmes.

D'après l'avis unanime, nous fûmes enfermés dans une chambre de l'auberge du village, et il fut arrêté que, le lendemain matin, on nous mènerait devant les chefs de la garde nationale de Tours.

Aussitôt que nous fûmes seuls, j'examinai s'il ne nous restait pas quelque moyen d'évasion. Notre chambre avait deux fenêtres, l'une sur la route et l'autre sur une grande cour, et elles n'étaient pas fort élevées; mais la lune venait de paraître, il faisait un clair magnifique, et nos sbires en blouses avaient posé des factionnaires autour de la maison. Il fallut se résigner et je pris le parti de dormir après avoir détruit tout ce qui pourrait donner quelques indices sur ma position, notamment ma bague de Gand, qui portait mon nom gravé tout au long dans l'intérieur.

Nous sûmes par les gens qui nous avaient arrêtés qu'ils faisaient patrouille pour surveiller les incendiaires, et leurs propos nous laissèrent entendre qu'ils n'étaient pas fort éloignés de nous prendre pour des émissaires de Polignac et des évêques qui, depuis plusieurs mois, faisaient incendier tout le pays.

MARDI 3 ET JOURS SUIVANTS.

Nous fûmes éveillés de grand matin par le garde-champêtre, qui vint nous avertir qu'il fallait nous préparer à partir pour Tours. Cet agent de la force publique avait un air paterne qui me donna quelque espérance : je lui parlai raison, puis sentiment, pour l'engager à nous laisser aller, et je jugeai, par ses réponses, que s'il était seul chargé de nous conduire, il ne serait pas éloigné de céder à mon éloquence, pourvu que j'accompagnasse mes raisonnements de quelques pièces de cinq francs. Malheureusement, on lui donna plusieurs acolytes moins traitables.

Vers six heures, on nous fit monter dans une charrette, et sous l'escorte du garde-champêtre et de deux ou trois paysans, nous partîmes pour Tours, heureux de nous dérober à la curiosité des habitants de ce village qui commençait à devenir menaçante. Nous convînmes en route que, quoi qu'il arrivât, Chantelauze, qui n'avait point de passe-port, persisterait à se dire marchand colporteur, et de mon côté, je comptai assez sur mon passe-port pour ne pas chercher à m'échapper dans le trajet, ce qui m'eût été fort aisé.

Arrivé à la prison de Tours, je déclamai vivement contre l'arrestation d'un paisible voyageur, muni d'un papier aussi parfaitement en règle, et je demandai à être immédiatement conduit devant un magistrat. Malheureusement, il n'y avait plus ni magistrature ni administration : tous les pouvoirs étaient concentrés dans les mains de la garde nationale qui en usait d'une manière fort arbitraire. Nous fûmes provisoirement emprisonnés. On me déposa d'abord dans une grande pièce obscure qui avait assez l'air d'un énorme violon de corps de garde, puis on me fit passer dans la cour des détenus militaires, puis dans une grande infirmerie à côté de laquelle j'appris que M. de Peyronnet était enfermé sous la garde de deux factionnaires, *soldats citoyens*, la carabine au poing, qui ne devaient le perdre de vue ni jour ni nuit. Enfin, vers trois heures après-midi, le concierge me fit descendre chez lui où je pus manger un morceau, et de là, je fus conduit dans une petite chambre assez propre qui, me dit-on, avait tout récemment été la prison de *Mme Paul-Louis Courrier*. Ces égards ne me présageaient rien de bon et j'en augurai que mon passe-port, qui indiquait la qualité *d'homme de confiance* (vulgairement *domestique*), était violemment suspecté de ne pas m'appartenir.

A force de réclamer contre *l'arbitraire* dont j'étais victime, j'obtins vers le soir la visite d'un substitut du procureur du roi, qui m'interrogea en présence de deux officiers de la garde nationale. Mes réponses *et mon air de franchise* parurent le convaincre qu'en effet j'étais l'objet d'une méprise, et, pour dernière épreuve, il m'invita à faire la signature qui était sur mon passe-port. Je n'avais pas prévu cette difficulté; cependant, je n'hésitai pas, et de souvenir j'imitai assez bien cette signature (Barbier) pour que le substitut et les deux officiers déclarassent *à l'unanimité* que la similitude était parfaite. Le magistrat partit en me donnant l'espoir d'une prompte délivrance, et je sus en effet que quelques instants après mon passe-port, bien et dûment visé par l'autorité municipale provisoire, fut remis au concierge avec ordre de m'ouvrir les portes. Mais bientôt on se ravisa, on fit courir après lui, et l'ordre lui fut retiré; voici pourquoi : Chantelauze, plus maltraité que moi, avait été déposé dans la prison des malfaiteurs; il patienta d'abord, mais enfin dégoûté de cette honnête société, il fit appeler l'officier qui commandait le poste, et déclara qui il était en demandant qu'on le traitât avec les égards dus à son rang.

Cette découverte éveilla quelques soupçons sur mon compte; un officier de la garde à cheval, un *M. Gasnier,* qui développa dans toute cette affaire un zèle extraordinaire, supposa judicieusement que si mon compagnon était un ministre, je devais être aussi *quelque chose,* et d'inductions en inductions, tout le poste arriva à conclure que j'étais le prince de Polignac. Bien me prit que cette belle idée leur fût venue pendant que j'étais entre quatre murailles; car il n'est pas douteux qu'en pleine rue elle m'eût fait écorcher par la foule, tant était grande à Tours l'impopularité de ce nom de Polignac.

Ce fut à la suite de tout cela qu'on suspendit l'ordre de mon élargissement. Il me fallut subir interrogatoire sur interrogatoire de M. l'officier *Gasnier*, puis du concierge, puis de je ne sais quel adjoint, et enfin d'un petit vieux M. Bellangé, je crois (1), qui surgit à la mairie lorsque l'ordre fut un peu rétabli. Je tins bon et ne voulus point me reconnaître pour autre que le véritable propriétaire de *mon excellent passe-port*. Malgré cela, je ne pus douter que, dès les premiers jours, mes capteurs savaient à quoi s'en tenir. D'abord Chantelauze eut l'imprudence de me recommander en termes assez mystérieux aux égards du geôlier; d'un autre côté, on me fit un jour comparaître devant un homme que je reconnus très-bien pour l'avoir vu souvent à Limoges, et, quoique

(1) On m'a dit que ce M. Bellangé était un haut employé des finances à Tours, que M. de Montbel avait destitué à cause de sa conduite dans les élections.

ce quidam déclarât devant moi *qu'il ne me reconnaissait pas*, je crois qu'il m'avait reconnu et le dis à mes gardiens.

Dans les premiers jours, je n'éprouvai pas de grandes difficultés à faire donner avis à ma famille de mon existence et du lieu où j'étais. La servante qui faisait mon lit et me servait à dîner, ne me prenant d'abord que pour un prisonnier ordinaire, consentit, moyennant argent, à porter plusieurs lettres à la poste; mais quand on sut à peu près qui j'étais, cette fille, endoctrinée ou intimidée par le maire, lui livra mes lettres. Voici dans quelles circonstances : dès que j'eus vu s'évanouir l'espoir d'un prompt élargissement, je m'étais occupé de faire parvenir de mes nouvelles à ma femme; la pensée des mortelles inquiétudes qu'elle devait éprouver sur mon sort était pour moi un supplice insupportable, et rien ne m'eût coûté pour la rassurer. J'avais heureusement soustrait quelques écus aux investigations du geôlier qui, d'ailleurs, je dois lui rendre cette justice, me témoigna tous les égards compatibles avec ses fonctions.

Lorsqu'on m'apportait à dîner ou qu'on faisait mon lit, un garde national entrait dans ma chambre et n'en sortait pas tant que je me trouvais en rapport avec la fille de service; malgré cette excessive surveillance, je parvins à faire comprendre à celle-ci, par des signes, ce que j'attendais de sa complaisance. Elle m'indiqua par les mêmes moyens qu'elle consentirait à me servir, et, dès le surlendemain de mon arrestation, un billet fut mis à la poste et porté à l'un de mes amis, qui ne pouvait manquer de reconnaître mon écriture, mais en termes assez vagues, pour qu'une trahison ne pût me porter préjudice et cependant donner la nouvelle de mon malheur; quelques autres lettres suivirent la même voie.

Aussitôt que ma femme connut ma triste position, elle se hâta d'envoyer près de moi son fils qui, accompagné d'un ami dévoué, put parvenir jusque dans ma cellule. Ce fut un moment bien doux et bien cruel en même temps que celui où j'embrassai ce pauvre enfant; je n'avais pu recevoir aucune nouvelle de sa mère, que j'avais laissée, le 28 juillet, souffrante et fort affaiblie par de récents chagrins..... Je n'osais parler d'elle à son fils, et mon premier mouvement fut d'examiner avec une affreuse anxiété si des vêtements de deuil ne me révéleraient pas une perte irréparable! Mais bientôt un billet glissé dans ma main, sans que les deux officiers de la garde nationale qui assistaient à notre entrevue s'en aperçussent, et un coup-d'œil jeté à la dérobée sur l'écriture me rassurèrent complètement.

Mon beau-fils me fit trois visites assez courtes, toujours en présence de la garde nationale; il put me donner à la dérobée un petit rouleau d'une vingtaine de louis et se proposait de rester près de moi plusieurs jours; mais on ne lui permit pas d'accomplir cette intention. Le maire vint m'avertir que des considérations *de haute importance* l'avaient obligé d'engager mon jeune homme à s'éloigner sur-le-champ. Son ami était déjà parti.

Je voulus alors écrire un mot à mon beau-fils, et la servante s'en chargea, comme des lettres précédentes; mais soit qu'elle craignît d'être découverte, soit que le don d'une pièce d'or, dont j'accompagnai le billet, lui fît supposer qu'il s'agissait de quelque grave secret, dont l'autorité lui donnerait un grand prix, elle porta ma missive au maire; celui-ci me la rapporta le lendemain, après l'avoir lue, et m'engagea à ne pas faire d'inutiles tentatives *pour corrompre des gens incorruptibles.* Du reste, il m'offrit obligeamment d'être lui-même l'intermédiaire de ma correspondance, pourvu que mes lettres lui fussent remises ouvertes, et qu'il prît connaissance de celles que je recevrais. J'acceptai cette proposition, ne fût-ce que pour masquer mes projets ultérieurs, et, par ce moyen, je reçus assez fréquemment des nouvelles de ma famille.

Il y avait cependant des choses que je ne voulais pas confier à M. le maire Bellengé, et je cherchai un émissaire plus fidèle que ma sotte servante ; je le trouvai bientôt, et voici comment : la petite chambre que j'occupais n'était séparée que par une cloison de briques, posées de champ, d'une autre chambre, où couchaient les enfants du geôlier, et qui servait, pendant le jour, de prison à une jeune fille de quatorze ans, accusée de complicité dans un assassinat, au sujet duquel, son père et sa mère, aussi détenus, devaient comparaître aux prochaines assises de Tours.

Deux prisonniers, ainsi rapprochés, ont bientôt fait connaissance, et la quatrième ou cinquième journée de ma détention n'était pas encore expirée que je savais tous les détails du fait imputé à ma jeune voisine, et surtout *l'injustice atroce* qu'on lui faisait, en la supposant capable d'un pareil crime. D'après ces détails, je demeurai, en effet, convaincu que *Marie Crocheton* était innocente; mais il pouvait bien n'en pas être de même de ses parents.

Je sus par cette enfant que la fille de service qui

m'avait trahi, avait une vieille mère fort prononcée contre la nouvelle révolution, et prenant un vif intérêt aux *ex-ministres*, arrêtés par la garde nationale de Tours. Cette bonne femme venait tous les dimanches voir sa fille, et l'aider dans son service. Je songeai que cette vieille pourrait se charger de ma correspondance; mais il fallait me confier à la petite causeuse, et quoiqu'elle me parût bien disposée, je voulus juger par l'inspection de sa physionomie de la franchise de son âme. Un clou, arraché du bois de ma fenêtre, m'en procura les moyens; à force de travail, et en m'écorchant passablement les doigts, je parvins à faire un trou dans la cloison de briques. Je vis ma jeune voisine tout à mon aise, et je pus étudier, sans qu'elle s'en doutât, le jeu de sa physionomie, lorsque je hasardai mes propositions. Cet examen fut entièrement favorable à Marie; je vis une petite figure fort irrégulière, plutôt laide que jolie, mais ouverte et animée par deux petits yeux pétillants de vivacité et de franchise. Décidé à me confier à cet enfant, je lui fis connaître le nouveau moyen de communication que j'avais établi entre nous, et nous pûmes causer à voix basse en appliquant alternativement la bouche et l'oreille au trou qui m'avait donné tant de peine. Nos arrangements furent bientôt faits, et, dès le dimanche suivant, la vieille promit tout ce qui lui fut demandé. J'usai sans plus de retard de ce nouvel intermédiaire en faisant passer mes lettres par une ouverture que je pratiquai sous mon lit, au bas de la cloison, et j'ai fait partir ainsi plusieurs lettres, qui toutes sont exactement arrivées à leur destination.

Les premiers jours de ma détention furent extrêmement pénibles, à cause des précautions excessives de mes gardiens. Messieurs de la garde nationale sont de rudes faiseurs de police, quand ils s'en mêlent. Ces braves gens craignaient, sans doute, que des *traîtres* ne se fussent glissés dans leurs rangs ; car plusieurs nuits de suite, chaque fois que le factionnaire de ma porte était relevé, le sous-officier ouvrait cette porte avec fracas, s'assurait que j'étais bien là, et me faisait reconnaître par le factionnaire nouveau, qui devait me remettre *en bon état,* sous la garde de son successeur. Cette aimable cérémonie, renouvelée à toutes les heures de la nuit, ne me permettait pas de dormir, et, si je n'en avais obtenu la suppression, je crois que je serais devenu fou en peu de temps ; mais, à force de réclamation, je fis comprendre aux honorables chefs de la force publique et au vénérable M. Bellangé que ces vérifications étaient tout à fait inutiles et même un peu ridicules. Dès lors, je n'eus plus à subir que le bruit du relèvement des factionnaires, au bas et en haut de l'escalier de bois qui conduisait à ma cellule.

Pendant près d'un mois que j'ai passé dans cette prison, je n'ai point eu à me plaindre du traitement auquel j'étais soumis.

Le concierge, brave homme, qui se disait de Caen, peut-être pour m'exciter à parler de cette ville, dont on savait que le ministre de l'instruction publique était originaire, fut toujours très-poli et même prévenant. Sa femme, jeune et belle personne, montrait aussi les dispositions les plus bienveillantes ; mais la garde nationale, qui paraissait se méfier de ces braves gens, ne leur permettait aucune communication particulière avec moi. Je dois, au reste, rendre justice à la troupe citoyenne : jamais sbires de police ou geôliers ne développèrent plus de sollicitude pour la conservation de leurs prisonniers. La surveillance de ces messieurs était de tous les moments ; dans le commencement, ainsi que je l'ai dit, chaque fois qu'un factionnaire était relevé, même pendant la nuit, ma porte était ouverte avec fracas, et un officier s'assurait que j'étais bien là !

La servante venait-elle faire ma chambre ou

m'apporter à manger, le factionnaire, placé en dehors de la porte, entrait et restait dans la chambre jusqu'à ce que cette fille fût éloignée : il se tenait là, pendant tout le temps de mon dîner, ou de la besogne du ménage, quelque sale qu'elle fût ; même précaution était employée dans mes communications avec le concierge. A mon entrée, on m'avait enlevé rasoirs et ciseaux, et ce ne fut qu'après trois semaines que j'obtins la permission de me raser : alors le concierge m'apporta un rasoir et une petite glace ; mais on exigea que je me fisse la barbe en présence de ce concierge et de deux gardes nationaux ; après quoi, on remporta l'instrument.

Enfin, tous les matins et tous les soirs, un ou deux officiers, accompagnés de plusieurs gardes nationaux, venaient s'assurer si leur prisonnier ne leur était pas échappé.

Honneur à la garde nationale de Tours, en fait de police de prisons! Honneur surtout à un monsieur Gasnier, officier de la garde nationale à cheval! ce sont de braves gens, je crois ; mais Dieu me préserve de me retrouver leur prisonnier!

Je n'avais pas voulu dire mon nom, et je persistai jusqu'au bout à réclamer celui de Barbier que portait mon passeport ; cependant, lorsque l'autorité ordinaire eut repris un peu d'aplomb, je demandai le préfet. C'était un M. d'Entraigues, à la famille duquel j'avais rendu quelques services à Limoges : je tâchai de lui persuader qu'en supposant que je fusse ce qu'on croyait, il devait se trouver heureux d'avoir dans mon passeport un prétexte plausible de me mettre en liberté et de pouvoir ainsi sauver ma tête. L'honnête administrateur ne comprit pas cela, ou n'avait pas assez de force pour faire cette bonne action, et je ne gagnai à ma démarche que de l'avoir à peu près mis dans ma confidence.

Un soir, on me fit descendre pour voir un monsieur de Limoges, qui, disait-il, *avait connu un officier de gendarmerie de mon nom de Barbier;* je reconnus très-bien cet homme pour l'avoir vu souvent à Limoges, et je crois qu'il me reconnut aussi, quoique, devant moi, il n'en fît rien paraître; car de ce moment les instances de M. Gasnier, pour m'arracher mon secret, cessèrent tout à fait.

Il y avait déjà plus de huit jours que j'étais en prison, lorsque j'appris les déplorables abdications de Rambouillet, et l'usurpation odieuse du duc d'Orléans; ces graves événements m'étaient restés complètement étrangers, lorsqu'un matin on me fit remettre à l'heure du déjeuner quatre ou cinq numéros du *Constitutionnel*, qui contenaient la relation de tout ce qui s'était passé depuis le 31 juillet.

Les abdications du Roi et de Monseigneur le Dauphin me frappèrent de stupeur, et pourtant, à la réflexion, elles ne me parurent que le digne couronnement de cette longue série de concessions et de faiblesses, qui nous avaient perdus. Le retrait des ordonnances du 25, au moment où la révolte venait de triompher; l'abandon des puissants moyens de résistance, qui restaient encore à Rambouillet, et qui auraient si fortement appuyé les mesures parlementaires qu'on aurait pu prendre à Tours, auraient dû me faire prévoir que ce drame terrible se dénouerait par quelque événement empreint du même esprit. Quoi qu'il en soit, ces malheureuses abdications jetées à la révolte sans préparation, sans qu'on se fût assuré que le droit de l'héritier légitime serait respecté, portaient un caractère de faiblesse et d'irréflexion qui dépassait tout ce que j'aurais cru devoir redouter; et même à présent, je ne puis me persuader que les conseils, dont le Roi et le Dauphin étaient entourés, aient inspiré cette impolitique mesure, sans en avoir bien mesuré les conséquences. Peut-être, en effet, y avait-il un traité secret pour la reconnaissance du jeune Roi, traité qui aura été violé, ou qu'on n'aura pas eu la force d'exécuter.....

TRANSLATION A VINCENNES.

Dans la nuit du mercredi 25 au jeudi 26 du mois dernier, je fus réveillé par le concierge qui m'annonça que j'allais être transféré à Paris et que je n'avais qu'un quart d'heure pour faire mes préparatifs. Pendant que je m'habillais, deux officiers venus de Paris entrèrent dans ma cellule; l'un d'eux, jeune homme de vingt à vingt-deux ans me dit qu'il était attaché à l'état-major de M. de Lafayette et qu'il était envoyé par le gouvernement pour protéger ma translation. Quelques instants après, on me fit descendre ; le maire, Bellangé, me prit officieusement sous le bras en sortant de la prison et me conduisit à la voiture : c'était une grande diligence à trois compartiments. On me plaça dans la rotonde, déjà pleine de gardes nationaux armés ; un officier de gendarmerie fut mis à mes côtés. J'appris que dans le corps du milieu était M. de Peyronnet, flanqué de plusieurs officiers venus exprès de Paris au nombre desquels était ce monsieur de l'état-major de Lafayette, et qu'on me dit se nommer Foy (c'est le neveu du défunt général), et que dans le coupé se trouvait M. de Chantelauze avec d'autres officiers. Enfin, une douzaine de gardes nationaux armés et en grand uniforme occupaient l'impériale. Ces *héros* de province étaient envoyés en députation auprès de leurs frères les *héros* de Paris, et chemin faisant, ils nous servaient d'escorte. Nous partîmes vers deux heures du matin le 26.

Le voyage fut assez calme, sauf quelques cris, *A bas Polignac!* dans presque toutes les villes et jusque dans les plus petits villages que nous traversâmes. Cependant, à Chartres, nous avons couru quelque danger ; le changement de chevaux ayant été un peu long et le peuple s'étant attroupé autour de la voiture, dans la cour des messageries, des menaces se firent entendre ; les officiers de Paris se mirent à la portière et voulurent pérorer, mais leurs voix furent couvertes par les cris, *coupons les traits.....* Si cette menace s'était réalisée, je ne sais ce que cette populace aurait fait de nous. Heureusement le postillon n'en laissa pas le temps ; il partit au grand galop, en se faisant faire place à coups de fouet. Quelques ingambes de la canaille coururent après la voiture et l'escortèrent en vociférant jusqu'à une petite distance de la ville, mais force leur fut bientôt de renoncer à cette poursuite.

Nous sommes arrivés à la barrière de Paris le vendredi 27, vers quatre ou cinq heures du matin ; nos conducteurs jugèrent à propos de ne pas traverser la ville ; ils nous ont amenés ici, en suivant les boulevards extérieurs.

En descendant de voiture, j'ai revu pour la première fois, depuis le 31 juillet, MM. de Peyronnet et Chantelauze ; j'ai pu aussi apercevoir le prince de Polignac, arrivé en même temps que nous de Normandie (Manche), où il a été arrêté au moment de s'embarquer.

On m'a fait entrer d'abord dans une grande chambre du pavillon de la Reine, dont la fenêtre donne sur le bois : comme j'approchais de cette fenêtre, le général qui commande le château m'a prévenu de ne pas trop me montrer, parce qu'une balle pourrait m'arriver du dehors. Cet avertissement m'a paru une pure gasconnade.

Deux heures environ après mon arrivée,

M. Barthe et un autre dont je ne sais pas le nom, sont venus me visiter pour s'assurer, sans doute, de ma présence dans cette nouvelle prison, et, plus tard, un huissier de la chambre des pairs m'a signifié un acte d'écrou.

Dans la journée, j'ai été tiré du pavillon et conduit dans mon logement actuel, au haut du donjon : c'est une chambrette de sept pieds de large sur à peu près douze de longueur, éclairée par une petite fenêtre, percée dans un mur de dix pieds d'épaisseur et garnie d'un double grillage de barreaux de fer assez gros.

Le trajet du pavillon au donjon s'est fait au milieu d'une foule de gardes nationaux rangés en haie. Les injures et les menaces ne m'ont pas été épargnées ; une voix s'est écriée : *il faut lui f.... un coup de fusil.*

Je sus en arrivant à ma chartreuse que mes trois collègues étaient logés au même étage ; mais nous étions tous au secret, et ce n'a été qu'après de vives instances que j'ai pu parvenir, le lendemain 28, à faire passer à ma femme un billet ouvert pour lui donner de mes nouvelles.

Le samedi 28, nous avons tous été interrogés par une commission de la chambre des députés, et le secret a été levé.

On m'a demandé dans le courant de cet interrogatoire *si j'avais conseillé les ordonnances du 25 juillet......* Après avoir longtemps hésité si je répondrais d'une manière catégorique, j'ai pensé qu'il ne convenait pas à mon caractère de rien déguiser *de ce qui me concernait personnellement,* et j'ai demandé à écrire ma réponse qui a été ainsi, autant que ma mémoire me le rappelle :

« Je n'ai jamais su faire de distinction entre la
« morale publique et la morale privée ; le Roi ne
« pouvait porter atteinte à la charte constitution-
« nelle sans violer ses serments, *et je n'aurais*
« *jamais consenti à signer les ordonnances dont*
« *vous me parlez, si je n'avais cru qu'elles étaient*
« *suffisamment autorisées par l'article 14. Je*
« *n'approuvais pas, il est vrai, les restrictions*
« *qu'on voulait apporter aux droits des électeurs,*
« et cette seule considération me détermina à com-
« battre le principe de l'ordonnance sur le système
« électoral. Quant à l'ordonnance sur la presse,
« elle n'avait pour objet que de suspendre l'exé-
« cution d'une loi, mesure qui, dans les cas
« d'urgence et lorsque le salut de l'état se trouve
« compromis, ne me semblait pas excéder les
« limites de la prérogative royale. Cependant je

« l'ai de même combattue, par le motif que le cas
« d'urgence ne me paraissait pas suffisamment
« avéré. J'émis dans le conseil l'opinion qu'il
« convenait de laisser réunir les chambres le
« 3 août, et de leur proposer les améliorations
« dont la législation sur la presse me paraissait
« susceptible. »

Soit que le commis-greffier ait sauté quelques lignes en copiant cette réponse, ou qu'en l'écrivant j'aie moi-même omis un membre de phrase, ce qui me paraît peu probable, soit que les journaux l'aient mal reproduite, j'ai remarqué dans ceux qu'on m'a apportés que tous les mots soulignés ci-dessus y manquent; de cette omission, il résulte un sens tout à fait contraire à ma pensée, car il semble que j'accuse le Roi d'avoir *violé la charte*, tandis que j'ai déclaré qu'il avait agi dans les limites de l'article 14.

Je m'assurerai de quel côté est l'erreur, et je ne manquerai pas de la faire rectifier.

A compter d'aujourd'hui 5 septembre, je ne tiendrai note que des faits et circonstances que je jugerai de quelque intérêt.

9 SEPTEMBRE.

Nous venons de subir un second interrogatoire : on ne m'a fait que des questions assez insignifiantes, et, d'après ce que m'ont dit mes compagnons de malheur, il ne paraît pas qu'on leur ait non plus demandé des renseignements d'un grand intérêt.

Nous avons peine à nous accorder sur la marche à suivre pour la défense, le prince n'a pas encore fixé son choix. Cependant, on parle de M. de Martignac. M. Peyronnet est à peu près décidé à mettre sa cause dans les mains de M. Hennequin, et M. Chantelauze veut faire venir un avocat de Lyon, nommé Sauzet, que j'ai entendu plaider à Grenoble où il déploya un admirable talent.

Quant à moi, je crois que le mieux serait de ne pas me faire défendre du tout et voici pourquoi : « la cour des pairs est évidemment incompétente, soit sous le rapport de sa composition actuelle, soit en foulant aux pieds le principe de l'inviolabilité royale. La chambre des députés s'est mise elle-même dans l'impossibilité d'invoquer contre nous la responsabilité ministérielle ; se défendre c'est en quelque sorte reconnaître, sinon la compétence qu'on peut toujours décliner, du moins qu'il y a un procès légalement intenté. Or, il n'y a ni procès, ni juges. Notre affaire est une monstruosité, une chose sans nom, et nos prétendus juges ne sont que des commissaires de fait sans aucun caractère légal.

« D'un autre côté, à quoi bon une défense ? Espère-t-on obtenir un acquittement ? C'est impossible. En provoquant des poursuites, la chambre des députés s'est imposé d'avance la nécessité de nous faire traduire devant la cour des pairs ; et celle-ci, assiégée par les exigences de la populace ameutée contre nous, exigences secondées et peut-être excitées par le gouvernement nouveau, qui croit avoir besoin de notre condamnation pour légaliser son usurpation, la cour des pairs se verra placée entre son existence et une condamnation inique : elle ne balancera pas....... Dans un tel état de choses, je crois qu'il ne nous reste qu'à illustrer notre perte par le développement d'un grand courage, et qu'au lieu de nous soumettre au triste rôle d'accusés, nous n'avons rien de mieux à faire que de prendre celui d'accusateurs. Assurément, ce parti est le plus noble; mais je ne serais pas loin de penser qu'il est aussi le plus sûr. »

Au reste, je doute que nous puissions nous entendre sur une résolution quelconque; des germes de division se sont déjà manifestés entre nous : M. de Peyronnet paraît avoir des motifs d'irritation contre le prince de Polignac; de mon côté, je ne suis pas content de l'oubli affecté par ces messieurs sur mon opposition constante aux mesures qui, mal concertées et plus mal exécutées, ont perdu la monarchie.

23 SEPTEMBRE.

Nous voilà *mis en accusation* par la chambre des députés; c'était inévitable, et je regarde également comme inévitable notre condamnation par la chambre des pairs, non à la peine de mort, car ces misérables-là, trop lâches pour être justes, ne sont pourtant pas capables de verser le sang, à moins toutefois que leur propre vie n'en dépende; mais nous serons bannis ou séquestrés du monde. A la volonté de Dieu ! mon sacrifice est fait.

Ce n'a pas été une petite affaire que de nous entendre pour l'organisation de la défense ; M. de

Martignac *s'est offert* pour le prince *ou a été prié* d'accepter sa cause ; il y a encore incertitude sur ce point. M. Peyronnet a pris depuis longtemps Hennequin, et Chantelauze s'est fixé au choix de M. Sauzet, de Lyon. Longtemps j'ai tenu à mon idée de ne point me faire défendre, et de me borner à exprimer, par quelques mots adressés à nos juges, mon opinion sur l'étendue de leurs droits et la nature de la cause ; mais on a tout fait pour me persuader que j'aurais tort de me séparer ainsi de mes coaccusés ; ma pauvre femme était si effrayée du danger de cette conduite et on lui a si bien persuadé que, défendu convenablement, il serait possible que je fusse absous, qu'il m'a été impossible de tenir à ma première résolution.

Ainsi forcé sur un point, je n'ai pas été plus libre sur le choix du défenseur ; d'abord, je voulais prendre Berryer, mais on a prétendu que la présence d'un royaliste aussi prononcé nuirait *à toute la cause*..... Un jeune avocat de Caen, M. Bardou, m'a écrit pour m'offrir ses services ; j'aurais volontiers consenti à l'appeler, mais on m'a objecté la nécessité de donner du poids à la défense par un nom déjà connu au barreau..... J'aurais désiré que M. Sauzet, de Lyon, se chargeât de ma défense en même temps que de celle de

Chantelauze ; mais on a persuadé à ma femme, que mon opposition constante aux fatales ordonnances rendait ma cause fort différente de celle de mes collègues, et qu'elle devait être plaidée tout à fait à part..... Fatigué de ces discussions, j'ai remis à mes amis le soin de choisir, et ils m'ont donné *M. Crémieux*, avocat de talent, mais fort libéral et même révolutionnaire. Cette couleur m'a vraiment revolté ; mais il m'a fallu, bon gré mal gré, céder aux instances de ma femme et de nos amis. Actuellement, je n'en suis pas fâché ; M. Crémieux me paraît homme d'honneur, et comprend bien ma position ; dès notre première entrevue, je lui ai dit *« que je n'entendais pas qu'il sortît de la bouche de mon avocat un mot irrespectueux pour le roi Charles X, ou désobligeant pour mes collègues dont la cause était la mienne, et que, si de mon opposition aux ordonnances il croyait pouvoir tirer quelques arguments en ma faveur, j'y mettais la condition expresse que ce serait sans qu'il en résultât la moindre insinuation défavorable à mes co-signataires. »* M. Crémieux a accepté ces conditions.

Ce matin, il a fait distribuer à la chambre des députés un petit imprimé inutile et qui n'a pas fait plaisir à ses co-défenseurs. Je lui recommanderai d'être plus circonspect, et de ne faire à l'avenir aucune démarche qu'elle n'ait été concertée avec eux.

J'ignore comment M. Peyronnet fera présenter sa défense ; mais je crains qu'il n'adopte un plan fâcheux pour le prince.

Il prétend que tout ce qui s'est fait depuis le 25 juillet lui est entièrement étranger, que le prince de Polignac s'empara ce jour-là de la direction de tout, et exigea que les rapports de la police lui fussent adressés. Si cela est vrai, le ministre de l'intérieur aurait été dès lors complètement annihilé, et la responsabilité morale des fautes sans nombre, des négligences inexplicables commises et dans les trois jours de lutte, et depuis, ne seraient imputables qu'au président du conseil.....

M. de Peyronnet fait aussi entendre que, s'il a signé les ordonnances, ce n'a été que pour *obéir aux ordres formels du Roi*..... Sur ce dernier point, je suis certain qu'il y a inexactitude. Loin de combattre les ordonnances, ce fut M. de Peyronnet qui les rédigea et en soutint la discussion dans nos conseils ; seul, je les combattis jusqu'au dernier moment, et quoique mon opposition ait été fort vive et quelquefois rudement exprimée, le Roi ne m'a témoigné aucun mécontentement ni manifesté une volonté contraire. Comment donc pourrais-je supposer qu'il ait agi autrement avec mes collègues ?

19 OCTOBRE.

Nous avons eu cette nuit une assez vive alerte ; j'ai été réveillé vers onze heures par un grand bruit et des cris, ou plutôt des vociférations, qui venaient du côté de la route de Paris. Je me suis levé, et j'ai pu voir par mon étroite fenêtre une grande foule sur la route, des feux ou des torches qui éclairaient les maisons en face du château, et j'ai entendu le tapage des cris de cette tourbe, sans pouvoir distinguer autre chose qu'un ton de menace et de fureur. Ce matin, nous avons appris qu'il ne s'agissait de rien moins, pour ces honnêtes parisiens, que de nous arracher du donjon et de nous mettre à la lanterne. Le général Daumesnil a montré beaucoup de fermeté, et, après avoir fait d'inutiles efforts pour faire entendre raison à cette canaille, il a fini par déclarer qu'il allait ouvrir la porte du château, mais qu'ils n'en seraient pas plus avancés parce que, plutôt que souffrir qu'ils enlevassent ses prisonniers, il ferait sauter le magasin à poudre (1). Cet argument a paru bon à l'*héroïque* populace et elle s'est retirée pour aller achever son drame au Palais-Royal.

26 OCTOBRE.

Nous avons été interrogés, ce matin, par les commissaires de la cour des pairs. Pour que mes réponses ne soient ni tronquées ni dénaturées, j'ai désiré les dicter moi-même au greffier. Je crois avoir bien clairement expliqué la part que j'ai prise aux ordonnances, et maintenant je ne m'inquiète guère de l'issue qu'aura ce procès.

Mes compagnons paraissent mécontents de ce que j'ai dit que les ordonnances avaient été rendues contre mon avis. J'en suis fâché ; mais, d'une part, ayant à m'expliquer sur mes actes personnels, je ne pouvais mentir, et, d'un autre côté, j'étais trop intéressé *moralement* à ce que mes amis sussent bien que j'avais entrevu le danger de ces mesures précipitées, et surtout *mal exécutées*. Nous avons en ceci deux sortes de responsabilités à

---

(1) Il renfermait alors près de 500 milliers de poudre.

subir : l'une, *matérielle* aux termes de la charte : celle-là, je l'ai encourue par le seul fait de mon contre-seing aux ordonnances, et je n'entends nullement la décliner ; l'autre, purement *morale*, indépendante du fait même de la signature, et qui doit être mesurée à la part que chacun a prise dans les actes ministériels, et je ne veux de celle-ci que la portion qui m'en échéait réellement.

J'entrevois que notre collègue Peyronnet voudrait rejeter sur le Roi une grande partie de ces deux sortes de responsabilités, et faire croire que les ministres n'ont fait qu'*obéir, par excès de dévouement à des ordres presque irrésistibles ;* ce fait est faux : nous avons tous délibéré très-librement, et je ne manquerai pas de le dire haut et ferme, tant pour rendre hommage à la vérité que pour éviter d'accroître les mauvaises impressions jetées dans le public sur le compte de l'auguste famille.

Maintenant, si on voulait m'en croire, notre attitude devant la prétendue cour des pairs n'aurait rien de commun avec le caractère d'*accusés :* une seule défense nous convient, et si on ne m'avait en quelque sorte obligé d'accepter un défenseur, je l'aurais prononcée pour moi-même à peu près ainsi :

« Accusé d'avoir violé la charte, par des hommes
« qui l'ont foulée aux pieds, je n'essaierai pas une
« défense, qui pourrait faire supposer que j'ad-
« mets la légalité de l'accusation : cette accusation
« ne pourrait être fondée que sur le principe *de la*
« *responsabilité ministérielle ;* or, cette responsa-
« bilité a cessé d'exister, le jour où des députés,
« abusant de leur mandat, et des pairs de France,
« oubliant tous leurs serments, ont méconnu
« l'inviolabilité royale !.....

« D'un autre côté, responsable comme ministre,
« je ne pouvais être traduit que devant la cour des
« pairs, constitutionnellement formée. Or, en an-
« nulant par un acte purement révolutionnaire
« toutes les nominations à la pairie, faites depuis
« cinq ans, le pouvoir nouveau a brisé la chambre
« des pairs ; il l'a réduite à n'être plus qu'une
« commission, pour le jugement qu'il croyait
« avoir besoin d'obtenir. Les chances ne pour-
« raient être ramenées sous ce rapport, à une
« indispensable égalité, qu'autant que le droit
« me serait donné de récuser, parmi vous, un
« nombre de juges au moins pareil à celui des
« juges *constitutionnels,* qu'on m'a violemment
« ôtés. En me déniant ce droit, on m'autorise
« à déclarer hautement que je ne me tiens pas

« pour légalement accusé et que je ne vous re-
« garde que comme des commissaires choisis *par
« voie d'élimination*.....

« Dans un tel état de choses, quelle est ma
« position devant vous? La voici en deux mots :
« *la légitimité a été vaincue dans le combat
« qu'elle a été forcée de livrer à la révolution;
« serviteur de la légitimité, j'ai succombé avec
« elle, et je suis votre prisonnier. Vous pouvez
« abuser de la victoire et prendre ma vie; mais
« je ne descendrai pas jusqu'à vous disputer ce
« dernier triomphe...* »

Tel serait à mon avis le genre de défense (sauf la forme plus ou moins soignée), qui seul nous conviendrait. *Mes co-accusés* pensent différemment, ils veulent qu'on fasse bavarder des avocats; ils prétendent même que nous devons nous abstenir entièrement de parler nous-mêmes; soit! je ne veux faire ni plus ni moins que les autres, mais j'en suis fâché.

19 DÉCEMBRE.

Nota. — M. de Peyronnet, qui avait le plus insisté pour un noble et digne silence, vient de lire pour sa défense une longue homélie accompagnée d'inflexions de voix pathétiques, et même de larmes ! ! !.....

Note A.

HAM, 13 SEPTEMBRE 1831.

M. Chantelauze vient de me donner de curieux détails sur la formation du ministère du 8 août et la modification du 19 mai. Je cite ses propres paroles :

« Lorsque le Roi eut résolu de congédier le mi-
« nistère Martignac, nous fûmes appelés, *Labour-*
« *donnaye, Montbel* et moi, pour donner notre
« avis sur la composition projetée d'un nouveau
« ministère, et, après un mûr examen de la com-
« position de la chambre, convaincus qu'aucun
« ministère ne pourrait s'y former une majorité,
« nous conseillâmes au Roi d'appeler aux affaires
« le prince de Polignac vers lequel se portait déjà
« son inclination. Montbel et Labourdonnaye dési-
« rèrent entrer dans le nouveau cabinet : le Roi
« me proposa à moi-même le portefeuille de la jus-
« tice ; mais je refusai et proposai de placer là
« M. Ravez, et, à son refus, Courvoisier.

« Lorsque Labourdonnaye se retira, on m'offrit
« encore d'entrer au ministère, je refusai parce

« que j'étais convaincu qu'il n'y avait moyen de
« sortir de la crise qu'en recourant à l'article 14,
« et que je savais que ce parti vigoureux ne con-
« viendrait ni aux autres ministres, ni au Dauphin.

« Au mois d'avril 1830, le Roi me fit de nouveau
« proposer les sceaux que Courvoisier voulait
« remettre, et je persistai dans mes premiers
« refus.

« Enfin, au mois de mai, Monseigneur le Dau-
« phin, en revenant de Toulon, se détourna pour
« passer à Grenoble et me faire de nouvelles pro-
« positions : je résistai d'abord; mais lorsque j'eus
« exposé mon système au Dauphin, et qu'il m'eut
« dit que mes vues étaient celles du Roi et du
« prince de Polignac, je me laissai gagner; seule-
« ment je mis pour condition expresse à mon en-
« trée au conseil, que Peyronnet y entrerait en
« même temps : je n'avais pas de relations person-
« nelles avec lui, je savais même que le Roi et le
« Dauphin avaient une grande répugnance à le
« rappeler aux affaires, mais je le regardais comme
« un homme *d'exécution ;* il avait montré assez de
« fermeté dans son ministère, il avait d'ailleurs du
« talent de tribune et de l'expérience, et, sous
« tous ces rapports, il me semblait convenir émi-
« nemment au plan que je proposais ; cette condi-

« tion acceptée par le Dauphin, je le suivis presque
« immédiatement à Paris.

« Au moment même de la modification ministé-
« rielle, il fut question de s'assurer que le recours
« à l'article 14 n'éprouverait pas de difficulté lors-
« qu'il serait proposé au conseil, et pour cela on
« eut l'idée de faire prendre l'engagement *écrit*
« aux trois nouveaux nommés, Peyronnet, Capelle
« et moi, d'appuyer cette mesure dans le conseil ;
« mais ensuite on pensa qu'une parole suffisait, et,
« en effet, *nous nous y engageâmes formellement.* »

Voilà mot pour mot ce que Chantelauze vient de me dire ; j'en parlerai au prince.....

7 MARS 1832.

L'occasion de vérifier par le prince ce que m'avait dit Chantelauze, vient de se présenter ; mais je n'en suis pas plus avancé.

Les refus de Chantelauze d'entrer au ministère antérieurement au mois de mai 1830 sont exacts ; il est vrai encore qu'il mit pour condition à son entrée que M. de Peyronnet serait en même temps appelé ; il est très-vrai, enfin, que le Dauphin, qui avait une grande confiance en Chantelauze, passa à Grenoble, exprès pour le déterminer à accepter le portefeuille, et céda au désir de celui-ci que Peyronnet entrât avec lui, malgré l'éloignement que le Dauphin, et même le Roi, avaient pour l'ancien garde-des-sceaux; mais le prince ne convient pas *de l'obligation imposée aux nouveaux venus d'appliquer l'article 14.* Il n'a jamais entendu parler d'un engagement écrit. *Quant à la promesse verbale*, tout ce qu'il en sait, c'est que, prévoyant lui-même à quelle extrémité le gouvernement pourrait être réduit, il demanda à ces messieurs *si, dans le cas où il deviendrait nécessaire de prendre des mesures énergiques, ils auraient quelque répugnance à faire l'application de l'article 14.....* Aucun n'hésita à déclarer qu'il ne ferait pas la moindre difficulté sur ce point, et même Peyronnet ajouta *que, depuis longtemps, il était profondément convaincu que le gouvernement ne pourrait échapper à sa ruine qu'en faisant un vigoureux usage de cet article.*

Il y a dans tout cela un louche que j'essaierai d'éclaircir. Au reste, le prince m'a très-positivement assuré que, loin de se faire prier pour entrer au ministère, M. de Peyronnet montra une grande impatience de quelques retards, occasionnés par la difficulté d'arranger un portefeuille pour M. Capelle, que le Roi voulait faire entrer en même temps. Il y a loin de là à ce que répandent en ce moment les amis de Peyronnet et à ce qu'il m'a plus d'une fois raconté lui-même.....

« Qu'il ne voulait point rentrer aux affaires
« en 1830, et que, dès qu'il eut vent de l'inten-
« tion du Roi de le rappeler, il fit ses préparatifs
« pour se réfugier à Montferrand, mais qu'on ne
« lui en laissa pas le temps, et que, pressé par
« les sollicitations du prince de Polignac et les
« instances du Roi, il n'accepta que par excès de
« dévouement..... »

15 NOVEMBRE 1834.

Voici une curieuse rouerie de M. de Peyronnet, racontée par la personne même qui a joué le rôle d'auditeur :

Cette personne tenait de MM. de Rességuier et Dudon que Peyronnet avait combattu de toutes ses forces le système des ordonnances du 25 juillet, et en exprimant à celui-ci les plus vives sympathies, elle appuyait sur la noblesse du dévouement qui l'avait porté à contresigner ces ordonnances, que pourtant il n'approuvait pas..... *Ah! vous le sa-*

vez!..... s'écrie Peyronnet d'un air étonné. — « Oui..... MM. Rességuier et Dudon, vos amis, « m'ont conté votre énergique résistance et votre « héroïque résignation. » — « Ils n'ont pu tout « vous dire et je puis vous faire connaître une cir- « constance qui vous fera voir le peu de fonds « qu'il faut faire sur les jugements humains. On « me loue comme d'un acte de noble courage « d'avoir contre-signé les ordonnances et ainsi en- « gagé ma tête pour des actes que je blâmais. Eh « bien ! cet acte fut de ma part une véritable « *lâcheté.....* oui ! *une lâcheté.....* Vous allez en « juger : le Roi venait de signer ces ordonnances, « les feuilles venaient de m'être présentées pour « le contre-seing ; je songeais à les repousser, et je « délibérais en moi-même si cette dernière dé- « marche de la part d'un homme dont le dévoue- « ment était si bien éprouvé, et que recommandait « une assez longue expérience des affaires, n'ou- « vrirait pas les yeux du Roi et du conseil. Dans « ce moment d'hésitation, j'entends Monseigneur « le Dauphin, dire à l'oreille de son père : *il ne* « *signera pas par poltronnerie.....* *Ce mot de pol-* « *tronnerie*, ce doute outrageant du motif qui pou- « vait me déterminer, m'inspirèrent la plus vive « indignation ; ma tête s'égare et je signe !..... Avec

« plus de courage j'aurais bravé l'injurieux soupçon
« du Dauphin..... Vous le voyez donc, j'ai raison
« de confesser que j'ai signé par lâcheté..... »

Tout cela (j'ai cité textuellement ou à peu près, d'après le récit que m'a fait le prince auquel l'auditeur le répéta peu de temps après l'avoir entendu), tout cela est un tissu de faussetés.

1° M. de Peyronnet n'a jamais combattu la proposition des ordonnances; il est vrai qu'il se réunit à moi pour montrer les inconvénients du système dont elles étaient les voies d'exécution, lorsqu'il fut pour la première fois question de ce système, le 29 juin, à la chancellerie; mais, lorsque quinze jours environ après cette première ouverture, ce même système fut officiellement proposé, il l'adopta complètement, sans réserve, et avec tant d'ardeur que ce fut lui qu'on chargea de rédiger les projets d'ordonnances.

2° Monseigneur le Dauphin ne pouvait chercher à influencer d'une manière quelconque la détermination relative à l'adoption de ces ordonnances, puisque lui-même ne les approuvait que médiocrement. Lorsque, dans je ne sais plus quelle séance du conseil, j'eus développé tous les motifs qui me portaient à repousser ces mesures, le Dauphin dit : « Je serais fort enclin à préférer le système

« de M. de Guernon, comme *plus légal* et peut-être
« *plus sûr ;* mais la majorité en décidant autrement,
« il faut bien se soumettre. »

Et après le conseil, il vint à moi et me dit en riant : « Vous vous êtes bien défendu, mon cher
« Guernon, mais nous sommes battus par le
« nombre. »

Quant au propos, *il ne signera pas par poltronnerie,* nul de nous n'a rien entendu de semblable, et cependant le prince de Polignac et Chantelauze étaient plus que Peyronnet à portée d'entendre ce que le Dauphin pouvait dire au Roi. En effet, le Dauphin était placé au conseil à la droite de son père, le président à gauche ; à côté du Dauphin se trouvait Chantelauze et après lui Peyronnet.

Enfin, une petite circonstance que Peyronnet ignore sans doute et qui gâte tout ce conte de *propos à l'oreille,* c'est que, depuis quinze ans, notre pauvre Charles X *est complètement sourd de l'oreille droite.* JE DIS COMPLÈTEMENT SOURD : et comme je viens de l'expliquer, le Dauphin était toujours placé *à sa droite.*

Note B.

La nomination du duc de Raguse au commandement de la première division militaire à l'occasion des troubles, suscités par l'apparition des ordonnances, ne fut pas le résultat d'un choix spontané du Roi. Le prince de Polignac m'a raconté, ce matin, que ce choix avait été d'avance expressément recommandé par M. de Bourmont, avant son départ pour l'Afrique, et voici à cet égard les propres paroles du prince :

« Lorsque Bourmont fut sur le point de partir,
« il m'entretint plusieurs fois de la possibilité que,
« pendant son absence, le gouvernement fût
« contraint de prendre des mesures énergiques
« contre les révolutionnaires. Dans ce cas, me
« dit-il, vous n'avez qu'un homme sur lequel vous
« puissiez compter pour une répression énergique,
« c'est Marmont : Macdonald est trop vieux ;
« Bellune est trop gouteux. D'ailleurs, Marmont
« est essentiellement compromis avec les bonapar-
« tistes et les républicains qui ne lui ont pas
« pardonné sa conduite de 1814 et 1815. La cause
« de la Restauration est devenue la sienne, et nul

« ne la défendrait avec autant d'ardeur que lui.....
« Bourmont me répéta plusieurs fois cette recom-
« mandation, et le jour même de son départ,
« lorsque je fus lui faire mes derniers adieux, il
« me dit encore en me quittant pour monter en
« voiture : *souvenez-vous de ce que je vous ai dit ;*
« *si vous avez quelque mouvement à réprimer,*
« *Marmont est votre homme, ne songez à aucun*
« *autre*..... Telle fut la nomination du duc de
« Raguse, nomination fatale qui a tout perdu ! »

J'ignore si le maréchal Marmont avait donné à Bourmont des assurances propres à motiver l'extrême confiance dont je viens de citer les expressions ; mais voici une anecdote qui aurait dû prémunir le Roi contre les dangers d'un tel choix. Le général *Curial* s'était franchement rallié au gouvernement légitime, et professait surtout un attachement profond pour la personne du Roi. Quelques mois avant les ordonnances, ses médecins lui ayant prescrit l'usage des eaux minérales, il fut prendre congé de Charles X, et lui parla en ces termes :

« L'état déplorable de ma santé ne me laisse
« pas l'espoir de jouir longtemps des bontés du
« Roi ; peut-être même est-ce aujourd'hui la der-
« nière fois qu'il me sera donné de lui exprimer

« ma respectueuse reconnaissance ; que le Roi me
« permette de lui donner à ce titre un conseil que
« je crois important. Il existe une conspiration
« étendue, puissante, non contre la personne de
« Sa Majesté qui est généralement chérie, mais
« contre la légitimité, qu'un parti redoutable par
« le nombre de ses affiliés et par sa résolution, a
« juré de renverser. Si ce parti, essayant de
« réaliser ses projets, forçait le gouvernement du
« Roi à se défendre par les armes, que votre
« Majesté n'accorde pas trop de confiance à
« Marmont ; des quatre majors-généraux de la
« garde, il serait le dernier à employer dans
« une mission de cette nature. Il a beaucoup à
« racheter auprès du parti révolutionnaire, et,
« d'ailleurs, les meneurs de ce parti ont su lui
« lier les mains..... »

Le conseil du fidèle Curial fut oublié dans le moment critique !.....

Au reste, quels que soient les torts du duc de Raguse, quoi qu'on ait dit de son inconcevable conduite dans les trois journées, de la mollesse de son action, de l'évacuation du Louvre, bien positivement ordonnée par lui, de l'abandon des Tuileries et du Carrousel, quelques heures après qu'il nous avait chargés de transmettre au Roi l'assurance *qu'il tiendra plusieurs semaines dans ce poste inexpugnable,* et surtout de cette honteuse guerre de pots de chambre dans laquelle il compromit la garde pendant toute la journée du 28, lorsqu'il avait à Vincennes trente pièces de canon attelées qui auraient par leur seule apparition comprimé la révolte en quelques heures, je ne puis croire qu'il se soit souillé par une trahison.....

On a fait courir le bruit que son inconcevable négligence, qui laissa la troupe vingt-quatre heures sans vivres, et qui exposa des bataillons entiers au feu meurtrier de l'ennemi sans pouvoir riposter faute de cartouches, que son étrange recommandation à la garde et à l'artillerie *de tirer en l'air*, et enfin sa retraite précipitée le jeudi matin, avaient été achetées par Laffitte et consorts, au prix d'un million, avec lequel ils retirèrent de la circulation et remirent au maréchal les lettres de change qu'il ne pouvait acquitter.

Je ne crois pas à cette infamie.

Le malheur du maréchal s'explique plus naturellement par sa position politique et sociale : compromis avec tous les révolutionnaires par ce qu'ils appelaient *ses trahisons de 1814*, il était pourtant lié avec tous les principaux chefs de ce parti, soit à cause de ses entreprises commerciales, soit à cause de ses relations académiques ; de là, sans doute, l'extrême mollesse de ses premiers actes dans les tristes journées de juillet. Il craignait de se commettre trop fortement *avec ses amis ;* il sentait que son triomphe serait la ruine complète de ceux-ci ; peut-être aussi espérait-il racheter *à force de modération ses torts de 1814 et 1815.*

Cette indécision s'accrut encore et peut-être prit un caractère plus coupable, par suite de ses longs entretiens du mercredi avec M. Arago, *son ami,* et quelques autres qui firent les plus grands efforts pour l'entraîner dans ce qu'ils appelaient *le parti du peuple.*

On crut à St-Cloud à quelque chose en plus que de la faiblesse, lorsqu'on y connut la proclamation que le maréchal fit publier aussitôt après le retrait des ordonnances, et voici ce qui se passa à cette occasion.

Monseigneur le Dauphin avait été nommé au conseil du matin généralissime des troupes ; cependant le maréchal, qui n'avait pas adressé aux parisiens un seul mot de proclamation pendant l'effroyable lutte des journées précédentes, en fit une assez maladroitement conçue, aussitôt qu'il connut, par *Sémonville,* le retrait des ordonnances, et la publia sans consulter le Dauphin.

Le soir, le Dauphin fit appeler le maréchal pour expliquer sa conduite ; ils étaient seuls tous deux dans le salon vert. Après quelques paroles vives, le Dauphin s'écria : *Est-ce que vous voulez nous trahir aussi.....?* A ce mot, le maréchal porte la main à son épée ; le prince, qui voit le mouvement, s'élance, arrache l'épée du fourreau, en se blessant légèrement à la main, et, la jetant sur le parquet, il saisit le maréchal au collet et le renverse sur un canapé en appelant à lui les gardes qui se trouvaient dans la pièce voisine. A ce même moment, l'officier de service, accouru au bruit, ouvrait la porte du salon. Le prince lâcha le maréchal, et ordonna à l'officier de l'arrêter et de le conduire aux arrêts forcés dans sa chambre.

Le Roi, instruit de cette étrange scène, en fit quelque reproche au Dauphin, et exigea qu'il se réconciliât avec Marmont ; ce dernier fut immédiatement appelé et fit quelques excuses au Dauphin, qui lui pardonna aisément et lui dit : « *J'ai quelques torts moi-même, j'ai été trop vif, mais votre épée m'a tiré du sang ; ainsi nous sommes quittes, et il lui tendit la main avec bonté.* »

Voici sur Marmont un fait curieux que m'a raconté le prince, assuré, dit-il, *de son exactitude.*

Lorsque Bourmont fut nommé commandant de l'expédition d'Afrique, Raguse, qui avait *compté* sur cette belle mission, fut lui porter des plaintes d'avoir été presque trompé dans des espérances que lui, Bourmont, avait excitées et nourries ; celui-ci se retrancha derrière *la volonté du Roi,* et promit à Raguse tous les dédommagements qui dépendraient de lui. Lorsque le maréchal prit congé, Bourmont s'approcha comme pour lui donner l'accolade, et lui glissa dans la main un paquet de billets de banque ; le prince *croit* qu'il y en avait pour une somme considérable ; il est sûr qu'il n'y avait pas moins de quarante mille ou même quatre-vingt mille francs.

Raguse empocha ; mais, à peine sorti de l'hôtel, il disait à un ami, en serrant les poings : « Faut-il que ma position soit si malheureuse, que je me sois vu forcé d'accepter de l'argent d'un homme qui me vole un si beau commandement !...... »

Conçoit-on que Bourmont ait osé hasarder le don !.....

Conçoit-on que Raguse ait pu l'accepter !.....

Quelles sont donc les ressources d'un ministre sans fortune personnelle, qui peut disposer d'une somme aussi forte en dehors de son budget ?.....

Y avait-il à la guerre une caisse de fonds secrets ?

TROISIÈME PARTIE.

JOURNAL DE HAM.

EXTRAITS.

NOTE PRÉLIMINAIRE DE L'ÉDITEUR.

Les deux premières parties de ce volume donnent tout ce que contient le manuscrit légué à la bibliothèque de Caen par M. le comte de Guernon-Ranville. Nous empruntons la troisième à un recueil d'environ 300 pages, fait, avec le soin pieux d'un fils, par un neveu dévoué à la mémoire et à l'honneur de son oncle, par M. Colmiche, qui a mis à notre disposition et sa copie et les manuscrits autographes sur lesquels il l'avait faite. En suivant l'ordre du recueil, nous n'y avons pris que ce qui se rapporte aux années du ministère de l'auteur et de sa détention à Vincennes et au Ham, sauf des anecdotes et des réflexions qui nous ont semblé présenter quelque intérêt. Nous avons renvoyé à un Appendice diverses pièces relatives à son entrée dans le conseil et à son procès devant la cour des pairs en décembre 1830.

FORT DE HAM, 16 FÉVRIER 1834.

Lorsque nous fûmes amenés ici, j'avais le projet de reprendre la suite du journal que j'avais tenu pendant mon ministère ; la manière extrêmement incommode dont nous fûmes logés pendant les premières semaines ne me le permit pas ; plus tard, mes compagnons paraissaient si convaincus que nous n'avions que quelques mois à passer en prison que, malgré ma conviction personnelle que notre captivité durerait des années, je me laissai aller à penser qu'il n'était guère la peine de reprendre un travail *de peu de durée;* cependant la quatrième année touche à son terme et rien n'annonce notre prochaine libération. Je ne veux plus ajourner l'exécution de mon premier projet, et, à compter d'aujourd'hui 16 février 1834, je consignerai jour par jour les faits dont je voudrai conserver le souvenir. Mais d'abord, et pour réparer autant que je le pourrai le temps perdu, je veux rappeler en peu de mots les rares circonstances de quelque intérêt qui ont rempli le temps passé depuis le jour de notre condamnation.

Les débats de ce funeste procès n'offriront, en ce qui m'est personnel, qu'une circonstance dont j'aie été frappé.

Dès l'origine, j'avais eu la conviction qu'il ne nous convenait pas de nous faire défendre, et j'essayai de faire partager cette opinion à mes collègues; tous furent d'un avis contraire et choisirent des défenseurs. Ne voulant pas faire autrement que les autres, je me résignai et je pris le parti de remettre ma défense aux mains de M. Sauzet, qui venait de Lyon pour plaider en faveur de M. Chantelauze. Ma femme et mes amis, instruits de cette détermination, la blâmèrent fortement; ils étaient convaincus que, à raison de mon opposition constante aux ordonnances, ma cause différait essentiellement de celle de mes *co-accusés* et devait être confiée à un avocat particulier. J'étais loin de partager cette pensée et moins encore l'espoir dont on en faisait le fondement. *j'avais signé les ordonnances;* là était le corps du prétendu délit, et rien ne pouvait me soustraire à la responsabilité encourue. Je cédai pourtant aux sollicitations des personnes que j'aimais; on me choisit M. *Crémieux*, avocat habile et fort libéral ; je l'acceptai (1).

Mes recommandations à M. Crémieux se bornèrent à ce peu de mots : *égards pour mes collègues, respect pour la royale famille proscrite.*

Il voulait séparer entièrement ma cause de celle des autres, me représenter comme ayant formé opposition constante aux vues du ministère du 8 août. Je n'y consentis pas et l'autorisai seulement à tirer parti de mon *non-concours (par voie de conseil)* aux ordonnances incriminées.

Il y eut à Vincennes plusieurs conférences entre nous quatre et les avocats, surtout avec MM. Martignac et Hennequin, pour la fixation d'un plan de défense commune ou tout du moins concertée ; on ne put jamais s'entendre.

M. de Peyronnet était furieux contre le prince qui, disait-il, l'avait mis dans cette triste position.

Il me conta qu'on l'avait presque violenté pour le faire entrer au ministère.

Quant aux inexplicables négligences qui signalèrent la lutte des trois jours, il me dit que le dimanche 25 juillet, en sortant du conseil, le Roi lui dit : « Ah ça ! il est convenu avec le prince de

---

(1) Ma femme lui a donné 4,000 fr. pour ses honoraires après l'arrêt.

« Polignac qu'il se charge de toutes les mesures
« d'exécution et que c'est avec lui directement
« que correspondra le préfet de police. »

Le prince lui-même lui répéta presque les mêmes mots, et lui dit que M. Mangin allait être averti d'envoyer tous ses rapports à l'hôtel des affaires étrangères.

De son côté, le prince nie formellement tous ces faits : il m'a raconté que M. de Peyronnet exprimait, au mois de mai, le plus vif désir d'entrer au ministère, qu'il s'impatientait des lenteurs que le nouvel arrangement éprouvait, et menaçait de quitter Paris, pour se retirer chez lui, à Montferrand, si on n'en finissait pas.

Du reste, cette entrée de M. de Peyronnet n'eut lieu que sur les instances de M. Chantelauze, qui déclara ne vouloir entrer qu'avec lui ; le Dauphin n'en voulait pas entendre parler, mais il regardait Chantelauze comme indispensable et céda.

Quant aux propos du Roi et aux siens sur la concentration des pouvoirs dans les mains du président du conseil, le prince les nie absolument.

L'instruction du procès jeta beaucoup de froid entre nous : Peyronnet en voulait au prince qui, disait-il, était cause de tout le mal, faute d'avoir pris les précautions nécessaires pour assurer l'exécution des ordonnances ; de mon côté, j'étais fort mécontent du prince et de Chantelauze, qui ne voulaient pas reconnaître que j'avais combattu jusqu'au dernier moment le système de ces malheureuses ordonnances. Je savais bien que cela ne pouvait exercer aucune influence sur le résultat du procès ; mais je tenais à ce que les royalistes sussent la conduite que j'avais tenue, et puis j'avais avancé ce fait dans mes interrogatoires, et je me trouvais blessé de la réticence de mes collègues qui, par leur silence à cet égard, jetaient des doutes sur ma véracité.

Ce fut dans ces fâcheuses dispositions que nous passâmes trois mois et demi à Vincennes.

Lorsque la cause fut définitivement fixée, nous agitâmes la question de savoir si nous laisserions tous le soin de la défense aux avocats et si chacun de nous n'ajouterait pas quelques mots ; il fut reconnu que *nous n'avions rien de mieux à faire que de garder le silence.*

L'ouverture des débats ayant été indiquée au 15 décembre, nous fûmes transférés de Vincennes au Luxembourg le 10, au point du jour, et notre garde fut remise à MM. Feisthamel et L'Advocat. Tous deux s'en acquittèrent avec les plus grands égards.

Le jour où les plaidoieries devaient être ouvertes, j'avais pu juger, par l'attitude de la chambre, que notre arrêt était déjà fait; cette conviction me ramena à ma première idée de ne pas me défendre, et de dire seulement quelques mots sur *l'incompétence de la chambre, l'illégale récusation de cent des anciens pairs et l'absurdité de vouloir nous rendre responsables aux termes d'une charte déchirée et lorsque l'inviolabilité royale avait été foulée aux pieds.* J'écrivis une longue lettre dans ce sens à M. Crémieux; puis les larmes de ma femme qu'on avait flattée de l'espoir de mon acquittement, la crainte de nuire aussi à mes collègues me firent encore changer, et ma lettre ne fut pas envoyée.. J'en eus bien du regret lorsque j'eus entendu M. de Peyronnet lire son apologie, malgré ce qui avait été convenu; il n'était plus temps.

Pendant que la cour délibérait, le 22 décembre au soir, on nous ramena à Vincennes. Le transport ne fut pas sans danger; le peuple était tellement exaspéré que, si le moindre obstacle avait obligé la voiture de s'arrêter, nous aurions été infailliblement massacrés.

Au moment de notre départ du Luxembourg, il se passa un fait assez singulier : MM. Feisthamel et

L'Advocat nous firent descendre par des passages qui conduisaient à une issue, dans une petite rue qui longé le palais et dont je ne sais pas le nom ; là se tenait tout près d'une petite porte la voiture de M. de Montalivet avec l'escorte qui était commandée par le général Fabvier. Pour arriver à cette porte en sortant d'un corridor étroit, il fallait traverser une petite cour, puis une salle occupée par une escouade de grenadiers de la garde nationale : ces hommes étaient fort mal disposés. Feisthamel nous laissa dans le corridor avec L'Advocat pour aller les préparer à nous laisser sortir ; mais ses précautions oratoires étant mal accueillies, après un assez long temps il prit le parti de les faire mettre sous les armes et ranger en double haie dans la petite cour ; aussitôt que cette disposition fut terminée, la porte s'ouvrit et nous passâmes au milieu de la haie ; un mot, un mouvement de ces hommes pouvait nous faire fermer le passage et nous étions perdus ; pris à l'improviste et retenus par leur position de service, ils nous regardèrent passer sans mot dire, et quand la réflexion leur donna le regret de ne nous avoir pas arrêtés, nous étions déjà sur la route de Vincennes.

Le greffier de la cour vint le 23, de grand matin,

nous lire l'arrêt. Le prince n'était pas levé, nous nous réunîmes dans sa tourelle. A l'air sombre et triste de M. Cauchy, je crus un moment que nos têtes devaient tomber ; d'autres que moi le croyaient aussi, et cette pensée m'expliqua la *joie* de Chantelauze qui, après la lecture, me dit d'un air enchanté : *Eh bien ! mon cher, nous aurons le temps de faire des parties d'échecs.* Quant au prince, je crois que la prison perpétuelle lui parut d'une *grande douceur;* Peyronnet ne dit pas un mot et ne laissa paraître aucune émotion : malgré la violence de son caractère, cet homme se possède à merveille.

Nous passâmes encore cinq jours à Vincennes ; le 28, vers deux ou trois heures du matin, on vint nous chercher pour nous transporter dans la prison où nous devions subir notre peine, et alors seulement nous sûmes d'une manière positive que c'était au château de Ham.

Nous fîmes ce voyage dans deux voitures : l'une contenait le prince et Chantelauze avec le commandant Delpire, qui allait prendre le gouvernement de la place ; j'étais dans l'autre avec Peyronnet, le lieutenant-colonel *L'Advocat* et un chef d'escadron aide-de-camp du ministre de la guerre ; des piquets de lanciers étaient échelonnés sur la route pour nous escorter d'un relais à l'autre.

Le voyage se fit sans malencontre; mais, à Compiègne, le peuple s'attroupa, nous cria beaucoup d'injures et semblait menacer de se porter à des voies de fait contre nous, ce qui obligea nos conducteurs de faire traverser la ville au galop et d'aller relayer hors de son enceinte.

Nous arrivâmes à Ham le 29 décembre, au point du jour.

Nous fûmes d'abord logés fort mal : rien n'était terminé ; on nous plaça dans quatre petites chambres disposées deux par deux, dans un corridor, au premier étage et communiquant l'une dans l'autre. Le prince et Peyronnet avaient 14 pieds carrés, Chantelauze et moi n'avions que des cabinets de 10 pieds sur 13 ou 14. Cette disposition eût été intolérable. Le commandant Delpire, qui se montra dans ses débuts fort empressé à nous plaire, et le sous-intendant militaire envoyé pour préparer nos logements, promirent de nous donner quatre autres pièces placées au rez-de-chaussée, absolument pareilles à celles du premier et au-dessous. On y mit, en effet, les ouvriers, et, peu de temps après, nous pûmes les occuper; de sorte que depuis lors nous avons chacun deux pièces, un cabinet de 10 pieds sur 14 servant de chambre à coucher, et une pièce de 14 pieds en tous sens faisant salon ou cabinet de travail; chacune de ces pièces est à feu.

Au reste, nous sommes logés ainsi deux par deux : le prince et Peyronnet au premier, Chantelauze et moi au rez-de-chaussée. Chaque soir, à 9 heures précises, les portes des deux corridors sont fermées pour n'être rouvertes que le matin à 7 heures.

Le prince et Peyronnet ont fait décorer leur logement; celui de Peyronnet surtout est très-bien et va jusqu'à la recherche, sur quelques points, autant que cela est possible. Chantelauze et moi n'avons fait aucun frais, sauf un tapis pour l'hiver.

Ma chambre à coucher est fort mal saine; le mur contre lequel se trouve mon lit est extrêmement humide et presque toujours entièrement mouillé jusqu'à 2 pieds 1/2 du sol.

Pendant les premiers temps, il ne nous était permis d'aller respirer sur les remparts que deux fois par jour, une heure chaque fois et tel temps qu'il fît; cette consigne était invariable. Alors nous avions pour nous promener deux courtines : l'une de 75 pas, à partir de la grosse tour jusqu'au magasin à poudre ; l'autre de 100 pas, depuis ce magasin jusqu'au bout de la caserne vis à vis le canal au-dessus des jardins. Plus tard, on nous donna liberté de sortir depuis 7 heures du matin jusqu'à la chute du jour ; mais alors le commandant fit couper les deux courtines par de fortes palissades, de manière à ne nous laisser qu'une trentaine de toises de chacune, et, comme il y a à monter et descendre environ 4 pieds pour passer de l'une sur l'autre, nous ne pouvons promener sur les deux à la fois, de sorte que notre promenade se trouvait ainsi réduite à une longueur de 30 toises. Au reste, cette promenade sur le sommet d'un mur sans un abri, sans un arbre, est fort désagréable en toute saison.

J'ai dit que, dans les premiers temps, le commandant Delpire nous témoigna des soins : c'était l'ordre exprès du gouvernement, surtout de Casimir Périer, qui ne laissait échapper aucune occasion de recommander de nous traiter *avec tous les égards possibles*. Bientôt, sous prétexte des nécessités de la sûreté de la prison, il se gêna moins et arriva enfin à se conduire envers nous comme un misérable drôle. Je ne citerai que deux ou trois des mille vexations qu'il nous a fait éprouver.

Peu de temps après notre arrivée, le prince se

fit amener son dernier enfant, une petite fille, née pendant ou peu de jours après le procès ; quand on l'apporta, le commandant Delpire refusa l'entrée sous prétexte qu'il n'y avait pas de permission expresse du ministre. La famille du prince se hâta de réclamer cette permission auprès des ministres de l'intérieur et de la guerre ; elle arrive, on présente l'enfant au guichet, la permission est *pour Mlle Yolande :* passez mademoiselle, mais il n'y a pas de permission pour la nourrice; la nourrice n'entrera pas ; il fallut encore négocier à Paris. Cette stupidité ne rappelle-t-elle pas l'histoire de la lanterne avec une chandelle *allumée?*

Le frère de Chantelauze a été plus maltraité. Ce mauvais drôle de Delpire a osé porter la main sur lui, le terrasser, le fouler sous le poids de son énorme masse, et, quand le pauvre diable demanda raison, le brave colonel refusa, sous prétexte que le ministre de la guerre ne voulait pas lui permettre de se battre.

A ce sujet, Peyronnet que je voyais encore, me conta que Delpire fut lui demander conseil sur ce qu'il devait faire. « C'est fort simple, répondit
« Peyronnet : vous ne deviez pas demander per-
« mission au ministre; mais, puisque vous l'avez
« fait et qu'il refuse, vous n'avez qu'à lui envoyer

« votre démission et vous battre ensuite, car
« enfin vous avez donné un soufflet à M. Chante-
« lauze. Il y aurait lâcheté à lui refuser la satis-
« faction qu'il a droit d'exiger ; mais, d'un autre
« côté, on dit que vous avez aussi reçu un souf-
« flet....... — Non ! je l'ai paré avec le bras. —
« Soit ; l'intention y était, et vous devez désirer
« aussi vivement que votre adversaire que cet
« outrage soit lavé....... »

Ce conseil ne plut pas au Delpire, et il dit à ce sujet au capitaine Fourmi, adjudant, qui me l'a répété : « Il est bon là M. Peyronnet, donner ma
« démission ! perdre le fruit de vingt-sept ans de
« services pour avoir le plaisir de me battre avec
« M. Chantelauze ; pas si bête !! »

Et l'affaire est restée là. M. Chantelauze se promet de la reprendre aussitôt que son frère aura recouvré sa liberté ou Delpire quitté ses fonctions de geôlier : nous verrons bien.

Quant à moi, il m'en a tant fait que ce serait à n'en pas finir. Quelques-unes de ses gentillesses ont été racontées par le *Courrier de l'Europe* sur des notes que j'avais envoyées à son rédacteur.

Outre ce brave homme, geôlier en chef, nous sommes gardés par un officier, adjudant de place, qui loge dans notre prison même, ainsi que quatre guichetiers qualifiés *gardiens*.

Celui qui le premier remplit les fonctions d'adjudant, fut le nommé *Faure,* se disant capitaine des chasseurs à cheval de la garde impériale ; il avait été placé près de nous à Vincennes, nous suivit ici et y resta quelque temps : c'était un bon homme à tournure peu militaire et que je soupçonne plus avancé dans la police que dans l'armée.

Je crois qu'avant de venir à Vincennes il était sous-directeur de la prison de St-Lazare et qu'il y est retourné.

Il fut remplacé par le capitaine Fourmi, officier à bonnes manières et qui s'est conduit à merveille avec nous. Delpire paraissait à côté de lui encore plus ignoble, et cette considération mit la discorde entr'eux ; l'honorable chef l'a fait renvoyer sous prétexte, dit-on, qu'*il avait trop de condescendance pour nous*, et, en effet, il nous permettait de faire venir nos parents déjeûner avec nous ; on l'a envoyé à Metz, je crois, et on l'a remplacé ici par un lieutenant nommé *Lasalle,* brave et honnête homme qui paraît sentir tous les désagréments de sa position et l'infamie de la conduite de son chef.

Pendant les premiers mois de notre séjour ici, nous avons vécu en assez bonne intelligence, mais bientôt M. Peyronnet commença à s'éloigner des trois autres : d'abord, sous je ne sais quel prétexte, il se fit apporter à manger chez lui et se fit servir seul dans sa chambre, où nous allions en sortant de table passer le reste de la soirée ; puis il profita d'une indisposition pour cesser de nous recevoir, et même ne rendit plus aucune visite ni au prince, ni à Chantelauze. Je ne sais ce qu'il avait à reprocher à celui-ci ; quant au prince, il était très-mécontent de lui dès Vincennes : d'abord il l'accusait d'avoir causé tous nos malheurs et ceux de la France, en ne sachant pas combattre la révolte, quoique immédiatement après les ordonnances *il se fût emparé de toute l'autorité* (le prince nie fortement ce fait) ; plus tard, on dit que les amis ou les parents du prince firent offrir un million au commandant de Vincennes, Daumesnil, pour le laisser évader *seul*, sans parler de ses collègues. Le prince nie encore ce fait, et je crois qu'en effet le conte que m'en a fait Daumesnil, ainsi que Peyronnet, n'était qu'une gasconnade ; le brave général était sujet à caution sous le rapport de la *vanterie*. Quoi qu'il en soit, Peyronnet rompit toute espèce de relations avec Chantelauze et le prince, vers le milieu de l'année

1832. A cette époque aussi, il se confina dans sa chambre au point de n'en plus sortir que pour assister à la messe, qui se dit dans notre salle à manger ;—mais alors il entre et sort sans dire un mot à personne.

Après cette étrange rupture, je demeurai encore quelques mois dans les termes d'une liaison amicale avec Peyronnet; mais il rompit aussi avec moi au mois de septembre ou d'octobre 1832. Voici comment et à quelle occasion : un jour qu'il se trouvait seul avec un de ses amis, M. Nibelle, ancien avocat général, il fut saisi tout à coup d'une indisposition grave. M. Nibelle resta près de lui et y passa la nuit. Aussitôt que nous fûmes instruits de cet accident, nous eûmes soin d'envoyer deux ou trois fois par jour demander de ses nouvelles. Le soir du lendemain je me présentai moi-même chez lui où je trouvai sa sœur et Nibelle; lorsque je me présentai à la porte de sa chambre, il s'écria avec force : *fermez la porte ! fermez la porte !* Sa sœur et Nibelle, aussi surpris que moi de cette réception, me reçurent dans la pièce voisine et me donnèrent des détails sur le mal. De ce moment, je ne fus plus chez lui, mais je continuai à envoyer savoir de ses nouvelles matin et soir. Quelques jours après, M. Nibelle s'en fut; Peyronnet était alors en convalescence : oubliant sa sotte réception, je lui écrivis pour lui offrir mes services soit comme garde-malade, s'il en avait encore besoin, soit comme lecteur, pour le distraire des ennuis de la convalescence, si ses yeux, habituellement mauvais, ne lui permettaient pas de lire lui-même; il me fit répondre par son fils qui venait d'arriver, et le billet, que j'ai conservé, est dans les meilleurs termes ; oncques depuis cependant je n'ai eu signe de vie de sa part. Il se guérit et ne remercia aucun de nous de l'intérêt qu'on lui avait témoigné : loin de là, j'ai su par un bavardage de cet imbécile de Delpire, qu'il se plaignait amèrement de *l'abandon où nous l'avions laissé dans cette circonstance*....... Enfin, il étendit sa ridicule humeur jusqu'à défendre aux personnes de sa famille toute espèce de rapports avec les nôtres, et, depuis cette époque, sa belle-sœur et son fils passent auprès de ma femme, de la princesse et des autres personnes de nos familles sans même les saluer. Il y a de ce côté-là plus de bêtise que d'impertinence; mais, de la part du chef qui donne de pareilles consignes, il y a *sottise* ou *folie;* l'esprit et le talent d'écrire n'excluent ni l'une ni l'autre.

Cette conduite de M. Peyronnet est tellement

étrange, que nous lui soupçonnons une cause relative aux ordonnances. Déjà depuis longtemps ses amis racontent à qui veut les entendre : « que
« les ordonnances ont été faites *malgré lui,* et
« qu'après la première faute il indiqua des moyens
« infaillibles de dompter la révolte ; mais qu'on ne
« voulut pas le croire, et qu'ainsi il se trouve
« victime de sa fidélité envers le Roi et de la
« stupidité de ses collègues....... »

Tout cela est faux : M. Peyronnet a été l'un des principaux auteurs de la fatale mesure du 25 juillet ; Chantelauze et lui n'entrèrent au ministère que *pour la conseiller et la prendre ;* aussi se partagèrent-ils le travail, Chantelauze fit le rapport et Peyronnet rédigea les ordonnances dont il soutint la discussion dans le conseil. L'ordonnance électorale, notamment, est tout entière à lui, car peu de dispositions furent modifiées dans le projet qu'il en apporta.

Quant aux mesures d'exécution, il eût été impossible de se montrer plus nul que ne le fut le ministre gascon dans les trois malheureuses journées : il ne fit pas une proposition, il n'indiqua pas un moyen de résistance ; c'est une vérité dont nous fûmes tous d'autant plus frappés, que nous attendions beaucoup de son expérience, et qu'il avait été appelé au ministère principalement comme *homme d'action*. Je ne citerai qu'un fait à cet égard, mais il est frappant : à Trianon, au moment où tout paraissait désespéré, je parvins, après mille instances, à faire délibérer mes collègues (sauf le prince qui préparait son départ) sur un mémoire que j'avais remis au Dauphin la veille, portant proposition au Roi de se retirer à Tours, tandis que le Dauphin intercepterait les communications de Paris en occupant les deux rivières et les routes avec les 25,000 hommes et l'artillerie formidable dont on pouvait encore disposer; de transférer dans cette ville de Tours le siége du gouvernement; d'y appeler le corps diplomatique, et d'y convoquer les chambres pour délibérer sur les mesures à prendre pour réprimer la révolte de Paris. Ces propositions furent adoptées : Chantelauze, Montbel et moi, nous nous chargeâmes de dresser les projets d'ordonnance et les instructives circulaires, et nous priâmes Peyronnet de rédiger une proclamation du Roi *aux Français*. Chacun se mit à la besogne; lorsque nous eûmes terminé, Montbel, Chantelauze et moi, nous demandâmes à Peyronnet où il en était. Il avait déjà écrit *Français!!*

Voilà des faits dont six d'entre nous peuvent

attester l'exacte vérité. Que dira Peyronnet quand cela sera connu?

La camaraderie littéraire s'est emparée de cet homme pour en faire un héros; un homme de Plutarque; on ne parle que de son courage, de sa noble fierté devant la chambre des pairs lors du procès où d'*accusé il se fit accusateur*..... C'est pousser loin l'impudence! Qu'on lise son plaidoyer, dans lequel il flatte ces misérables coquins de pairs et se met presque à genoux devant eux; cette apologie, faite en de telles circonstances et en violation de la promesse que nous nous étions faite de ne rien dire, est-elle un acte de courage?

C'est une belle chose que l'intrigue et le *savoir faire!!!*

Le lundi 26 juillet au soir, lorsqu'on chercha le ministre de l'intérieur pour prendre ses ordres sur les premiers symptômes de l'insurrection, on le trouva dans l'atelier du sculpteur Lemot où il posait pour sa statue; il en est toujours là; il pose constamment et se drape de manière à ne montrer que de belles apparences. L'histoire le peindra-t-elle comme il veut être vu? Il y aurait fort à dire.

DIMANCHE 16 FÉVRIER.

Ma femme, toujours souffrante, n'a pu venir me voir. Je suis allé me promener sur les remparts, de midi à une heure; le temps était superbe.

Le soir, j'ai fait deux parties d'échecs avec M. Chantelauze et les ai gagnées. J'en ai fait une avec le prince, mais l'heure de la fermeture est arrivée et nous n'avons pu la finir; je crois qu'elle aurait été nulle; c'est un demi-succès pour moi, car je perds presque toujours contre lui.

Les journaux ont annoncé la condamnation du *National de 1834*. Je trouve l'arrêt bien motivé et fort régulier. Chantelauze pense de même; mais il est fâché que le *National* n'ait pas gagné son procès, parce que c'eût été un camouflet de plus pour ces gens-ci. Je ne suis pas de cet avis : je suis fort aise de la condamnation qui frappe sur un ennemi, et je suis encore plus aise de voir ce nouveau brandon de haine allumé entre nos deux ennemis. Qu'ils se dévorent entr'eux, puisque leur perte seule peut faire notre salut. Quant au prince, il m'a suscité la plus étrange discussion au sujet de notre législation criminelle : selon lui, l'administration du *National* ayant rempli toutes les formalités prescrites pour opérer l'apparence d'un changement dans son administration, *le National de 1834* n'était plus *l'ancien National;* conséquemment, l'interdiction prononcée contre ce dernier de rendre compte des débats judiciaires ne pouvait s'exécuter contre le nouveau-né. Il m'a été impossible de lui faire comprendre que, en matière criminelle, la forme n'emportait le fonds que devant la cour de cassation ; mais que devant les juges appréciateurs du fait, c'était la moralité des actes extérieurs qu'il s'agissait de juger, et que si ces juges avaient la conviction que tous ces actes étaient simulés, comme personne n'en pouvait douter, ils devaient condamner. Notre prince n'entend pas cela : il se renfermerait encore volontiers dans le vieux brocard *testis unus, testis nullus*, et il a terminé la discussion par une grosse injure contre le .... des gens de loi..... Ah ! monsieur le diplomate ! ce serait bien le cas de s'écrier *quis tulerit Gracchos !!*...

Cette circonstance a réveillé notre vieille discussion sur les devoirs des magistrats dans les bouleversements politiques : si j'étais juré ou juge, disent Chantelauze et le prince, j'acquitterais tous les royalistes traduits devant moi... ; si j'étais de la cour de cassation, je casserais *tous* les arrêts de condamnation rendus contre eux.......

A cela je réponds : distinguons.

Comme juge ou comme juré, ma conscience me permettrait de déclarer *non coupables* tous les faits purement politiques imputés aux légitimistes ; car, en effet, selon mes convictions, loin d'être *coupables*, ces faits constituent l'accomplissement d'un devoir, et je ne ferais qu'apprécier *consciencieusement* ce qu'il me serait donné d'apprécier : *la moralité des faits*.....

Comme membre de la cour de cassation, le devoir est bien différent ; il ne s'agit plus *d'apprécier des faits*, mais de vérifier l'observance des formes et la juste appréciation de la loi à des faits irrévocablement caractérisés. Dans cette position, je ne crois pas qu'il soit permis au magistrat de faire entrer dans la balance les sympathies politiques qui peuvent exister entre lui et les condamnés.

Cette distinction a donné lieu à la plus vive controverse, et après avoir bien crié, nous sommes restés, selon l'usage, plus fermes que jamais dans nos convictions respectives.

J'ai encore eu le tort de m'emporter et de mettre de l'aigreur dans mes répliques. Fatal défaut!!

Les journaux nous ont donné ce matin le discours prononcé par M. de Kergorlay (Florian) devant la cour d'assises de Paris, dans son procès au sujet d'une lettre insérée par lui dans la *Quotidienne* du 12 novembre dernier ; j'ai lu dans ce discours le passage suivant :

« Pour ma part, lorsque les ordonnances (du 25
« juillet) parurent, j'en fus frappé comme d'un
« événement funeste.

« Celle qui substituait aux lois électorales un
« nouveau mode d'élection des députés me parut
« ouvertement contraire à l'article 35 de la charte.

« Celle qui cassait une chambre des députés
« avant même qu'elle se fût rassemblée, me sembla
« contraire, sinon au texte de la charte, du moins
« à son esprit.

« Celle enfin qui suspendait la liberté de la
« presse périodique ne m'aurait semblé conciliable
« avec l'état de la législation qu'autant qu'elle
« aurait pu, dès l'ouverture de la session sui-
« vante, être soumise à la révision d'une chambre
« constitutionnellement élue............

« On peut penser, et c'est ce que je pense moi-
« même, qu'en tout cas il valait mieux attendre,
« sans sortir des voies constitutionnelles, le refus
« de l'impôt ; qu'alors le Roi, mieux assuré d'être

« et de paraître irréprochable, se serait présenté
« à la nation avec bien plus d'avantage, pour
« obtenir d'elle, à défaut du vote d'une chambre
« mal disposée, les subsides nécessaires pour
« pourvoir aux besoins indispensables du pays. »

Tout ce que dit là M. de Kergorlay quatre ans après l'événement, je l'ai dit et longuement développé dès qu'il fut question des ordonnances dans le conseil. A quoi cela m'a-t-il servi ?

Au reste, je crois qu'en définitive M. de Kergorlay a formulé en peu de mots le jugement que l'histoire portera de ces trop fameuses ordonnances, sauf le droit extraordinaire résultant de l'article 14.

LUNDI 17 FÉVRIER.

La journée a été monotone, point de nouvelles, point d'incidents. Nous avons, suivant l'usage, passé la soirée chez le prince à jouer aux échecs. J'ai gagné deux parties à Chantelauze; le prince m'en a gagné une.

Dorénavant, je ne citerai que pour mémoire les journées semblables.

Ma promenade a été mauvaise; j'y suis allé à

quatre heures pour m'y trouver avec le prince, et un épais brouillard nous en a chassés. C'est vers deux heures qu'il faut se promener dans cette saison.

VENDREDI 21 FÉVRIER.

J'ai eu pendant la promenade une vive discussion avec le prince au sujet du mode de délibérer des chambres, et, selon ma détestable habitude, je me suis emporté comme un sot; le soir, nous avons eu tous les trois une autre discussion au sujet de la grande-charte des Anglais et de l'introduction des députés des communes au parlement.

Le prince et Chantelauze ont prétendu que c'était Montfort, comte de Leycester, qui commandait les barons auxquels Jean fut contraint d'accorder la grande-charte, et qu'on ne savait comment et à quelle époque les communes étaient entrées au parlement. De mon côté, j'ai soutenu fort et ferme que ce fut Leycester (Montfort), beau-frère de Henri III, roi d'Angleterre, qui, à la suite d'une révolte dont il s'était fait le chef contre le prince, fit admettre au conseil commun, qui prit alors le nom de parlement, des députés des bourgs et villes, et deux chevaliers par comté, ce qui fut l'origine de la chambre des communes. J'ai soutenu une demi-heure que ce même Simon de Leycester n'avait nullement figuré parmi les barons révoltés contre le roi Jean, et que par conséquent il n'eut aucune influence sur la confection de la grande-charte, qui fut faite près de cinquante ans avant lui.

J'avais cent fois raison, mais je l'aurais eu bien plus encore si je ne m'étais pas ridiculement emporté. Maudit défaut! Il y a vingt-cinq ans que je fais d'inutiles efforts pour m'en corriger. Je crois qu'il y faut renoncer.

VENDREDI 28 FÉVRIER.

Je suis allé faire visite au comte de Polignac; il m'a conté une curieuse anecdote au sujet du maréchal Macdonald.

Le samedi 31 juillet, il passa à Fontainebleau accompagné de son gendre, M. Rochedragon, et du colonel d'Agoult; d'après ce qu'il a dit au comte de Polignac, il allait offrir au Roi ses services et son *inébranlable dévouement*. Il était alors neuf ou dix heures du matin. Dans la soirée, le comte de Polignac apprit que le maréchal était revenu à Fontainebleau ; il courut après lui et voici mot pour mot ce que lui conta le vieux guerrier :

« Lorsque j'arrivai à Essonne ce matin, je mis pied
« à terre et montai la côte à pied pendant qu'on
« changeait les chevaux ; ma voiture m'avait re-
« joint et j'allais remonter lorsque je vis accourir
« sur la route un homme qui m'appelait : monsieur
« le maréchal ! monsieur le maréchal ! Je m'ar-
« rêtai : c'était M. Salvandy ; il me dit que je faisais
« une course inutile, parce que je ne trouverais
« plus le Roi ni à Versailles, ni à St-Cloud. Ce
« matin, m'ajouta-t-il, j'ai rencontré à Versailles
« le général Bordesoulle qui commandait la grosse
« cavalerie formant l'arrière-garde du corps qui
« était en marche avec le Roi sur Rambouillet, il
« m'a engagé à déjeûner ; mais pendant que nous
« étions à table, un grand tumulte l'a obligé de
« sortir, il a trouvé des soldats entourés d'une
« foule exaspérée qui les menaçait avec violence ;
« alors le général est remonté à cheval et se pré-
« parait à une vigoureuse défense, lorsque les
« autorités ont calmé le peuple, à condition que
« la troupe s'éloignerait sur-le-champ : c'est ce
« qu'a fait Bordesoulle ; mais toute la population
« de Versailles est dans un état d'exaspération im-
« possible à décrire. D'après cette nouvelle, j'ai

« rebroussé chemin et je retourne chez moi d'où
« j'enverrai demander les ordres du Roi..... »

Neuf jours après (le 9 août), le maréchal Macdonald portait *la main de justice* à la cérémonie dans laquelle Louis-Philippe prêta serment à la charte et fut intronisé par 219 députés (le maréchal duc de Reggio faisait le *connétable* et portait l'épée dans la même cérémonie).

8 MARS.

J'ai eu avec le prince une discussion trop vive au sujet des prétentions que pourrait élever la branche des Bourbons d'Espagne, si nous perdions notre Henri V, contre lequel il m'a dit qu'il a été fait dans ces derniers temps un projet d'assassinat. Il pense que la révocation de la *loi salique* a rouvert tous les droits de cette branche, en supposant même valable la renonciation de Philippe V, et il ajoute que c'était là le motif que le duc d'Orléans donnait à ses protestations en 1830. Je ne comprends pas quelle influence peut avoir ici la révocation de la loi salique, et je maintiens que cette circonstance est absolument indifférente *quant au droit*. Chantelauze est de mon avis. Au reste, je crois la renonciation de 1713 très-valable, et je pense que, en cas de mort de notre Henri, ce serait la branche d'Orléans qui succéderait.

28 MAI.

M. de Castel-Bajac est venu voir le prince et Peyronnet. Il nous a raconté l'anecdote suivante, relative à Talleyrand :

C'était en 1822 ; M. de Castel-Bajac et d'autres de la même couleur dînaient chez le vieux diplomate ; on se désolait du mauvais esprit de la chambre des pairs, et on cherchait les moyens de le corriger. « J'en sais un, dit Castel-Bajac ; mais avant de l'indiquer, je demande au prince s'il croit que le Roi puisse valablement renoncer à un droit que lui donne la charte... » — « Non, certes, répond Talleyrand, une telle renonciation serait de toute nullité. » — « Eh bien ! ajouta Castel-Bajac, le Roi n'a qu'à rapporter la renonciation qu'il a faite au droit que lui donnait la charte de faire des pairs à vie, et déclarer simplement viagères les pairies de tels et tels que nous connaissons ; ce sera déjà une immense amélioration pour un temps assez peu éloigné. » — « Mais mon cher, reprend Talleyrand, vous supposez une chose qui n'est pas et ne peut être. Le Roi n'a jamais renoncé au droit que lui donne la charte de ne conférer la pairie qu'à vie. » — « Il y a renoncé, réplique Castel-Bajac, et j'ai lu l'ordonnance qui contient cette renonciation. » — « Assurément vous vous trompez, s'écrie Talleyrand. Eh! quel aurait été le ministre assez stupide pour contre-signer une telle ordonnance ? » — « Je ne me trompe pas : l'ordonnance est du mois d'août ou de septembre 1815 (1), et elle est contre-signée..... par vous, prince ! »

Talleyrand confondu sonne avec force et demande le *Moniteur*, deuxième semestre de 1815. On l'apporte, et l'ordonnance s'y trouva.

A ce sujet le prince de Polignac nous a dit que, à une autre époque, Talleyrand proposa à Charles X de *révoquer purement et simplement la charte.*

« Le Roi a octroyé cette charte, dit-il, le Roi peut la reprendre puisqu'on en abuse pour saper le pouvoir royal. » Le prince nous a dit tenir ce fait de la bouche de Charles X lui-même.

(1) 19 août 1815, article 2.

DIMANCHE 8 JUIN.

Le prince m'a appris hier le mariage du jeune Peyronnet; il épouse, dit-on, une demoiselle anglaise, jolie et riche, dont la mère est liée d'amitié avec la princesse. En attendant l'épithalame, le *voisin* farcit de ses vers tous les journaux : l'*Écho* d'hier contenait une grande pièce de grands alexandrins adressée à M. de Bonald; c'est une dissertation philosophique et théologique sur l'âme et l'autre vie, accompagnée d'une lamentation sur les malheurs qui ont accablé et accablent le poète. Cet homme parle sans cesse de sa *ruine* et il a 30,000 francs de revenu; il fait retentir tous les journaux de ses plaintes et du *courage* avec lequel il supporte ses revers. Le vrai courage souffre en silence et ne fait pas tant d'étalage.

SAMEDI 14 JUIN.

Il s'est passé tout à l'heure une chose bizarre entre Chantelauze et moi. Hier je lui exprimais le désir que j'avais depuis longtemps d'écrire à

Charles X et mon regret de ne l'avoir pas fait encore ; et vous, ajoutai-je, vous n'avez pas plus écrit que moi sans doute?... Si, répondit-il, j'ai écrit. — Quand donc et à quelle occasion? — Il y a quelque temps et au sujet du petit compte que j'avais à régler..... En disant ces mots, il se lève et se retire.

Ce soir, après la partie d'échecs qui se fait chez moi depuis un mois environ, je lui rappelai ce qu'il m'avait dit hier et lui demandai si le Roi lui avait répondu. D'abord il évita de me répondre et me parla tout à coup d'autre chose : surpris de cette étrange réticence, je réitérai ma question. Voici mot à mot la réponse : « *Oui et non*..... il s'agissait *d'un petit compte*... » Puis, pour éviter sans doute de nouvelles questions, il s'est levé et est sorti.

Cette dissimulation me blesse : il y a longtemps que j'ai à me plaindre du défaut de franchise de cet homme et du prince. Y a-t-il entre eux quelque sotte intrigue qu'ils veulent me cacher? A la bonne heure ; mais alors qu'ils restent de leur côté et moi du mien. Dans la triste position où nous sommes, il conviendrait peut-être qu'il y eût plus d'abandon et de confiance réciproque. Puisque nous ne pouvons en venir là, il vaut mieux que nous vivions séparés, autant que la prison le permet, et dès demain je romprai tous les rapports que j'ai eus jusqu'à présent avec eux.

DIMANCHE 15 JUIN.

J'ai exécuté ma résolution d'hier ; sous le prétexte d'une mauvaise disposition, je me suis fait servir à dîner dans ma chambre et j'ai renvoyé le jeu d'échecs au prince, en faisant prier ces messieurs de m'excuser si je ne les recevais pas ce soir. Voilà la scission opérée : je rencontrerai Chantelauze une fois par semaine à la messe et le prince tous les jours à la promenade ; j'aime cent fois mieux cette manière de vivre qu'un commerce journalier avec des gens qui ne m'inspirent (et ne m'accordent sans doute) aucune confiance.

SAMEDI 21 JUIN.

M. de Rességuier m'envoya hier deux jolis albums, dont l'un à sa femme avec prière d'y inscrire mon nom à la suite des noms de Chantelauze, Lamartine, Peyronnet, etc., etc.. etc. Je les lui ai renvoyés ce matin : dans le sien, j'ai écrit une demi-page sur les amis fidèles au malheur ; dans celui de madame, j'ai mis un petit dessin lavé à la sépia, représentant un saule-pleureur à côté d'un tombeau. Il est venu me remercier et me faire ses adieux. Il avait obtenu la permission de nous voir tous les quatre, sans limitation pour les uns plutôt que pour les autres, pendant un mois ; le commandant Delpire a, de son autorité privée, limité le nombre de ses visites et de celles de sa femme à *deux* pour le prince, Chantelauze et moi.

Il m'a raconté des anecdotes curieuses : on a dit dans les journaux salariés que la société du faubourg St-Germain se rapprochait de la cour. Le fait est faux. Voici ce qui s'est passé à cet égard : dans un bal chez un ambassadeur, Mlle de Béthune accepta une invitation de danser avec le duc de Chartres ; depuis ce moment, elle ne danse plus avec aucun jeune homme de la société du noble faubourg, tous se sont promis de ne plus l'inviter.

La jeune duchesse de La Trémouille fut obligée par la famille de son mari de se faire présenter ; en sortant des Tuileries, elle courut se déshabiller et se fit conduire chez Mme de Bellissent, où il y avait une réunion assez nombreuse ; aucune de ses amies ne lui adressa la parole, et, après une demi-heure d'un embarras inexprimable, elle fut obligée de se retirer.

Il m'a aussi parlé de M. de Chateaubriand qu'il connaît beaucoup. Il est très-vrai que la marotte du grand homme est d'exceller dans la versification, et qu'il se trouve profondément blessé de l'obstination du public à ne le trouver poète qu'en prose. Au reste, il n'y a rien de moins brillant dans la conversation que l'auteur d'Atala. Sa prétention à l'effet et le soin qu'il veut mettre à ne parler qu'en *style lapidaire* fait qu'il ne dit presque rien, et que, à force d'affectation, le peu qu'il dit est souvent inintelligible et parfois presque niais. On m'avait déjà dit que, pour écrire une invitation à dîner, il brouillait tout un cahier de papier. A la tribune, il ne saurait pas improviser les motifs de la plus simple opinion, et M. Rességuier assure plaisamment qu'*il demande la parole* par écrit.

MERCREDI 2, JEUDI 3 JUILLET.

L'ordonnance qui convoquait les chambres pour le 20 août est rapportée, et la réunion est indiquée au 31 juillet. On dit qu'immédiatement après la séance d'ouverture, la session sera prorogée au

mois de décembre. Là-dessus grands cris de l'opposition : « Ce sera une violation de la charte qui
« veut que, en cas de dissolution, une nouvelle
« chambre soit convoquée dans les trois mois ;
« or la nouvelle chambre n'existera légalement
« qu'après la vérification des pouvoirs et la décla-
« ration qu'elle est constituée ; proroger avant
« l'accomplissement de ces formalités, ce serait
« violer la charte ; il en résulterait que le pays
« serait plus de trois mois sans chambre, et le
« pays peut-il vivre sans chambre ?.... »

Je crois ces raisonnements faux et pour cause ; mais ce qui m'amuse fort, c'est d'entendre le prince donner à plein dans cette belle argumentation et soutenir que, en effet, jusqu'à vérification des pouvoirs il n'y a pas de chambre ; il n'y a que des *hommes élus* et *non encore députés*, car c'est la vérification des pouvoirs qui consacre l'élection et donne le caractère, etc., etc., etc. ; *donc proroger avant vérification, c'est violer la charte.*

A merveille ! mais *dissoudre* serait bien autrement violer cette sainte charte ; or qu'avons-nous fait, nous, en 1830 ? Qui a conseillé de dissoudre les *hommes élus* qui *n'étaient pas encore députés*, qui par conséquent *ne formaient pas une chambre ?....*
Il faut convenir que les auteurs des ordonnances

du 25 juillet 1830 sont d'habiles hommes d'état, et surtout des hommes d'une belle constance politique !!..

VENDREDI 1er AOUT.

Les journaux du midi ne tarissent pas sur la popularité dont Berryer est enivré ; nous voilà revenus aux ovations de 1822 à 1827 ; seulement ce sont d'autres triomphateurs. L'*alliance* paraît tout à fait cimentée dans ces réunions ; on dit qu'à un grand banquet, donné à Berryer, les couleurs rouge et blanc brillaient partout réunies, et le journal royaliste, en signalant ce fait, s'écrie avec jubilation : *La réforme a donc un drapeau, et maintenant il faudra compter avec elle...* C'est bien ! 1815 et 1793 se donnent l'accolade ; les bourreaux et les victimes s'embrassent ; Berryer s'enrôle sous le drapeau rouge, et les disciples de Robespierre s'affublent de la cocarde blanche : touchante sympathie ! admirable fusion ! Nous verrons marcher dans un accord parfait *la monarchie légitime et la république !...* Des simples croyaient que ces choses-là étaient aussi incompatibles entr'elles que le feu et l'eau : erreur grossière ! A l'aide d'un seul mot, du mot... *réforme*, nous aurons en France un gouvernement qui s'appellera *monarchie-légitime république*...; ô progrès des lumières !

L'inventeur de ce beau système, M. Genoude, ne pouvait pas être moins que le chef suprême d'un parti si sagement organisé; aussi est-ce chez lui que les députés légitimistes ont tenu leur réunion préparatoire, la veille de la séance royale.

SAMEDI 16 AOUT.

J'ai chargé M. Billot d'une lettre pour le Roi ; il y a bien longtemps que je me reprochais de n'avoir pas rempli ce devoir, et je suis fort aise d'en avoir trouvé l'occasion. Voici ce que j'ai écrit :

« Sire, profondément touché des bontés dont le
« Roi daigna m'honorer, j'éprouve depuis long-
« temps le besoin de mettre aux pieds de Sa Majesté
« l'hommage de ma vive reconnaissance. Dans
« d'autres temps j'aurais osé ajouter à cet hom-
« mage l'assurance d'un dévouement qu'aucun
« revers ne saurait ébranler ; mais frappé de
« stérilité et désormais inutile, ce dévouement
« n'est plus digne de se montrer à d'augustes
« regards.

« Le Roi ne repoussa pas, l'an dernier, la
« prière qu'eut l'honneur de lui soumettre en mon
« nom M. de Montbel, relativement à la publi-
« cation du journal que j'ai tenu des travaux du
« ministère dont j'ai fait partie, cette publication
« qui m'offrirait le double avantage de démentir une
« foule de calomnies et de révéler plus d'un mot
« heureux du Roi et de Monseigneur le Dauphin.
« Je ne me permettrais jamais de la faire sans y
« être formellement autorisé par Sa Majesté :
« oserai-je de nouveau supplier le Roi de vouloir
« bien me faire transmettre ses ordres à cet égard ?
« Je suis avec le plus profond respect, et le
« Roi me permettra d'ajouter avec l'attachement le
« plus inaltérable, Sire, de etc. »

LUNDI 16 A DIMANCHE 22 FÉVRIER. 1835.

Nous avons eu, hier soir, une scène déplorable.
Chantelauze, à propos d'une mauvaise plaisan-
terie du prince sur les faux témoins, lui a fait une
querelle de la dernière violence en présence des
domestiques qui nous servent à dîner. Voici le
détail que je veux conserver :

On avait envoyé au prince des oranges de Millemont ; il me proposa de les goûter et de me convaincre qu'elles valaient bien celles de Ranville. Je trouvai que c'étaient des bigarades fort amères : *Les vôtres ne valaient pas mieux, dit le prince..... Heureusement, répliquai-je, que j'ai un témoin ; qu'en dites-vous Chantelauze ?*

Chantelauze déclara que mes oranges étaient très-bonnes.

C'est cela, dit le prince, *faites venir des témoins de votre pays.*

Je répondis à cette sotte raillerie sans me fâcher et nous parlâmes d'autre chose. Un demi-quart d'heure après, Chantelauze, qui s'était ravisé, dit au prince : « Monsieur de Polignac, lorsque Ran-
« ville a invoqué mon témoignage, vous lui avez
« dit de faire venir des témoins de Normandie.
« Avez-vous prétendu par là faire une allusion
« offensante pour moi ?

« Non, sans doute, répond le prince.

« Cela suffit, reprend l'autre, j'admets votre ré-
« tractation, et je suis bien aise de vous dire
« que, si je pouvais vous supposer une intention
« offensante, je saurais vous relever comme il
« convient. »

Qu'appelez-vous rétractation, dit le prince ; *je n'ai besoin de rien rétracter, j'explique seulement.*

Là-dessus Chantelauze s'irrite, dit de gros mots, lâche un ou deux jurons et fait entendre qu'il a de plus graves motifs de se plaindre de la conduite du prince, *qui, d'accord avec Peyronnet, s'applique à rendre plus pénibles les horreurs de sa captivité (à lui Chantelauze), de sa pauvreté.*

Démentis, demandes d'explications, protestation qu'on expliquera quand il en sera temps, colère, presque fureur de la part de Chantelauze et même gestes menaçants : voilà cette scène.

Ne pouvant l'arrêter au début, je fis sortir les domestiques; mais il était trop tard.

Il y a dans tout cela des causes que je ne puis pénétrer. Depuis plusieurs semaines, Chantelauze ne vient plus le soir chez le prince faire la partie d'échecs, et il est évident qu'il a ou croit avoir contre celui-ci des motifs de plaintes *très-graves*. De son côté, le prince affirme qu'il n'a rien dit ni rien fait que d'obligeant pour notre compagnon. Il y a là-dessous quelque cancan, quelque mauvais rapport, et je soupçonne fort Delpire d'en être l'auteur.

21 AVRIL.

Dans le courant de la discussion des 35 millions, Thiers et Cie ont plusieurs fois répété que les Bourbons avaient été ramenés par les étrangers en 1814 ; voici ce que le prince a raconté de nouveau ; peut-être l'ai-je déjà consigné quelque part.

En 1814, lorsque le prince se fut échappé des prisons impériales, il parvint, à travers mille dangers, à joindre *Monsieur* à Vesoul. Monsieur le députa aussitôt auprès des souverains alliés pour négocier le rétablissement de la maison de Bourbon, dans l'hypothèse où Napoléon serait vaincu. Le négociateur trouva l'alliance étrangère organisée ainsi : chacun des souverains présents à l'armée avait un ministre pour la discussion des mesures d'intérêt général (lord Castlreagh représentait l'Angleterre). Quand ces ministres avaient arrêté une mesure, elle était soumise à l'approbation des souverains eux-mêmes, et ils s'étaient engagés d'avance à exécuter tout ce qui serait décidé par la majorité.

Le prince de Polignac ne put voir aucun des souverains ; tous le renvoyèrent à leurs ministres, et les ministres déclarèrent qu'il n'entrait nullement dans les vues de leurs maîtres de rétablir les Bourbons.

Instruit que l'empereur de Russie exerçait une sorte de prépondérance dans le conseil, il renouvela ses tentatives près de lui, mais ne put en obtenir une audience. Alors il retourna à Vesoul, et demanda à Monsieur une lettre autographe pour l'empereur Alexandre. Muni de cette pièce, il revient au quartier-général, et sollicite de nouveau son admission auprès de l'empereur Alexandre. Celui-ci refuse, et charge son ministre Nesselrode de prendre la lettre. Le prince de Polignac ne voulut la remettre qu'en mains propres, et insista avec une nouvelle force pour être reçu. Après plusieurs jours de pourparlers, l'empereur consentit enfin à voir l'émissaire de Monsieur. Dans une conversation de deux heures, le prince de Polignac apprit que les alliés n'entendaient nullement détrôner Napoléon, et même qu'en ce moment ils avaient arrêté les bases d'un traité qui aurait rétabli la paix en réduisant la France à quelque chose de plus que ce qu'elle était en 89; je crois que ce traité accordait à Napoléon la limite du Rhin.

L'empereur de Russie portait personnellement

intérêt aux Bourbons, et sentait parfaitement qu'un traité quelconque avec Napoléon n'aurait de durée qu'autant de temps qu'il en faudrait à la France pour se mettre en état de reprendre l'offensive ; mais les autres souverains étaient très-déterminés à ne rien faire pour la dynastie ancienne.

Enfin, après bien des protestations stériles, Alexandre finit par dire au prince de Polignac : « Il m'est absolument impossible de revenir sur « ce qui a été décidé ; mais voici ce que je puis « faire : je vais donner l'ordre à mon plénipoten- « tiaire (c'était le prince Rasonowski) de prendre « dans ses relations avec M. de Vicence le ton de « hauteur d'un vainqueur qui veut bien traiter « avec un vaincu ; peut-être l'orgueil de Napoléon « se révoltera-t-il et l'entraînera-t-il à rompre la « conférence. Alors je vous promets de pousser « vivement la guerre, et peut-être amènera-t-elle « des chances favorables aux Bourbons. »

Cette ligne fut exactement suivie. Napoléon, blessé des hauteurs du prince Rasonowski, repoussa avec violence le traité qu'il était près de signer, et ce fut alors qu'il fit sa fameuse pointe sur Reims, pour attirer sur lui les ennemis et les éloigner de Paris. Le prince de Schwartzemberg, commandant général des troupes confédérées, fut complètement dupe de cette manœuvre et voulut le suivre. Alexandre s'y opposa formellement, et déclara que si le prince de Schwartzemberg persistait dans son plan, il allait, lui Alexandre, se mettre à la tête de ses 80,000 russes et les mener directement à Paris. Le prince fut obligé de céder ; toute l'armée marcha sur Paris, et le sort de Napoléon se trouva décidé. L'opinion des parisiens, habilement préparée en faveur des Bourbons, se manifesta, lors de l'entrée des alliés, avec assez d'ensemble pour qu'Alexandre se crût autorisé à prendre des engagements qui étaient déjà dans son cœur.

Quant à cette opinion de Paris et à la manifestation qui eut lieu d'une manière assez générale, il y a à faire une observation que je n'ai vue nulle part, et qui explique peut-être la presque unanimité apparente qui sembla demander aux alliés le rétablissement des Bourbons. Les dispositions des souverains à l'égard de Napoléon étaient inconnues du public; il paraissait si naturel qu'ils voulussent détruire l'homme dont ils avaient tant à se plaindre qu'on était à mille lieues de soupçonner la possibilité d'un traité entre eux et lui. Personne non plus ne croyait que les étrangers songeassent à courir les dangers d'une longue minorité avec le roi de Rome, Napoléon vivant. Dans ces dispositions d'esprit, tout le monde croyait que les étrangers venaient pour les Bourbons, et l'entrée en France de Monsieur avait fait de cette croyance une certitude. Il résulta de là qu'au moment où les souverains alliés entrèrent à Paris, on crut généralement que le rétablissement des Bourbons était un fait déjà accompli, et une foule de gens qui n'auraient pas voulu de ces princes s'ils avaient été libres de choisir, ne voyant aucun moyen de les repousser, crièrent plus fort que les autres : *Vive Louis XVIII !*..........

De tout cela que résulte-t-il? Qu'il est faux que les étrangers aient envahi la France en 1814 *dans le but de rétablir les Bourbons;* mais qu'il est vrai que, sans l'opiniâtreté de Napoléon à défendre une cause perdue, et par conséquent sans le triomphe des armes étrangères, les Bourbons n'auraient pas remonté au trône en 1814........

VENDREDI 1er MAI.

M. Chantelauze m'a fait à la promenade les querelles les plus absurdes. C'est chose à revoir.

SAMEDI 2 ET DIMANCHE 3 MAI.

Ma femme m'a mandé hier que le vieux M. Le Camus, mon voisin de Ranville, s'offre pour servir d'ôtage ici à ma place, si on veut me permettre d'aller passer quelques mois chez moi; brave homme!

MERCREDI SOIR 6 MAI.

Le prince vient de me conter une démarche de Chantelauze bien extraordinaire.

La querelle qu'ils avaient eue ensemble à dîner, le 21 février, avait d'abord paru oubliée, et il avait continué de venir dîner avec nous; mais, à compter du 12 mars, il se fit servir à cinq heures et nous ne le vîmes plus. Le prince prétendit que cette rupture était occasionnée par l'indiscrète publication de la *France* au sujet des ordonnances, mais je ne pouvais le croire. Vendredi dernier, quand je le rencontrai à la promenade, je l'abordai comme si je l'avais vu la veille et lui demandai de es nouvelles; sa réponse brusque, son air furieux m'étonnèrent : — Eh quoi! lui dis-je, est-ce qu'il s'agit entre nous d'une brouille sérieuse ? — Oui, me répondit-il, et avec vous plus qu'avec aucun autre. — Avec moi! Eh! que vous ai-je donc fait? — Cette publication que vous avez fait faire par la France... — Eh bien! cette publication a été faite malgré moi; mais, d'ailleurs, il n'y a pas un mot dont vous ayez à vous plaindre. — Les faits que vous rapportez ne sont pas tous exacts, et vous vous êtes servi d'expressions malveillantes pour moi. — Je n'ai rien dit qui ne fût très-exact, et mes expressions n'ont rien de blessant pour vous. Au reste, je vous le répète, cette publication n'a eu lieu que par une indiscrétion du journaliste et contre ma volonté. — Vous ne l'avez pas désavouée. — Je ne pouvais désavouer ce que j'ai réllement écrit, mais le journaliste lui-même a déclaré qu'il avait commis une indiscrétion en publiant cet écrit qui lui avait été communiqué tout à fait confidentiellement.

En ce moment, faute de bonnes raisons, Chantelauze me dit je ne sais quelle grossière injure.

Heureusement il était à quatre pas de moi et un éclair de réflexion me fit remarquer que nous étions sous les yeux de trois factionnaires et de deux gardiens trop éloignés pour nous entendre, mais pouvant très-bien voir tous nos mouvements. C'en est trop, lui dis-je, si vous ne m'inspiriez plus de pitié que de colère, vos insolents propos recevraient un châtiment immédiat, mais je saurai plus tard vous en faire rendre compte..... Tant que vous voudrez, s'écria-t-il..... A la bonne heure, repris-je, jusque-là tout ce que je veux encore vous dire, c'est que vous êtes un sot.....

Là-dessus nous nous quittâmes.

Or voici ce que j'ai appris du prince, ce soir :

Mercredi 11 mars, Chantelauze fit appeler le commandant du château pour le prier de l'autoriser à se faire servir à dîner à une autre heure que celle fixée pour nous, et lui donna pour motif son désir de s'isoler le plus possible; *car,* dit-il, *le château est un foyer d'intrigues qui répugnent à un homme de bien.....* Le commandant, non-seulement lui accorda sa demande, mais se hâta de faire son rapport au ministre de la guerre et de la démarche du susdit Chantelauze et du motif, le besoin de l'isoler du *foyer d'intrigues qui répugnent à un homme de bien.*

Le premier résultat de cette honnête dénonciation du Chantelauze a été fort désagréable pour le prince. Le ministre, supposant qu'il s'agissait d'intrigues politiques, et au fait il ne pouvait guère songer à autre chose, s'est empressé de retirer les autorisations permanentes de communiquer accordées à Vertamy et à Lavillette, tuteurs onéreux des enfants Polignac.

A ce sujet, le prince m'a dit un mot curieux du frère de Chantelauze : le lendemain de la ridicule querelle du 21 février, ce frère fut voir la princesse, lui exprima tout son regret de ces malheureuses dissentions auxquelles il était lui, *comme frère de Chantelauze, presque obligé de s'associer*, et eut la bonhomie d'ajouter *que tout cela était causé par des intrigues vraiment inexplicables.* Or, les faits principaux de ces *intrigues* résultent de ce que M. Capefigue, dans son dernier volume de l'*Histoire de la Restauration*, a dit des choses fort désagréables de M. Chantelauze, et que, *selon toute apparence, c'est le prince qui a fait faire et payé ce travail.....* Il est vrai que le Capefigue dit vingt fois plus de mal du prince que de Chantelauze ; mais il n'importe, celui-ci n'en veut pas démordre, c'est le prince qui a payé pour se faire injurier. Un autre fait, c'est qu'il y a deux ou trois ans le journal du Calvados, l'*Ami de la Vérité, parla de Chantelauze.....* C'est vrai, il dit en propres termes : *M. Chantelauze est certainement l'un des hommes de France qui connaissent le mieux l'histoire de leur pays.....*

Ne voilà-t-il pas de belles *intrigues* et des choses bien *répugnantes pour un homme de bien ?.....*

Au demeurant, cette dénonciation d'intrigues est très-grave, et si ce n'est pas un acte de démence, c'est une lâcheté et une infamie dont il faudra un jour que son auteur rende compte.

20 JUIN.

Il n'y a aucune nouvelle à noter aujourd'hui.

Hier soir, vers six heures, pendant que je faisais ma promenade avant dîner, Chantelauze est venu me trouver, il était fort souffrant : après avoir fait quelques pas, il m'a exprimé combien l'isolement dans lequel il vivait lui devenait pénible, et combien il désirerait se rapprocher du prince et même de Peyronnet. — Je ne puis, lui ai-je répondu, vous servir auprès de celui-ci, et, d'ailleurs, comme il s'est *brouillé* avec nous sans aucun motif apparent, je ne conçois pas trop la possibilité d'un raccommodement ; quant au prince, il est si doux, si bon, que, malgré vos torts envers lui, pour peu que vous en exprimiez le désir, je me fais fort de l'amener chez vous dès ce soir.

Là-dessus, Chantelauze est convenu que la captivité avait cruellement aigri son caractère, qu'il le sentait et qu'il était prêt à reconnaître qu'il avait eu des torts envers le prince comme envers moi.

Après quelques explications, il a été convenu que je parlerais au prince d'un rapprochement, et que, s'il y consentait, Chantelauze irait le voir.

Comme je l'avais prévu, dès le premier mot le prince s'est empressé d'accueillir la proposition du raccommodement, et, après le dîner, il est venu avec moi chez Chantelauze. Ils se sont embrassés et tout a été terminé.

Ce matin, à onze heures, Chantelauze est entré chez moi; après quelques mots insignifiants, il m'a demandé ce que je pensais sur l'état de la politique, puis il a ajouté : *La Restauration est faite....... Henri V va rentrer..... Il n'y a plus qu'à faire un signe..... Par exemple, je ne suis pas sûr si ce sera à Mme de Berry ou à Mme la Dauphine que le pouvoir sera remis.....*

Ce sujet épuisé, faisant un retour sur lui-même, il m'a dit : *Il existe contre moi une étrange conspiration....; depuis quatre mois, je n'ai reçu aucune nouvelle de ma famille....; toute ma correspondance*

est arrêtée..... Aussi depuis quarante jours j'ai cessé d'écrire..... Je lui ai demandé alors s'il n'avait eu aucune nouvelle de l'arrivée de son frère, parti il y a six semaines ou deux mois ? Voici sa réponse : « J'ai reçu deux lettres censées de lui, et,
« en effet, l'écriture paraissait bien être la sienne ;
« mais, dès les premiers mots, j'ai reconnu que
« c'était une œuvre de police ; évidemment elles
« n'étaient pas de mon frère, dont on avait contre-
« fait l'écriture à merveille, et j'aurais été, en
« effet, désespéré que le contenu de ces lettres eût
« été de lui ; je les ai jetées au feu et n'ai pas
« répondu..... »

Ne voulant pas contrarier trop brusquement cette étrange idée, je lui ai dit que, s'il le désirait, moi dont la correspondance passait librement, je prierais un de mes amis de Lyon de voir sa famille et de nous donner des nouvelles de ses enfants : *Non*, m'a-t-il répondu, *c'est inutile, du moment que vos lettres feraient mention de moi, elles ne passeraient pas..... Je vous le dis, il y a un système de persécution effroyable ourdi contre moi.*

DIMANCHE 28 JUIN.

Hier matin, M. Chantelauze est entré chez moi et m'a tenu mot pour mot ce discours : « Je viens
« de recevoir encore une lettre de la police ; elle
« est sous le nom d'une vieille dame de 70 ans, ma
« plus ancienne et meilleure amie, dont on a très-
« bien imité l'écriture. Cette lettre contenait non
« pas des injures, la fraude eût été trop facile à
« reconnaître, mais des insinuations offensantes-
« énormissimes, eu égard au caractère de cette
« dame et à son amitié pour moi....... Le faux est
« évident..... J'ai jeté cette lettre au feu et n'y
« répondrai pas plus que je ne réponds depuis six
« semaines à celles que la police me fait tenir
« comme venant de ma famille....... »

J'ai écrit à M. Rocher avant-hier et l'ai prié de s'informer si Sauzet ne viendra pas nous voir. Je désirerais fort qu'il pût dissiper les étranges idées de son client.

SAMEDI 1er AOUT.

Depuis quelques jours le prince est fort en froid avec moi, sans que je puisse deviner la cause de ce changement. Son fils est venu il y a plusieurs jours, vers l'époque de son arrivée ici, faire visite à Chantelauze et n'est point entré chez moi ; le comte de Polignac nous a fait visite à l'un et à l'autre peu de jours après son arrivée, je la lui ai rendue exactement ; il est revenu aujourd'hui chez mon voisin et ne m'a pas fait le même honneur. En général, il y a toujours eu des préférences marquées du prince envers Chantelauze depuis leur raccommodement, et un froid singulier dans ses relations avec moi. A son aise! je me soucie peu d'une liaison avec gens dont le commerce est si variable et je ne ferai pas d'avances.

Quant à Chantelauze, je n'ai qu'à m'en louer depuis notre rapprochement; s'il avait été toujours aussi communicatif, nous aurions formé une étroite liaison.

26 AOUT.

M. Chantelauze a fait insérer dans la *Quotidienne*, la semaine dernière, une lettre pour repousser toute solidarité dans les ordonnances de 1830, autres que celle de la presse à laquelle seule s'applique son rapport que les feuilles libérales ont vingt fois cité comme le préambule de toutes les ordonnances d'alors. Il y a dans cette lettre une phrase qui m'étonne; il dit : *La pensée du coup d'état, dans les formes qu'il a été exécuté, ne m'appartient pas.* Il m'a dit plusieurs fois qu'il n'était entré au ministère qu'*à la condition* qu'on prendrait les mesures réalisées par les ordonnances du 25 juillet; la pensée du coup d'état lui appartient donc; il est vrai qu'il ajoute *dans les formes qu'il a été exécuté;* ceci demanderait à être expliqué, mais je suis si fatigué de toute cette affaire que je ne lui en ai rien dit.

JEUDI 29 AOUT.

Le prince m'a conté, avant-hier, un fait assez curieux qu'il m'avait déjà dit, mais que peut-être je n'ai pas recueilli, et qui pourtant en vaut la peine. Pendant notre procès, Martignac lui assura que, peu de jours avant les ordonnances du 25 juillet, M. de Peyronnet était en conférences très-suivies avec Laffitte (et peut-être d'autres députés de la même couleur), sur la question de savoir s'il ne serait pas possible de former un ministère de coalition dans lequel entreraient et Laffitte et le susdit Peyronnet.

Le prince m'a affirmé que le Roi et encore moins lui, le prince, n'avaient aucune connaissance de cette étrange négociation.

DE DIMANCHE 27 A JEUDI 31 DÉCEMBRE.

Chantelauze est encore brouillé avec le prince. Celui-ci descendait tous les soirs faire une partie d'échecs; Chantelauze lui a tout simplement fait dire, mardi matin, qu'il avait à travailler : c'était un prétexte. Il avait si peu à faire que, le soir du même jour, il m'engagea, comme d'usage, à entrer en descendant de dîner et à faire une partie: nous avons continué depuis. Le prince ne sait quelle peut être la cause de cette étrange conduite dont il est d'ailleurs fort blessé; je crois que cela vient de quelque petite brouille entr les dames.

Ne voulant pas prendre parti dans ces querelles de ménage, j'ai dit hier à Chantelauze que dorénavant j'irais après le dîner faire d'abord une partie avec le prince, et qu'ensuite je descendrais achever la soirée chez lui ; j'ai commencé ce soir.

Le prince m'a conté une plaisante démarche de notre camarade : il avait exprimé dans ces derniers temps un vif désir de voir Vertamy et prié instamment le prince de l'avertir quand celui-ci viendrait. Je crois qu'il voulait le faire s'expliquer catégoriquement sur la prétendue proposition d'un ministère dans le gouvernement actuel : le prince avertit, en effet, Chantelauze du jour où Vertamy viendrait, et, le matin de ce même jour, Chantelauze fit appeler Delpire, et lui dit qu'il avait voulu lui déclarer à lui, Delpire, *que personne au monde ne pourrait le faire changer d'opinion*, lui Chantelauze. Le gros butor ne comprit rien à cette déclaration, et il faut convenir que plus malin que lui n'y aurait pas compris davantage, mais, en bon instrument de police, il fit rapport du tout à son ministre.

Voilà une année finie encore, et une pénible année, c'est la septième bien dure pour moi ; depuis le mois de janvier 1829, ma femme et moi nous n'avons éprouvé que des revers, et de cruels chagrins nous ont frappés; cette mauvaise veine sera-t-elle enfin bientôt épuisée et le chapitre des compensations ne s'ouvrira-t-il pas?

2 FÉVRIER 1836.

Peyronnet a écrit à la *Quotidienne :* qu'il n'a pas voulu recevoir les médecins, parce qu'il ne demande à personne *ni grâce, ni faveur,* NI MÊME JUSTICE. Il faut conclure de là que, si on lui ouvrait la porte, il se garderait de sortir. Cette ridicule jactance rappelle l'obstination plaisante de Barbé-Marbois, qui, déporté à la Guyane, par un arrêté du Directoire, et délivré par Buonaparte consul, ne voulait pas revenir en France à moins que *la même autorité qui l'avait banni ne le rappelât.* Il pensa rester dans les marais de la Guyane.

21 FÉVRIER.

Le prince m'a conté, hier soir, un fait que

j'ignorais, c'est qu'il était, ainsi que son frère, de la conspiration Malet ; voici ce qu'il m'a dit :

« Nous nous trouvâmes avec Malet et l'abbé Lafond dans la maison de santé d'un nommé Dubuisson. Là le plan fut conçu par Malet ; il avait des intelligences avec plusieurs sénateurs qui devaient, au moment de l'exécution, entraîner le sénat à prendre les mesures gouvernementales, car lui ne se chargerait que de culbuter les gouvernants impériaux. De notre côté, nous avions des intelligences avec les royalistes de Paris, qui se seraient tenus prêts à seconder le mouvement. Il était convenu que, aussitôt après le succès, il serait formé un conseil mi-parti de républicains et de royalistes pour diriger l'administration provisoire, et qu'ensuite on se serait entendu comme on aurait pu pour l'organisation définitive. Ma belle-sœur (la duchesse) ayant obtenu notre translation dans une autre maison ; nous convînmes avec Malet qu'il nous avertirait au moment de l'exécution, qui d'ailleurs était encore assez éloignée. Cependant Malet se fatigua des retards, et se lança dans l'exécution de son plan sans nous rien faire dire. Avertis par nos amis, nous sortîmes, mon frère et moi, de notre maison de santé qui était au haut de la rue Saint-Jacques, et courûmes pour rejoindre Malet et ses amis ; mais nous n'arrivâmes à la place Vendôme que pour le voir arrêter par Laborde. Heureusement nous pûmes retourner à notre maison, et notre coopération demeura ignorée. »

LUNDI 22 ET MARDI 23 FÉVRIER.

Enfin voilà un ministère constitué !. . . . .

Cette combinaison est-elle viable ? Pour un ou deux cas peut-être. Ce qu'il y a de certain, c'est qu'elle nous est favorable, et que, selon toute apparence, l'amnistie ne se fera pas longtemps attendre.

Il est temps vraiment qu'on nous tire d'ici; ce pauvre Chantelauze a depuis deux jours une nouvelle lubie : il a cessé de venir dîner avec nous. Depuis quelques semaines il paraissait avoir une dent contre le prince. Il lui avait d'abord interdit sa chambre en lui renvoyant l'échiquier, et à dîner il ne lui adressait pas un mot; avant-hier, il a fait scission complète en se faisant servir à dîner chez lui; et hier il a appelé le commandant pour le prier d'ordonner que dorénavant on lui fît son dîner à part. Sur ce, Delpire lui ayant exprimé l'espoir que cette nouvelle brouillerie ne serait pas plus longue que les précédentes et ne durerait que quelques semaines. *Celle-ci*, reprit Chantelauze, *c'est pour toujours.*

J'ai su ce matin qu'ayant été hier plus souffrant qu'à l'ordinaire, il avait prétendu que ce redoublement de douleurs venait de son café dans lequel sans doute on glissait quelque substance malfaisante, et, pour éviter ce danger, il a prescrit à la femme Denoyère d'aller chercher elle-même son déjeuner chez Mme Renard, au lieu de le laisser apporter selon l'usage. Qui donc soupçonne-t-il de lui jouer ce mauvais tour?

MARDI 1er MARS.

Ma femme m'a mandé aujourd'hui et j'ai reçu en même temps une lettre explicative de M. Rocher à ce sujet, que mes amis l'avaient déterminée à adresser une demande formelle *au président du conseil,* tendant à obtenir qu'on me laisse aller dans une maison de santé ou à Ranville *sur parole,* et que le général Montmarie doit la conduire chez M. Portalis qui doit se charger de remettre cette demande.

Rocher ajoute que Sauzet a poussé lui-même à cette démarche, *afin,* a-t-il dit, *de forcer le conseil à se prononcer.* Enfin, il assure que M. Pasquier presse vivement pour qu'on nous ouvre les portes.

De tout cela il résulte clairement une chose assez fâcheuse, c'est qu'on est décidé à ne pas donner l'amnistie, et que Sauzet n'a pas assez d'autorité dans le conseil pour exiger la délivrance de son ancien client, puisqu'il veut qu'on mette le conseil *dans la nécessité de se prononcer.*

Je suis très-fâché que ma femme ait cédé à ces sollicitations. Je lui avais nettement dit que je ne voulais pas qu'elle fît une démarche de cette nature ; mais je conçois que, pressée par Rocher, Crémieux et le général, elle ait cédé à ce qu'on lui a persuadé être utile pour moi. Je lui ai écrit, ce matin, pour l'engager très-sérieusement à ne pas donner suite à sa demande, et surtout à ne voir ni ministres ni aucun de nos juges : ce serait s'avilir en pure perte. J'ai d'ailleurs déclaré à elle et à Rocher, que je n'accepterais rien *sur parole :* donner ma parole à ces gens-là ce serait reconnaître la légalité de leur monstrueux jugement.

DE JEUDI 3 A MARDI 8 MARS.

J'ai fait engager Crémieux à demander, *comme défenseur,* non *une grâce,* non une *remise* de peine, mais l'exécution pleine et entière de l'article 40 du code pénal qui limite *à cinq années* le maximum de l'*emprisonnement.* Je crois que, si tous les défenseurs actuellement en position de faire cette démarche, Crémieux, Hennequin et Vertamy, la faisaient en bons termes et la suivaient activement en lui donnant une grande publicité, l'effet pourrait être excellent.

Aimé va passablement, mais ma pauvre femme souffre et de son rhumatisme et de ses palpitations; elle s'afflige de ce que je blâme la démarche qu'on lui a fait faire pour moi; elle a tort. Je ne lui en veux pas, elle a fait pour le mieux et nos amis l'ont conseillée à bonne intention. Aussi est-ce à cause d'elle, autant qu'à cause de moi, que je regrette cette démarche humiliante et qui ne produira rien; mais je ne blâme personne : je désapprouve seulement le fait en lui-même.

23 AVRIL.

Voilà toute une semaine dans laquelle ma paresse semble avoir redoublé : depuis quelque temps, j'éprouve un singulier dégoût pour toute écriture ; on appelle cette espèce de maladie *tædium calami* ; j'en suis atteint bien complètement.

J'ai reçu avant hier une lettre de Montbel qui m'a fait grand plaisir ; il m'exprime toute la part que nos excellents princes ont prise aux malheurs de ma pauvre femme et de son fils. Je lui ai répondu sur-le-champ ; il se plaint de ce que *nous n'avons pas répondu à sa dernière lettre*..... J'en ai parlé à Chantelauze auquel cette dernière lettre était adressée. Il m'a répondu d'un air moqueur : *qu'il se plaigne !..... qu'il se plaigne !...* Il paraît que ce bon Montbel est *du complot ;* le roi Charles X en est bien, à ce que m'a dit le prince.

DIMANCHE 1 ET LUNDI 2 MAI.

Nous ignorons encore quelles grâces ont été accordées en l'honneur de S. Philippe, mais nous sommes bien sûrs qu'on n'a pas songé à nous et on a bien fait, car, pour mon compte, je n'accepterais rien *sous forme de grâce*.

M. de Peyronnet a obtenu un autre logement; on va le caser dans trois chambres assez vastes, situées au-dessus de la porte du château et occupées actuellement par le garde du génie : il aura là une vue superbe sur les dehors et une petite terrasse assez agréable; mais on parle de gardes, de surveillants, de restrictions, à cause de cette plate-forme. Tout cela ne lui conviendra guère, et je ne serais pas surpris qu'après qu'on aura parqueté et décoré ce logement, il n'en voulût plus. Cette circonstance n'indiquerait pas, de la part du gouvernement, l'intention de nous congédier si tôt.

SAMEDI 7 ET MERCREDI 11 MAI.

M. de Peyronnet, pour mieux se séparer de nous, avait demandé et obtenu qu'on lui fît arranger un autre logement; il avait même donné la note des arrangements qu'il voulait qu'on fît, tels que parquets, cheminées de marbre, glaces, etc., dans les trois pièces occupées par le garde du génie au-dessus de la porte d'entrée et tout était accordé;

mais il ne veut plus ce logement qu'il avait pourtant dernièrement sollicité ; il demande maintenant je ne sais quelles chambres dans d'autres corps de logis ; cet homme est difficile à contenter ; il écrivait pourtant il y a peu de temps : *je ne veux rien demander, pas même justice.....*

JEUDI 26 ET VENDREDI 27 MAI.

La Gazette de ce matin publie une lettre étrange de Chantelauze, dans laquelle, à propos de je ne sais quoi, il parle des *persécutions* exercées contre lui, de sa correspondance violée par la police et dont il a souvent reconnu des phrases entières dans les journaux ; enfin il revient sur les ordonnances, et explique son vote et celui des autres qu'il avait oublié *en 1830.....*

LUNDI 13 JUIN.

Le prince m'a conté hier une anecdote plaisante. C'était pendant la campagne de 1814 ; il était attaché comme aide de camp à M. *le comte d'Artois* qui l'employait dans des tentatives diplomatiques auprès des alliés.

Ceux-ci venaient d'être battus à Bray et chassés de Troyes par Napoléon ; leur retraite précipitée sur Chaumont avait tout l'air d'une déroute. Le prince, envoyé porter une proposition à M. de Metternich, arrive à son logement en traversant un énorme encombrement de bagages en désordre et de troupes débandées. M. de Metternich n'était pas chez lui; le prince insiste pour savoir où il est, car il faut qu'il lui parle à l'instant même; voici mot pour mot la réponse qu'on lui fit : « S. A. « est chez l'Empereur où elle fait, selon l'usage, sa « partie dans un quatuor de violon tous les soirs. « S. M. I. fait ainsi de la musique avec le prince « de Metternich et deux autres seigneurs. »

L'Empereur était en effet très-fort sur le violon et, dans quelque position qu'il fût, il lui fallait tous les soirs ses deux heures de musique. Si Napoléon avait eu le même goût, que de sang épargné!!....,

DIMANCHE 3 A MERCREDI 6 JUILLET.

Nous avons eu hier une aimable visite qui a donné lieu à de nouvelles folies de la part de Peyronnet et de Chantelauze.— On nous présente, il y a quelques jours, une note écrite par Delpire, tendant à savoir si nous voulions recevoir le marquis et la marquise de Talaru. Trois de nous dirent *oui* sans phrases; quant à Peyronnet, il écrivit au bas: *Je ne reçois que mes connaissances* EXCLUSIVES; ce qui veut dire qu'il suffit qu'une personne s'approche de l'un de nous pour ne pouvoir plus être admise auprès de Peyronnet. Si ce n'est pas là de la folie, c'est de la stupidité.

Le marquis avait obtenu la permission de dîner avec nous pendant les vingt-quatre heures qu'il devait passer à Ham, mais ici autre difficulté : Chantelauze ne veut plus voir le prince, il fallait donc que l'un des deux fût privé de la compagnie du visiteur et de celle de son aimable compagne. Le bon marquis fit toutes les instances imaginables auprès de Chantelauze pour le décider à faire, pendant une heure seulement, trêve à sa ridicule brouille avec le prince. Il n'a pu rien obtenir, et comme il venait principalement pour l'*isolé*, nous avons été privés, le prince et moi, des deux aimables convives. Vraiment, si ce pauvre Chantelauze n'avait pas le cerveau fêlé, il faudrait le regarder comme un parfait égoïste.

27 JUILLET.

Carel a été enterré lundi 25. Plus de 7,000 personnes, dit-on, ont suivi le convoi. Il avait ordonné qu'il n'y eût à son enterrement ni prêtres, ni cérémonies d'église, et ses ordres ont été ponctuellement suivis, ce qui n'a pas empêché M. de Chateaubriand de mener le deuil. Il devait, dit-on, faire un discours sur la tombe, sans doute pour célébrer les *vertus chrétiennes* du défunt; mais *ses sanglots l'en ont empêché*. Notez que Carel était pour l'auteur du Génie du christianisme une simple connaissance, toute nouvelle du moins, ne datant que de 1830. C'est un grand comédien, notre grand prosateur. La presse s'est emparée de ce nom de Carel et en a fait un colosse, et Chateaubriand, le plus déterminé coureur de popularité, dit comme la presse pour se populariser. Depuis quatre jours les feuilles de toutes couleurs ne tarissent pas sur le compte du défunt rédacteur du National : c'est *le plus grand homme des temps modernes!*...... L'esprit de parti, d'un côté, et la plate courtisanerie, de l'autre, sont de merveilleux moules à réputation.

MERCREDI 3 ET JEUDI 4 AOUT.

Notre affaire, à nous, est *décidément* arrêtée (décidément jusqu'à nouvelle variante). Il y a quelques jours Louis-Philippe le dit lui-même à Mme Sébastiani, nièce du prince, et, sur l'observation qu'elle lui fit, que c'était bien peu de chose, il ajouta : *Ce n'est qu'un premier pas, mais je vous promets que le second sera plus complet et ne se fera pas attendre.*

Sauzet est allé lui-même annoncer à la princesse que tout était *décidé*, qu'on allait nous transférer dans des places fortes à notre choix, où nous aurions la faculté de recevoir, sans besoin de permission, tous nos amis et même l'autorisation de sortir pour nous promener dans la campagne ; ces sorties pourraient avoir lieu de quatre heures du matin à minuit, avec un garde, je suppose. M. de Montalembert est chargé de faire exécuter la mesure, et Sauzet affirme que cela aura lieu *avant la fin du mois*. Je choisis le château de Caen, le prince demande *Amiens*, Peyronnet a déjà écrit pour Blaye, et je suppose que Chantelauze voudra Pierre-Châtel, s'il veut quelque chose.....

MERCREDI 10 ET JEUDI 11 AOUT.

Le prince m'a conté hier une anecdote touchante du temps de son affaire de Georges. Son frère aîné (le duc), de Polignac, avait été arrêté dix jours avant lui, et quand on le prit, lui le prince, il reçut l'assurance que son frère était déjà fusillé. Il était au Temple depuis plusieurs jours lorsqu'il aperçut par sa fenêtre un homme entouré de soldats, qui lui parut avoir quelque ressemblance avec son frère qu'il croyait mort. Le nouveau prisonnier devait passer par un escalier dont la cage était adossée à la chambre du prince. Lorsque celui-ci entendit approcher le groupe, il chanta le premier vers d'une romance que peu de temps auparavant il avait faite chez la duchesse de Devonshire et dont son frère avait composé la musique : ce premier vers chanté, il prête l'oreille et entend le nouveau prisonnier lui répondre par le second vers. Ce nouveau prisonnier était en effet son frère.

Depuis la brouille du prince avec Chantelauze, j'avais continué d'aller tous les soirs jouer aux échecs avec celui-ci ; il m'a proposé mercredi de suspendre, *pour se reposer de toujours perdre*. Je n'irai plus.

SAMEDI 8 ET DIMANCHE 9 OCTOBRE.

Encore une déception! l'intention que le gouvernement vient de manifester au sujet de notre délivrance n'a servi qu'à nous prouver ce que je soupçonnais déjà, que nous ne devons conserver aucun espoir sous ce gouvernement ou du moins tant que vivra Philippe; voici ce qui s'est passé :

La princesse s'empressa de voir M. le duc de Noailles, en arrivant à Paris vendredi, et lui communiqua nos lettres dont elle lui expliqua le sens et le but : bien déterminés à ne jamais nous abaisser jusqu'à *demander grâce*, nous avions cru devoir borner notre démarche vis-à-vis le gouvernement à une demande de maison de santé ou de demi-liberté, demande motivée par la nécessité de remplir *des devoirs* de famille ; dans cette pensée ma lettre à Molé était ainsi conçue :

M. le Comte,

« Un cruel accident arrivé à mon beau-fils, le
« baron de Montmarie, exigerait en ce moment

« des soins que sa malheureuse mère est hors
« d'état de lui donner ; cette douloureuse cir-
« constance m'impose *le devoir* de demander qu'il
« me soit permis d'aller passer quelques mois, soit
« dans ma famille, soit dans une maison de santé
« où je pourrais appeler près de moi mon beau-fils.
« J'ai l'honneur, etc.

« 6 octobre 1836.

Le prince a écrit dans le même sens en prenant pour motif le besoin de surveiller l'éducation de ses enfants, pour laquelle la petite ville de Ham ne lui offre aucune ressource.

Il était bien convenu que la princesse ne remettrait ces lettres à Molé qu'autant qu'elles seraient une garantie certaine du succès, car nous ne voulions pas donner en pure perte à ces gens-là un témoignage de condescendance à leur faire aucune demande.

Sur ce qui nous avait été dit de la lettre écrite par Peyronnet, j'ai eu l'idée que peut-être avait-il remis à Gauthier une lettre pour celui-ci qui, en la montrant au ministre, aurait suffisamment garanti l'acceptation de Peyronnet..... Dans cette pensée et pour ne pas nous exposer à faire plus que lui, nous avons écrit à M. de Noailles des lettres ostensibles, qui seraient d'abord proposées au ministre comme preuves suffisantes de notre acceptation de la mesure qu'on prendrait ; la mienne était ainsi :

« M. le Duc,

« Pour répondre à l'intérêt dont vous voulez bien
« honorer mon infortune, je dois vous avouer
« que rien ne pourrait m'être plus agréable en ce
« moment que l'autorisation d'aller donner à
« mon beau-fils, soit dans ma famille, soit dans
« une maison de santé, des soins auxquels sa
« malheureuse mère est hors d'état de suffire.
« J'ai l'honneur, etc.

« 6 octobre 1836.

Dès le premier mot de la princesse, le duc de Noailles lui dit qu'il ne croyait pas que nos lettres *à lui* parussent suffisantes. Toutefois, elle ne voulut pas remettre d'abord celles destinées à Molé, et elle en prit copie pour ne pas lui livrer les originaux avant d'être assurée du résultat.

Le duc la conduisit chez le président du conseil qui la reçut à merveille, lui témoigna beaucoup *d'intérêt* pour nous, et lui répéta que le gouvernement était décidé à nous rendre la liberté si nous en faisions la demande. Alors la princesse lui montra ses copies en lui demandant si ces formules paraîtraient suffisantes : « Je n'ai rien à objecter « à la forme textuelle, répondit-il ; mais ce n'est « pas à moi, c'est au Roi lui-même qu'elles doivent « être adressées..... »

La princesse se garda bien de remettre nos lettres, et dit qu'elle allait nous transmettre cette réponse. « Mais, ajouta-t-elle, en supposant que « ces messieurs ne veuillent pas *demander* grâce, « est-ce que l'on ne consentirait pas au moins à « les faire transférer dans des maisons de santé ?...

« Je n'y verrais aucune difficulté, répondit « Molé, et, puisque vous le désirez, je vais aujour- « d'hui même prendre les ordres du Roi à ce sujet. « Dans ce cas, il n'y aurait pas besoin de nouvelles « demandes ; MM^{mes} de Guernon-Ranville et Chan- « telauze ont déjà réclamé une maison de santé, « il y a quelques mois, pour leurs maris. Ces « demandes suffisent et vous en formerez une « pour le prince..... »

Le prince a accepté cette assurance et nous en sommes là. Certes, la maison de santé serait loin encore de la liberté entière ; mais ce serait un adoucissement considérable, et j'aimerais mieux attendre ainsi deux ou trois ans une amnistie *inévitable* que d'acheter une complète délivrance actuelle par une demande à Louis-Philippe.

M. Molé a montré à la princesse la lettre que lui a écrite Peyronnet et qui ne suffit pas : dans cette lettre, il complimente M. Molé sur *son noble caractère*, M. Guizot sur *sa science*, et demande sa liberté afin de pouvoir rétablir sa santé délabrée ; du reste, et abstraction faite de ces compliments, son style est digne et convenable. Quant à moi, j'aimerais mieux fonder une demande sur la *nécessité* d'accomplir un *devoir de famille* que sur une considération *d'intérêt personnel* comme la santé... Le prince m'a renvoyé la lettre destinée à Molé ; ainsi, dieu merci ! ces gens-là n'auront pas un mot de ma main et je ne leur aurai rien demandé.

LUNDI 17 ET MARDI 18 OCTOBRE.

Le prince est venu hier matin m'annoncer que notre affaire était décidée, que Peyronnet et Chantelauze allaient être renvoyés chez eux, sous la surveillance administrative, et que, quant à nous qui n'avons pas voulu implorer la clémence de Philippe, on nous proposerait d'ici à quelques jours *d'aller voyager à l'étranger*.....

Je ne sais jusqu'à quel point cela est vrai, mais il me paraîtrait bien extraordinaire que le gouvernement eût la sottise de manifester aussi ouvertement son dépit de n'avoir pu nous réduire à demander grâce. M. de Peyronnet à peu près libre et moi exilé, ce serait une anomalie si étrange que le ridicule en ferait certainement justice. Aussi je résisterai tant que je pourrai à l'exil; d'abord, je manque d'argent pour voyager actuellement, ainsi que je l'ai dit au prince, et puis je ne doute pas que, restant en prison, il n'y eût bientôt pour le gouvernement nécessité de m'ouvrir les portes sans condition.

On nous avait dit que Chantelauze avait écrit dans le même sens que Peyronnet, il paraît que cela n'est pas vrai; c'est le commandant Delpire qui a demandé pour lui. Ainsi la demande de Delpire au *ministre* a suffi pour Chantelauze, et nos propres demandes et celles de nos femmes, aussi adressées au ministre, sont jugées insuffisantes.

Je suis fort curieux de voir l'ordonnance qui graciera ces messieurs et fort impatient de les voir partis.

Ma femme m'a longuement expliqué, hier, que l'opinion publique approuve la démarche de Peyronnet et blâme fort notre obstination à ne vouloir pas l'imiter; elle m'a envoyé la note de M. Janvier, expliquant comme quoi nous pouvons très-bien formuler une demande sans compromettre notre caractère; j'ai répondu à tout en appuyant sur ce que demander remise ou modification de peine, c'est demander grâce, c'est reconnaître le roi Louis-Philippe.

Ce matin, une nouvelle lettre de ma femme, pleine de découragement et de reproches sur mon peu d'égard à ses prières, est venue empoisonner ma journée; je lui ai répondu par une lettre ostensible expliquant pourquoi je ne puis demander grâce d'une condamnation illégale, mais seulement justice et cessation d'une peine prononcée en violation de toutes les lois; j'ai envoyé ma lettre dans un paquet que le prince expédie par le conducteur de la diligence, elle arrivera ainsi demain de bonne heure.

MERCREDI 19 OCTOBRE.

L'affaire de nos deux compagnons est terminée, une ordonnance de lundi 17 « *sur la demande de* « *MM. Peyronnet et Chantelauze,* dont la santé « est profondément altérée, a ordonné qu'ils soient

« extraits du château de Ham, et les a autorisés à
« résider, *sur leur parole*, M. Peyronnet à Mont-
« Ferrand (département de la Gironde) et M. Chan-
« telauze dans le département de la Loire. » C'est
ainsi que le *Moniteur* annonce le fait, sans donner
le texte de l'ordonnance. Nous verrons demain et
vendredi comment cette distinction entre quatre
condamnés pour le même fait sera jugée par les
journaux. Le prétexte *de santé altérée* ne manquera pas d'être relevé, et on saura que la véritable
cause qui nous fait retenir est le refus de faire une
demande.

JEUDI 20 OCTOBRE.

Ma femme est arrivée, ce matin, tout à fait à
l'improviste ; elle ne m'avait pas averti de son projet de venir ; mes amis, et M. Janvier surtout, lui
ont conseillé fortement d'essayer si, par ses représentations verbales, elle ne parviendrait pas à me
convaincre de former la demande. Le résultat de
notre conversation a été tout contraire, car elle
est maintenant à peu près persuadée que j'ai bien
fait de refuser cette démarche et que je dois
persister au moins pendant quelque temps.

Il est vrai que les remarques des journaux libéraux sur la distinction que le gouvernement fait entre nous sont venues fort à mon aide pour la dégoûter de la demande; tous, sans exception, regardent l'adoucissement accordé comme *une grâce,* appellent Peyronnet et Chantelauze *les ministres grâciés,* et ne parlent de leurs démarches que comme d'une *supplique de grâce,* d'une demande *de pardon,* etc..... Quelques-uns sont vraiment insultants, et je crois que Peyronnet voudra répondre; une discussion sur ce terrain ne lui sera pas favorable, car on ne manque pas de lui rappeler toutes ses jactances.

VENDREDI 21 OCTOBRE.

Peyronnet est parti, ce soir, du château *à cinq heures,* et deux de ses gens font courir le bruit ici que, avant d'écrire à Louis-Philippe, il en a demandé la permission à Charles X, qui l'a autorisé, en l'assurant que cela ne changerait rien aux affections de lui Charles X pour lui Peyronnet. — C'est un mensonge, et en voici la preuve : l'autre ministère n'exigeait pas de demande, et, depuis que celui-ci est arrivé au pouvoir, il n'y aurait pas eu le temps d'avoir une réponse de Charles X. Au reste, le prince fera prendre des informations. Le Peyronnet n'a visité ni le prince, ni moi, avant de quitter la prison, nous n'en sommes pas surpris.

SAMEDI 22 OCTOBRE.

Ce que M. Melchior nous a rapporté hier est confirmé aujourd'hui par un mot de Louis-Philippe lui-même. Le prince Esterhazy, qui est allé voir la princesse de Polignac, lui a conté que, l'un de ces jours derniers, Louis-Philippe, auquel M. d'Appony parlait pour la centième fois de la *nécessité* de nous faire sortir de prison, a répondu : *Que puis-je faire de plus que ce que je fais en ce moment ? Je ne leur demande que de me faire exprimer par le commandant du château le désir de recouvrer leur liberté, et ils sortiront à l'instant ; il m'est pourtant impossible de faire plus de concessions.....*

Il y a du vrai dans cette dernière réflexion.

Nous croyons aussi que le commandant a reçu des ordres de provoquer de nous cette demande auprès de lui ; il faisait, ce matin, au prince des offres de service tellement affectées qu'il paraissait clairement n'agir que par ordre. Quant à moi, je ne le vois jamais, je l'ai mis en quelque sorte hors de ma chambre et il se le tient pour dit.

Peyronnet laisse ici dans la ville la réputation d'un *vantard*, tout le monde remarque qu'il a vingt fois écrit qu'il ne voulait rien demander et que c'est lui qui a *fléchi* le premier. Le conte qu'il fait courir de sa consultation à Charles X est absurde ; ce n'est que le *4 de ce mois* que, *pour la première fois,* nous avons su, par le voyage de M. Gauthier, de Bordeaux, que Philippe exigeait une demande, et, le lendemain 5, Gauthier est reparti muni de la lettre de Peyronnet. Au reste, Delpire a dit hier au prince que, *dès il y a trois ans,* Peyronnet le chargea, lui Delpire, de transmettre une demande.

La lettre emportée par Gauthier contenait de longues phrases et *des conseils* sur l'amnistie, le tout assaisonné de louanges à Louis-Philippe ; on l'a trouvée trop longue et peut-être a-t-on été choqué des avis non demandés ; ce qui paraît sûr, c'est qu'on a exigé une autre lettre plus courte et que le docile Peyronnet l'a encore écrite.

Hier, à cinq heures et demie, il n'a osé entrer dans la ville en sortant d'ici, et est allé prendre sa voiture sur la route, hors la porte de Noyon. Pour expliquer cette marche, il dit « qu'il ne voulait « pas faire entrer sa voiture dans la cour du châ-

« teau pour ne pas nous causer un sentiment pé-
« nible..... » Diable de gascon ! il ne manque pas une occasion de fouailler : je ne serais pas étonné qu'un jour il prétendît avoir négocié pour nous et n'avoir consenti à écrire *qu'à condition qu'on nous délivrerait tous.*

Le lendemain du départ de Peyronnet, on est entré dans son appartement pour le nettoyer, et on a trouvé écrit au-dessus de sa glace, en lettres de trois pouces : *A Dieu seul je crie merci !!*

Le farceur !...

DIMANCHE 23 A MARDI 25 OCTOBRE.

Nous n'avons encore rien de nouveau. M. Melchior est reparti samedi et arrivé dimanche matin, muni de notre consentement à faire une demande à Delpire, qui la transmettra *au gouvernement du Roi des Français;* il est allé hier chez M. Monnier, mais n'a pu le voir : il était sorti pour toute la journée ; il a dû y retourner ce matin, à dix heures, avec la certitude de le rencontrer. Nous ne pourrons guère savoir que jeudi le résultat de la démarche que Monnier lui-même aura faite ensuite auprès de Molé pour lui porter notre consentement. A tout événement et pour être prêts aussitôt que nous connaîtrons la décision du ministre, j'ai rédigé la demande que nous ferons à Delpire ; le prince doit l'examiner et nous nous accorderons demain sur ce *protocole*.

La femme Denayère m'a dit, ce matin, avec un air d'assurance qui me ferait croire à quelques instructions déjà reçues par Delpire, que *très-certainement nous sortirions cette semaine*.....

Cette affirmation, venue d'une telle source, ne mérite attention qu'à cause des rapports journaliers entre le commandant et ces gens-là.

Mme de Saint-Ursin m'a mandé que l'effet de mon refus de demander avait été fort bon à Caen. A la première lecture du journal, au cabinet littéraire, quelqu'un s'écria : *Dieu merci, ce n'est pas notre compatriote qui s'est soumis à cette lâche supplique !*

MERCREDI 26 OCTOBRE.

Le prince a reçu aujourd'hui les détails de l'entrevue de son frère Melchior avec M. Monnier ; celui-ci croit pouvoir assurer que de cinq conditions mises par le prince à notre consentement de faire une demande, quatre seront acceptées : 1° la demande sera faite verbalement au commandant qui la transmettra ; 2º aucune expression blessante ne sera employée dans l'ordonnance ; 3º une fois la mesure prise on ne nous demandera plus rien, ni aucune autre garantie que notre parole (Je ne sais plus quelle est la quatrième). Quant à la cinquième, elle était relative au prince seul : c'était qu'il sortirait du royaume, mais que le mot *bannissement* ne serait pas employé ; M. Monnier croit qu'on tiendra essentiellement à ce mot, attendu qu'il n'y a pas d'autre moyen *légal* de faire sortir du pays un homme qui n'est pas déporté.

Voilà des gens devenus bien chatouilleux sur *la légalité*. Dans ce cas, ils ont bien des choses à faire, et tout d'abord il faut qu'ils suppriment à notre égard la clause *de résidence sur parole,* car aucune disposition de la loi n'autorise cette sorte de garantie. D'un autre côté, comment la loi les autoriserait-elle à *commuer* la peine *correctionnelle* dont le prince est frappé (l'emprisonnement n'a pas un autre caractère), en une peine afflictive et infamante ?

J'ai conseillé au prince de faire insister pour que la mesure à son égard n'ait pas d'autre forme ni d'autre garantie ; on nous autorise *à résider dans un lieu déterminé* SUR PAROLE ; eh bien ! qu'on l'autorise à sortir du royaume ou *à résider à l'étranger sur parole de ne pas rentrer en France*.....

Il répugne un peu à donner cette parole, mais ses motifs sont si futiles que je crois bien qu'il s'y résignerait.

Les journaux anglais parlent de notre affaire en termes peu flatteurs pour Peyronnet et Chantelauze. Le *Morning Post*, après avoir dit que nos amis ont fait tous leurs efforts pour nous décider à former la demande exigée, ajoute : « M. de Pey-
« ronnet surtout avait manifesté la répugnance la
« plus décidée ; mais enfin les prières et les larmes
« de sa famille ont triomphé de sa résolution.
« Pourrait-on blâmer un malade, un homme
« éprouvé par l'infirmité, d'avoir *failli* dans de
« telles circonstances ? On blâmerait encore moins
« M. de Chantelauze, *dont l'état intellectuel était
« encore plus déplorable*. Mais M. de Polignac,
« homme de franchise et d'honneur, bien que l'on
« ait pu ne pas comprendre sa conduite politique,
« n'a pu se décider à demander sa grâce au suc-
« cesseur d'un prince dont il était l'ami le plus
« intime et dont il avait partagé les infortunes..

« Refusant de demander sa liberté à des condi-
« tions qui lui semblent dégradantes pour lui per-

« sonnellement, et aux yeux des hommes de son
« parti, toujours portés à honorer son caractère,
« bien qu'ils souffrent de ses erreurs, M. de Poli-
« gnac s'est transporté auprès de M. de Guernon-
« Ranville, et il l'a vivement pressé de solliciter sa
« grâce, n'ayant pas les mêmes raisons que lui
« pour ne pas se soumettre aux conditions exigées.
« M. de Ranville s'est refusé jusqu'ici de se rendre
« à ses prières, mais il faut espérer qu'il finira par
« céder, etc. » (Suit un pompeux éloge de la résignation de M. de Polignac et de son excellente et aimable femme.)

J'ai fait remarquer au prince que cet article était fort élogieux pour lui et blessant pour *tous* ses compagnons ; car si Peyronnet et Chantelauze sont représentés *comme ayant faibli, et d'ailleurs étant dans un déplorable état intellectuel*, il y a aussi un mot fort désobligeant pour ma famille ; on ne manquerait pas de lui en attribuer la pensée, avec d'autant plus de raison qu'on y cite un fait qui n'a pu être connu que de *lui* et de *moi*, c'est la différence de position qu'il m'a en effet expliquée..... Il comprend à peine cela, et jure médiocrement se soucier de l'effet que cette réflexion peut produire sur ceux qui auraient à se plaindre d'être sacrifiés ainsi pour le rehausser.

Le Morning Chronicle fait de son côté une remarque fort blessante pour Peyronnet et Chantelauze : « Nous croyons qu'il est impolitique de par-
« donner à ceux qui *humilient leur orgueil et*
« *démentent leurs antécédents*, et de refuser toute
« faveur à des hommes jaloux de persister dans
« leurs opinions. Assurément M. de Polignac,
« dédaignant de reconnaître Louis-Philippe, même
« comme roi de fait, en implorant sa clémence,
« montre sinon une noble fierté, du moins une
« faiblesse très-respectable. »

Peyronnet ne laissera pas passer ces paroles piquantes sans réponse, et nous verrons bientôt quelque longue épître dans laquelle il démontrera que sa *supplique* à Philippe est un acte nouveau d'héroïsme.

VENDREDI 28 OCTOBRE.

Notre affaire vient enfin de faire un pas qui doit être décisif, si les gens de Louis-Philippe tiennent leur parole.

Ce matin, ma femme me mandait que la princesse était allée chez elle lui dire que désormais elle pouvait travailler *seule* pour moi, attendu que

M. Monnier ne négociait que pour le prince.....
Cette déclaration faite après que, depuis trois jours, ma femme était tenue sur une extrême réserve par l'expresse recommandation de ne voir personne, ni Guizot, ni Janvier, pour ne point entraver ou croiser les démarches de Monnier, avait quelque chose d'assez extraordinaire. De son côté, le prince a reçu de sa femme quatre lettres qui jettent une telle obscurité sur le résultat des démarches faites qu'il nous a été impossible d'y rien comprendre.

Fatigué de ces allées et venues et me trouvant suffisamment autorisé par l'avertissement de la princesse, j'ai pris le parti de réaliser sur-le-champ la concession que le prince avait faite précédemment en notre nom à tous deux dans sa note à Monnier, et j'ai écrit à Delpire une lettre ainsi conçue:

« Monsieur,

« Je vous prie de vouloir bien informer le gou-
« vernement que ma santé, gravement altérée,
« exige en ce moment des soins que je ne puis
« recevoir qu'au sein de ma famille.

« Si cet exposé est pris en considération, je dé-
« sire être autorisé à me retirer dans le département
« du Calvados. »

Ma lettre envoyée, je suis allé annoncer ma démarche au prince; il n'en a rien dit d'abord et même a paru l'approuver; mais, ayant remarqué que je n'avais pas dit *le gouvernement* du Roi des Français, il s'est mis à se lamenter, à se désespérer sur ce que je le faisais manquer à la parole qu'il avait donnée à Monnier, dans la note par laquelle il consentait à ce que ces mots sacramentels : *le gouvernement du Roi des Français,* fussent dans notre demande.

Après avoir fait de vains efforts pour lui prouver que cette concession ayant été conditionnelle et accompagnée de la stipulation qu'il serait mis comme nous en liberté en France, se trouvait anéantie dès lors qu'on ne voulait que le bannir, lui; que, d'ailleurs, ce qui avait été promis en mon nom à M. Monnier se trouvait comme non-avenu, puisqu'on séparait nos causes et que Monnier ne travaillait pas pour moi. Voyant sa désolation, j'ai consenti à refaire ma lettre, avec les mots *sacrés,* et j'ai fait redemander la mienne à Delpire. Autre désolation pour le prince : Delpire, enchanté de tenir une sorte de demande, n'a pas voulu la rendre. Enfin, je n'ai eu d'autre moyen de calmer ce pauvre prince que d'écrire une autre lettre littéralement semblable à la première, sauf que j'y ai mis tout au long *le gouvernement du Roi des Français*, au lieu du *gouvernement* tout court, et il s'est chargé de l'échanger contre celle que Delpire tenait si bien. Cette *négociation* a réussi.

Voyant mon affaire aussi avancée, le prince n'a pas voulu rester en arrière, et m'a dit qu'il allait écrire aussi à Delpire, mais seulement pour demander une maison de santé, sachant bien d'avance que c'était le bannissement qu'on lui réservait.

Je n'ai pas trop conçu qu'avec cette conviction de bannissement, il ait voulu prendre la peine de formuler une demande quelconque, mais enfin c'était son idée : il m'a prié d'écrire moi-même le brouillon de sa lettre, en prenant pour prétexte que la main lui tremblait, par suite de l'émotion qu'il venait d'éprouver. Il m'a paru clair que ce n'était là qu'un prétexte, et qu'il voulait seulement avoir *la preuve écrite de ma main* que j'approuvais sa démarche. Je me suis prêté de bonne grâce à son désir et j'ai écrit sous *sa dictée* quatre lignes qu'il a ensuite *copiées*, et par lesquelles il demande, en effet, au *gouvernement du Roi des Français*, l'autorisation d'aller se faire soigner dans une maison de santé.

Nos deux lettres ont dû être transmises aujourd'hui même par Delpire.

SAMEDI 5 NOVEMBRE.

Ma femme m'a écrit une lettre de désespoir ; ses plaintes me navrent, mais qu'y puis-je ? Elle se désolerait elle-même quelque jour peut-être de la faiblesse que j'aurais aujourd'hui de faire une bassesse par attachement pour elle et son fils.

16 NOVEMBRE.

Ce douloureux événement (la mort de Charles X) va rendre plus vive encore la persistance du parti de la Gazette à tenir pour valables et définitives les abdications de Rambouillet. Monseigneur le Dauphin n'est pas aimé de tous ces gens-là ; ils le regardent comme profondément incapable, et Dieu sait pourtant qu'il a plus de jugement que les quatre cinquièmes de ces hauts personnages politiques. Un journal (les Débats) affirmait hier qu'au moment de la mort de Charles X, son fils avait proclamé lui-même Henri V roi..... La lettre de B. donne un démenti à cette assertion, puisqu'il qualifie le Dauphin et la Dauphine par ces mots *le Roi et la Reine*. Je crois bien que Louis XIX tient fort peu à la couronne, et que, s'il y avait une nouvelle Restauration, il ne tarderait pas à abdiquer en faveur de son neveu; mais il aurait du moins la pudeur de ne le faire qu'à une époque où l'âge du jeune prince serait une garantie qu'il gouvernerait par lui-même.

Le prince (de Polignac) est profondément affligé : Charles X était vraiment un père pour lui, et il l'aimait en fils tendre et dévoué. . . . .

Je crains que cette mort ne soit une nouvelle occasion de dissension dans la famille royale ; la comtesse de *Luchesi Palli* n'aura pas pour son beau-frère le même respect, la même déférence qu'elle avait pour Charles X, et voudra peut-être ravoir ses enfants; Louis XIX, de son côté, se croira obligé, comme roi et comme chef de la famille, de garder sous sa surveillance l'héritier présomptif de la couronne : il fera très-bien. Quant à la Reine, elle ne consentira jamais à remettre sa jeune élève aux mains d'une mère si peu propre à lui donner de bons exemples. — Je ne sais si j'ai noté que cette fertile comtesse de Luchesi est encore accouchée d'une fille, il y a quinze jours ou trois semaines ; je ne sais non plus si cette quatrième ou cinquième fille n'est pas morte presque en naissant.

MERCREDI 23 NOVEMBRE.

Enfin, notre affaire est terminée ; ce matin, le lieutenant de place est venu m'apporter lui-même mon journal et m'a dit que la Quotidienne annonçait notre mise en liberté ; cette annonce ne m'a pas paru assez officielle et j'ai douté. Mais ce soir, à sept heures, le jeune Polignac (Armand) est arrivé en poste nous apportant le Moniteur qui annonce que, *sur notre demande adressée au Roi pour obtenir une maison de santé*, la peine du prince a été commuée *en vingt années de bannissement*, et que je suis, moi, *autorisé à me retirer dans ma terre de Ranville*.

Voilà encore une violation de la loi à l'égard du prince : le maximum du bannissement, suivant le code pénal, est de *dix années* et on lui en applique vingt. Tant mieux ! il faut que tout se tienne dans cette stupide affaire. Le journal dit, sur notre demande *adressée au Roi*, et il ment : nous ne nous sommes adressés qu'aux ministres. Le prince redressera cela quand il aura passé la frontière.

JEUDI 24 NOVEMBRE.

Notre affaire est décidément terminée ; ce matin, vers huit heures, Delpire est venu m'annoncer que j'étais libre. J'étais encore au lit ; cinq minutes après il a entamé avec moi une correspondance que je relaterai ailleurs.

On croit qu'un officier de gendarmerie viendra ce soir ou dans la nuit prendre le prince pour le conduire à Calais où l'on veut le faire embarquer pour l'Angleterre. Je doute qu'il se soumette à prendre la mer ; ses affaires exigent sa présence sur le continent, et je ne vois pas comment on le forcerait d'aller en Angleterre plutôt qu'en Belgique.

Toute la matinée, j'ai reçu la visite des notabilités du pays empressées de me témoigner la part qu'elles prennent à ma délivrance ; Mlle Rouzier d'Estouilly, M. de La Maivrie, M. et Mme La Boulette, l'excellent Bozon sont venus. Tous ces gens-là paraissent bien francs dans leurs félicitations. Ils sont aussi allés visiter le prince ; nous devons une grande partie de ce bienveillant intérêt à nos pauvres femmes dont le dévouement et les souffrances ont vraiment touché tout le monde.

Bertin est venu ; je l'ai fait causer sur le chevalier d'Éon, dont on a parlé beaucoup dernièrement dans les journaux ; il a assisté à l'autopsie de cet être singulier. Cette autopsie fut faite par quatre ou cinq chirurgiens anglais, en présence du père Élisée, de Bertin, de sir Adair, du marin sir Sydney Smith : tous reconnurent que le chevalier était un homme très-bien, *très-fortement* conformé. Ainsi, plus de doute sur cette curiosité historique. Reste le motif du déguisement qui, sans doute, ne sera jamais bien connu.

Le prince Armand de Polignac est venu me faire ses adieux ; j'ai fait les miens hier dans la journée à la princesse, à sa belle-sœur, Mme de Melchior et à M. Melchior ; hier soir le prince et moi nous nous sommes cordialement embrassés et demandé respectivement pardon de nos petites vivacités.....

APPENDICE.

ENTRÉE

DE M. LE COMTE DE GUERNON-RANVILLE

DANS LE MINISTÈRE POLIGNAC.

LETTRE (1) ADRESSÉE A M. LE PROCUREUR GÉNÉRAL PRÈS LA COUR ROYALE DE LYON (RHÔNE).

MINISTÈRE DE LA JUSTICE.—CABINET PARTICULIER.

Paris, le 11 novembre 1829.
(Secrète.)

Voici, mon cher procureur-général, une grande nouvelle : M. le prince de Polignac m'a fait lever ce matin une heure plus tôt qu'à l'ordinaire ; il voulait me parler de vous ; la veille au soir, nous avions eu déjà un long entretien à votre sujet. Des ennemis de votre beau caractère lui avaient dit que vous étiez hostile à la religion et

---

(1) Copie textuelle de l'autographe.

au clergé. J'ai réfuté victorieusement, et avec la chaleur d'une âme qui comprend la vôtre, cette ridicule calomnie. « M. de Ranville, ai-je répondu au prince, n'est pas doué de cette piété qui se rencontre si rarement chez les hommes de son âge ; mais il est attaché à toutes les doctrines d'ordre, et il a au plus haut degré la religion des gens de bien. » Je n'ai eu, comme vous pouvez croire, aucune peine à convaincre le prince, qui était déjà si disposé à vous accorder sa plus haute estime. — « Je regarde, m'a-t-il dit, la religion comme la base de l'ordre public. Je n'en demande pas davantage, et je le savais trop éclairé pour n'être pas certain qu'on m'avait trompé à cet égard. »

Aujourd'hui, il m'a confié que M. de La Bourdonnaye se retirait,—que lui, M. de Polignac aurait la présidence du conseil ; que M. de Montbel passait à l'intérieur et qu'il vous appelait de tous ses vœux à l'instruction publique. Il m'a chargé expressément de m'assurer si vous accepteriez ce portefeuille. « Je n'en ait point encore parlé au Roi, m'a-t-il dit, *mais je suis sûr que le Roi y consentira.* »

Répondez-moi donc courrier par courrier d'une manière positive : acceptez vous ?

Cette proposition m'a enivré d'orgueil et de joie.
—Vous voilà où vous attendaient les amis du trône ; vous voilà où vous appelait celui qui fait nos destinées.

Les circonstances sont infiniment moins critiques qu'il y a trois mois ; — la modération qui domine dans les conseils du Roi ramène tous les jours des hommes même que vous serez surpris de voir dans votre cabinet de la rue de Grenelle. La place de procureur-général à la cour de cassation sera, au besoin, votre retraite.—Au surplus, c'est une preuve de dévouement que le Roi vous demande, c'est à l'un de ses plus fidèles sujets qu'il s'adresse ! Il y a dans votre consentement, et plus encore dans l'accomplissement de ce magnifique mandat, de quoi honorer toute une vie !

M. de La Bourdonnaye ne se retire que par dépit,— il ne voulait pas de présidence,—ses collègues le voient partir sans regret, — il s'était montré au-dessous de sa position, et sa fureur de dominer entravait toutes choses. Toutefois, le ministère veut conserver sa couleur, et voilà pourquoi on vous désire.

Veuillez garder sur cette communication le plus profond secret. M. de Polignac n'en a pas parlé à M. le garde-des-sceaux.—Vous jugez combien, dès lors ma position est délicate ! *il faut qu'on ignore toujours que la proposition vous a été faite par moi.*

Venez, noble ami du Roi, — venez vous asseoir parmi ceux qui ne veulent soutenir son trône qu'en s'associant à ses plus généreuses pensées.

Venez opposer aux démolisseurs de la Monarchie la force d'un caractère à la fois énergique et modéré. Point de réaction, point de concessions ; voilà la devise du ministère. — N'est-ce pas aussi la vôtre ?

J'attends votre réponse mardi de la semaine prochaine. M. de Polignac seul la connaîtra ; il vous la demande au nom du Roi !

Adieu. — Je suis si agité que j'aurais quelque peine à vous entretenir d'autre chose ; j'ai tourmenté M. le garde-des-sceaux pour savoir sa détermination relativement à la place vacante de conseiller à Lyon,—il ne s'explique pas encore (*de vous à moi, soit dit*), il veut placer là le vicomte Debrosses, — n'en dites rien à M. Laval. Bornez-vous à l'assurer qu'il a en moi un ami de ses droits; mais que je ne suis pas le maître ; — pour votre ressort, je ne fuis aucune proposition, je reçois des ordres.

Adieu encore, je ne connais pas d'*excellence* qui

vaillé celle dont je serai toute ma vie le plus affectionné serviteur,

ROCHER.

Dans la réponse à cette lettre, réponse que M. Rocher a déposée au procès devant la cour des pairs, M. de Guernon, après avoir développé les motifs de son éloignement pour les hautes fonctions du ministère, s'exprime ainsi :

« Communiquez ces aveux, priez qu'on les pèse
« et détournez de moi, s'il se peut, *le calice*
« *d'amertume.*

« Quelle que soit la décision, vous pouvez ré-
« pondre de mon dévouement ; les doctrines du
« ministère actuel sont les miennes, point de
« *réaction*, point de *violence ;* mais plus de *concès-*
« *sion*, en deux mots, *justice et fermeté :* voilà
« ma devise ; la *charte*, voilà mon évangile
« politique... »

DÉPÊCHE TÉLÉGRAPHIQUE DE PARIS
Du 15 novembre 1829.

Son Exc. le ministre des affaires étrangères à M. de Guernon-Ranville, procureur-général près la cour royale de Lyon.

Rendez-vous promptement à Paris, par ordre du

Roi ; partez à la réception de cette dépêche. Gardez le plus profond secret sur votre départ.

Réponse par le télégraphe.

Pour copie,

Des Boys.

Lyon, le 16, 1 h. 1/2. P. M.

LETTRE ADRESSÉE A M. DE GUERNON-RANVILLE, PROCUREUR GÉNÉRAL PRÈS LA COUR ROYALE.

Lyon (Rhône).

Le Roi le veut, les ministres le veulent, l'honneur le veut. Venez et venez vite.

Vous avez reçu par le télégraphe cette invitation.— On vous attend ici avec une extrême impatience, et personne ne sera plus heureux de vous voir que le plus affectionné des vôtres.

Rocher.

Dimanche matin, 18 novembre 1829.

DÉPÊCHE TÉLÉGRAPHIQUE DE PARIS

Du 19 novembre 1829, à midi.

Son Exc. le Ministre des affaires étrangères, président du conseil des ministres, à M. de Guernon-Ranville.

Le Roi vous a nommé ministre des affaires ecclésiastiques et de l'instruction publique en date du 18 courant.

Pour copie,

Des Boys.

Lyon, le 19, à 1 h. 1/2.

PIÈCES

RELATIVES AU PROCÈS

DE M. LE COMTE DE GUERNON-RANVILLE (PROCÈS DES MINISTRES).

On a rapporté inexactement ce qui se passa entre M. Crémieux et moi au moment où il allait prendre la parole ; voici la vérité : il avait toujours désiré séparer ma cause de celle de mes collègues et plaider *libéralement*, comme il le disait toujours ; j'avais repoussé cette idée. Après les défenses de trois autres accusés, et prêt à prendre la parole, il se tourne vers moi et me dit : *J'espère que maintenant vous reconnaissez qu'un abîme sépare votre cause de celle de vos collègues.* Ma réponse que j'écrivis au crayon sur une carte et qui arriva à Mᵉ Crémieux en passant par les mains de ses trois confrères, fut textuellement ceci : « Je persiste dans ma résolution de
« ne pas séparer ma cause de celle de mes col-
« lègues. Leurs actes sont mes actes ; leur res-
« ponsabilité doit être la mienne : dussé-je porter

« ma tête sur l'échafaud, je n'entends pas sortir
« de ces limites, et si vous dites un seul mot
« contraire à ce qui a été convenu entre nous
« sur ces bases, je serai forcé de renoncer
« à toute défense..... » Le reste du récit est exact.

Cet article CRÉMIEUX reproduit une lettre que je lui écrivis la veille de sa plaidoirie et dont je suis bien aise de garder copie.

Ce 19 décembre 1830.

Nous voilà arrivés au moment décisif, mon cher ami ; probablement votre tour de plaider viendra demain, et il faut que je vous fasse connaître toute ma pensée sur le mode de défense qui me paraît convenir seul à ma position et à mon caractère.

Je voulais vous ouvrir mon cœur à ce sujet, il y a longtemps ; mais comment oser vous dire que je renonçais à l'honneur d'être défendu par vous ? Comment vous avouer la dissimulation que j'ai apportée dans mes relations avec vous ?

Écoutez-moi et ne me jugez pas trop sévèrement. Vous le savez, je pensai dès l'origine que cette cause ne comporterait nulle défense de barreau. Aussi étais-je résolu à ne faire aucune tentative pour me soustraire à une catastrophe que je regardais comme inévitable.

Les pleurs de ma femme me trouvèrent plus faible que je n'aurais voulu l'être ; sa tendresse alarmée me pressa de prendre un défenseur ; je me laissai arracher une sorte de consentement et vous fûtes appelé ; votre esprit, votre franchise, votre noble caractère me firent longtemps illusion sur les inconvénients de ma condescendance, et plus d'une fois je me félicitai d'avoir cédé.

Ce qui s'est passé dans ces quatre derniers jours m'a ouvert les yeux et convaincu plus que jamais que ma première détermination était la seule raisonnable.

Vaincus par la révolution, nous devons souffrir le sort des vaincus, et nous n'avons pas de plus sûr moyen d'honorer notre défaite que d'affronter sans ostentation, sans fanfaronnade, mais sans faiblesse les violences du parti vainqueur.

Et pourrait-il d'ailleurs y avoir, pour des hommes tombés de si haut, le moindre espoir de succès dans une lutte judiciaire, véritablement indigne d'une aussi grande infortune.

Il ne s'agit pas envers nous d'un acte de justice, mais d'une mesure politique. La condamnation des ministres qui ont tenté d'enchaîner la révolution est une nécessité qui justifiera, aux yeux de quelques simples, le succès de la révolution. Notre acquittement est donc impossible, car il serait la condamnation et du gouvernement actuel et de nos propres juges. Cet acquittement d'ailleurs serait, de la part des pairs, un acte admirable de courage et de vertu.....; n'en demandons pas tant à des hommes usés par quatre révolutions.

Si ce sont là des vérités palpables, voudriez-vous prostituer votre beau talent à combattre une décision arrêtée d'avance sous les influences les plus irrésistibles, celles de l'intérêt personnel et surtout de la peur? Non, mon cher ami, vous renoncerez à de stériles applaudissements, et vous reconnaîtrez avec moi que ma cause ne comporte désormais qu'un noble silence. Il faut toutefois que j'explique cette réserve peu d'accord avec les précédents ; et, dans ce but, voici à peu près ce que je dirai, sauf l'inspiration du moment lorsqu'on me donnera la parole :

« Si, jusqu'à présent, je me suis soumis aux
« divers actes de l'information illégale dirigée
« contre moi, c'est que j'avais un grand intérêt à
« faire constater l'étendue de ma participation aux
« ordonnances du 25 juillet. Il importait que nos
« concitoyens sussent que j'avais combattu ces

« ordonnances, soit à cause de leur inconstitu-
« tionnalité que n'excusait pas assez à mes yeux la
« conspiration révolutionnaire dont j'osais croire
« qu'on pourrait arrêter le progrès par d'autres
« voies, soit à cause des dangers qui me parais-
« saient devoir résulter, pour la monarchie, de
« l'insuffisance des moyens d'exécution de ces
« mesures hardies.

« J'espère avoir atteint ce but dans mes inter-
« rogatoires, et maintenant je ne dois répondre
« que par le silence aux menaces d'une accusation
« irrégulière.

« Je ne me reconnais point le caractère d'un
« *accusé,* dans le sens de la loi ; je ne puis vous
« reconnaître le droit de me juger ; je n'ai donc
« point à me défendre devant vous.

« Je vois ici une réunion d'anciens pairs du
« gouvernement légitime, pairs en expectative du
« gouvernement révolutionnaire, mais je n'y puis
« voir le tribunal auguste auquel la charte
« attribuait exclusivement le jugement des minis-
« tres accusés ; en un mot, je vois ici beaucoup
« d'hommes honorables, mais je n'y vois pas un
« seul juge.

« Dans un funeste combat entre la légitimité et
« la révolution, celle-ci a triomphé : serviteur de

« la légitimité, j'ai succombé avec elle ; je suis
« votre prisonnier, vous pouvez abuser de vos
« avantages et prendre ma vie, mais je ne
« m'abaisserai point à vous la disputer. »

Cela dit, ou à peu près; je m'assiérai, et plus
mot ne soufflerai.

Je désire vivement que vous approuviez ce
plan, j'aurais trop de regret de ne pas demeurer
jusqu'au bout parfaitement d'accord avec vous.

Bonsoir, mon excellent ami, à demain.

Signé : le Cte DE GUERNON-RANVILLE.

NOTE SUR QUELQUES ERREURS (COPIÉE SUR L'ORIGINAL QUI EST PARAPHÉ) RECONNUES PAR M. DE GUERNON.

Pendant l'instruction de notre procès et depuis
la condamnation, quelques personnes ont cru avoir
intérêt à rejeter sur le roi Charles X la conception
des ordonnances, et à présenter, comme un acte de
pure obéissance aux volontés du souverain, l'adhésion de plusieurs des signataires. Tout cela est
faux : Charles X croyait les ordonnances nécessaires, mais il n'a jamais essayé d'imposer sa conviction à aucun membre du conseil ; sur cette matière,

comme sur toute autre, la discussion fut toujours parfaitement libre, et quand il en eût été autrement, il n'y avait pas de raison pour que la haute influence du Roi s'exerçât sur les ministres, puisque parmi les signataires UN SEUL se montra opposé au système et soutint son opposition jusqu'à la fin. Un autre, il est vrai, avait d'abord, *dans une simple conversation*, exprimé aussi des velléités d'opposition ; mais, loin d'y persister, il se chargea, lorsque la question fut sérieusement discutée, de rédiger les projets et de les soutenir dans le conseil.

L'opposant unique signa comme les autres ; mais il signa *librement, volontairement,* parce qu'il aurait craint de se déshonorer en déclinant la responsabilité matérielle encourue par ses collègues, et le Roi ne lui dit pas un seul mot qui pût ressembler à un ordre ou seulement à une invitation de se réunir ainsi à l'opinion commune.

NOTA.—Le *National* ayant avancé, il y a quelques mois, que les ordonnances étaient l'œuvre du Roi seul, je lui écrivis pour démentir cette malveillante assertion et il publia ma lettre.

AUTRE NOTE.

On a généralement mal rapporté la petite scène qui se passa entre mon défenseur et moi à l'audience de la cour des pairs; voici la vérité :

Dès notre première conversation, M. Crémieux pensa que mon opposition constante aux ordonnances rendait ma cause entièrement distincte de celle de mes collègues, et qu'il convenait à la défense de l'isoler le plus possible. Je combattis cette idée et lui déclarai que je ne voulais pas adopter une séparation qui aurait pour premier résultat d'aggraver la position de mes co-accusés ; cependant je ne lui interdis pas les arguments qu'il pourrait tirer de mon opposition, pourvu qu'il ne s'éloignât en rien du respect dû au Roi et des égards dus à mes compagnons de malheur ; d'un autre côté, tout en voulant courir les chances de la responsabilité *matérielle,* je tenais à m'affranchir aux yeux des royalistes de la responsabilité purement *morale* d'une mesure que j'avais trop bien jugée. Ce fut dans cette vue que je me déterminai à déclarer aux commissaires interrogateurs toute la part que j'avais prise aux ordonnances.

Mes réponses incomplètement rendues dans le premier interrogatoire, devant les commissaires de la chambre des députés, dénaturaient ma pensée. Je la rectifiai et la développai dans mon interrogatoire devant les commissaires de la cour.

Les débats persuadèrent à Me Crémieux que ma défense devait, comme il l'avait toujours pensé, se placer sur un terrain tout spécial, et au moment de prendre la parole il me dit : « Vous
« devez maintenant être convaincu de la nécessité
« de vous séparer de vos collègues ; un abîme
« sépare votre cause de la leur, et je vous
« demande de nouveau une liberté sans limites
« dans ma défense.

Ce fut alors que je lui répondis ce peu de mots mal recueillis et mal compris :

« Les actes de mes collègues sont les miens,
« leur responsabilité doit être la mienne : dussé-
« je porter ma tête sur l'échafaud, je ne veux pas
« séparer ma cause de la leur, et si vous dites
« un seul mot contraire au plan précédemment
« arrêté entre nous, je serai forcé de vous
« interrompre et de me défendre moi-même. »

Me Crémieux, étourdi peut-être de cette résolution, fut extrêmement faible, et plus tard il chercha à expliquer l'insuffisance de sa plaidoirie en disant que *je l'avais forcé de changer à l'instant même tout son plan.....* Je n'ai pas relevé cette assertion qui m'importait peu, mais le fait est qu'au contraire je l'obligeai à se renfermer dans les limites que je lui avais tracées dès l'origine, soit sous le rapport du respect pour le Roi, soit sous le rapport des égards dus à mes collègues.

Paraphé.

PROJET DE DÉFENSE

DE M. LE COMTE DE GUERNON-RANVILLE

DEVANT LA CHAMBRE DES PAIRS (1).

Nobles Pairs,

Une voix éloquente s'est chargée du soin de vous faire entendre ma défense, et ce soin, je suis résolu à le lui laisser tout entier ; mais un incident de l'information m'impose en quelque sorte le devoir de vous soumettre quelques explications qu'il ne convient qu'à moi de donner, et je saisirai cette occasion pour vous présenter un rapide exposé de faits qui me sont personnels ; j'ose donc réclamer un instant votre bienveillante attention.

Je saurai n'en pas abuser.

---

(1) Je renonçai à cette défense et ne voulus rien ajouter à la plaidoirie de Mᵉ Crémieux.

Ce projet est écrit de la main même de l'auteur.

Ce n'est pas sans une longue hésitation, nobles pairs, que je puis me résoudre à vous entretenir de moi; mais, inconnu de vous et de la France, porté par une fatalité inexplicable à l'un des premiers emplois de l'État, appelé en ce moment à rendre compte au pays de l'exercice d'un pouvoir dont je n'ai éprouvé que les amertumes et les dangers, il faut bien que vous sachiez quel est l'accusé afin de mieux apprécier la moralité de l'accusation.

Je ne vous ferai pas l'histoire de ma vie, nobles pairs : ce récit quelque succinct qu'il fût, serait peu digne du grand et funeste drame déroulé devant vous ; peu de mots d'ailleurs suffiront pour me conduire au but que je me propose.

Né à l'aurore de la Révolution, mon berceau touche au berceau de cette génération qu'on a nommée la Jeune France, et dont on s'est plu à faire comme un peuple d'élite au milieu du peuple français.

Ainsi, entièrement étranger à l'ancien Régime, également étranger à la Révolution, ma jeunesse se développa au milieu des gloires de l'Empire auxquelles j'étais impatient de prendre part.

Porté par un goût prononcé vers la carrière des armes, j'étais loin encore de l'âge fixé pour l'acquittement de cette dette sacrée envers la patrie lorsque j'entrai dans ce corps valeureux qu'on nommait la jeune garde..... Hélas! mes rêves chevaleresques s'évanouirent bientôt, et dès mes premiers pas dans cette carrière de mon choix, j'en fus exclu par une infirmité que j'avais tenté vainement de me dissimuler à moi-même.

Forcé de me créer d'autres ressources, j'entrepris de réparer par un travail opiniâtre la perte des années les plus favorables à l'étude, et j'osai demander des moyens d'existence, quelque gloire peut-être, à cette noble profession qu'on ne quitte jamais sans regret et dans laquelle il est toujours honorable de rentrer, à quelque hauteur qu'on ait été porté par la faveur ou la fortune.

Deux années de bonheur, je n'oserais dire de succès, m'avaient irrévocablement attaché au barreau lorsqu'apparut la première Restauration.

Je ne connaissais que par l'histoire l'auguste famille de nos Rois, et cependant à peine les Bourbons touchaient la terre de France qu'un sentiment intime d'amour et de dévouement sembla *s'éveiller* pour eux au fond de mon cœur, où sans doute les traditions du foyer domestique en avaient déposé le germe presque à mon insu, et ma fidélité leur fut pleinement acquise longtemps avant que ma bouche en eût proféré le serment.

L'orage des Cent-Jours mit cette fidélité à de passagères, mais pénibles épreuves.

A l'appel du père de la patrie menacée, j'avais pris inutilement les armes pour la défense du trône et de nos institutions ; peu de jours après, un vote énergique contre l'acte additionnel, que je signalai comme attentatoire *aux franchises nationales*, appela sur moi l'attention de l'autorité, et je crus devoir porter aux pieds de l'auguste fugitif l'hommage d'un dévouement aussi ardent que désintéressé.

La seconde Restauration pouvait offrir de légitimes espérances à mon ambition ; mais laissant la foule empressée solliciter le prix des vœux formés loin du danger, je repris ma toge et ne m'occupai que du soin de rallier une clientèle trop légèrement abandonnée.

Cinq ans après, une place plus honorable que lucrative dans la magistrature me fut proposée ; cet emploi était hérissé de difficultés, mais il m'offrait les moyens de servir utilement mon pays : je l'acceptai.

Bientôt le garde-des-sceaux, que je ne connaissais pas, qui ne me connaissait que par mes travaux, et qui devait être un jour mon compagnon d'infortune, qu'il me permette d'ajouter et mon ami ! le garde-des-sceaux désira m'appeler aux fonctions du ministère public. Je redoutais cette carrière difficile ; mais la flatteuse insistance du ministre dissipa mes craintes, vainquit mes répugnances, et je me vis rapidement élevé au premier rang de cette importante magistrature.

J'exerçais depuis sept ans ces graves et délicates fonctions ; un avancement successif, jamais sollicité, et quelquefois redouté, m'avait conduit à la direction du parquet de la seconde cour du royaume, lorsqu'un regard du Roi, perçant ma paisible obscurité, vint me désigner pour un poste dont j'appréciais tous les périls, mais que les circonstances ne me permettaient pas de refuser.

Tels étaient, nobles pairs, les *antécédents* d'un homme dont le nom fut, dès son apparition, signalé par un parti comme *une cause d'effroi pour les peuples, de la prochaine destruction pour les libertés publiques*.

Les journalistes dévoués à ce parti devaient attaquer l'élu du Roi ; ils ne manquèrent pas à leur mandat ; mais j'eus au moins la consolation qu'ils ne purent me reprocher un seul fait qui, même en l'altérant, fût de nature à porter atteinte à l'honneur ou à la probité..... Je me trompe, l'un d'eux osa m'imputer un acte coupable, une *fraude électorale*..... La justice se chargea du soin de ma vengeance, et imprima sur le front du libelliste les honteux stigmates de la calomnie.

Je ne vous entretiendrai pas de mes actes administratifs, je les crois irréprochables. J'ai fait mon devoir, je ne cherche pas la louange et ne redoute pas le blâme.

Je me hâte d'arriver aux déplorables événements qui m'ont conduit devant vous.

Loin de moi la pensée de vous ramener sur ces scènes sanglantes dont je voudrais pouvoir effacer jusqu'au souvenir ! mais ici, dans l'instruction même, s'est rencontré un pénible incident qui m'oblige à prendre la parole et que je me dois à moi-même d'expliquer.

Dans mes interrogatoires, soit devant les deux commissions d'instruction, soit devant vous, nobles pairs, j'ai reconnu ma participation aux ordonnances du 25 juillet ; mais j'ai cru qu'il m'était permis, j'irai plus loin, j'ai cru que c'était pour moi un devoir d'avouer que le système dont les ordonnances n'étaient que les actes d'exécution avait été combattu par un de mes collègues et par moi ; j'aurais pu, par des réticences habiles, par de demi-indications, me borner à laisser deviner ce fait, mais cette ruse s'accordait peu avec ma vive et prompte franchise. J'ai dit sur-le-champ tout ce que je croyais licite de dire.

Cependant, mes co-accusés ayant refusé de s'expliquer sur ce point, en se renfermant dans les obligations du serment, que nous avons tous prêté, de garder le secret des délibérations du conseil, ma conscience s'est alarmée, ma délicatesse s'est sentie froissée, et j'ai craint d'avoir encouru un reproche qui m'affligerait profondément.

Les motifs de ma déclaration sont simples et je les expliquerai sans détour.

La responsabilité matérielle des actes du 25 juillet est attachée à ma signature; cette signature est un fait, je le reconnais ; je ne prétends point en répudier les conséquences, et je suis prêt à subir la responsabilité qu'il entraîne, si d'ailleurs, dans l'état des choses, cette responsabilité peut être légalement invoquée et justement appliquée.

Mais il est une autre responsabilité indépendante de ce fait, une responsabilité que vous-mêmes, nobles pairs, ne pourriez ni appliquer ni détourner: je veux parler de la responsabilité purement morale qui pèserait à jamais sur la conscience du ministre assez malheureux pour avoir *conseillé* des mesures funestes, contraires à ses doctrines et à sa conviction. C'est cette responsabilité terrible, et qui n'est pas du domaine de la justice des hommes, que j'ai seule voulu décliner, en attestant que j'étais demeuré fidèle à mes croyances politiques.

J'avoue qu'excité, aveuglé peut-être par ce puissant intérêt, j'ai cru que mon serment sur le secret des délibérations, serment sacré et inviolable pour tout ce qui touche à l'essence même des actes qu'il importe à l'État de tenir secrets, ne s'étendait pas jusqu'aux circonstances accessoires et sans importance ; j'ai cru surtout que ce serment ne pouvait s'étendre pour chacun jusqu'aux pensées qui lui étaient particulières ; j'ai cru enfin qu'il m'était permis de révéler quelle avait été mon opinion personnelle sur un fait désormais acquis à l'histoire, lorsque d'ailleurs cette révélation ne pouvait nuire à personne.

Si je me suis trompé, j'espère que mes regrets et la loyauté de cet aveu me concilieront l'indulgence de la noble cour et celle de mes compagnons de malheur.

J'ai dit ailleurs comment et pourquoi je me suis déterminé à signer les actes d'exécution d'un système que, pourtant, je n'approuvais pas.

Je partageais sans réserve la doctrine de mes collègues sur l'existence d'un pouvoir suprême constituant, investi de la haute mission de sauver, par tous les moyens extraordinaires quelconques, l'État menacé d'une destruction imminente : doctrine que vous avez entendu développer hier avec une éloquence si entraînante, doctrine que nos accusateurs eux-mêmes n'ont pas craint d'avouer.

Mais mon opinion différait de celle de mes collègues sur l'appréciation des circonstances qui, selon eux, constituaient le cas de *nécessité présente* et *absolue :* or, si la conscience ne peut transiger sur un point de doctrine, la raison peut céder, sans crime et même sans faiblesse, sur une appréciation des faits; et, quoique non convaincu, je me soumis sur cette appréciation à la loi de la majorité.

Ce fut ainsi que, volontairement et sans déroger à mes principes ni à ma conviction, je signai ces actes qui, d'ailleurs, n'avaient pas besoin d'une signature de plus pour produire tous les effets dont ils étaient susceptibles.

D'un autre côté, si j'avais cru que mon opinion sur les faits ou, en d'autres termes, sur l'opportunité des ordonnances, m'interdît de signer, je n'avais qu'un seul moyen de justifier mon refus : **c'était la retraite.**

La retraite!!.... en présence d'un danger personnel dont je mesurais toute l'étendue quant aux ministres (car j'étais loin de supposer qu'il pût s'élever jusqu'au trône), en présence d'un danger que je venais de signaler......

La retraite!!.... dans un moment où la moindre modification du ministère pouvait susciter à la couronne de nouvelles, d'inextricables difficultés.....

Cette retraite eût été une désertion, Je rends grâce au ciel de ne m'en avoir point inspiré la pensée.

On m'accuse d'avoir préféré mon portefeuille à mon devoir.......

Oui, j'ai tenu à ce portefeuille, quand il pouvait brûler la main qui le portait.

Mais, dans d'autres temps, on sait et on vous a dit si je savais immoler la vérité à l'amour du pouvoir.

Je dois encore repousser une insinuation que je m'étonne de trouver dans le réquisitoire de MM. les commissaires accusateurs.

Je lis dans ce réquisitoire :

Quant à M. de Guernon. . . . . , ...

M. le commissaire, accusez-moi des faits incriminés par la chambre qui vous investit de son mandat, c'est votre droit, c'est votre devoir.......;

mais épargnez-moi, de grâce, des imputations étrangères à l'accusation, épargnez-moi des imputations que rien ne pourrait justifier.

Selon l'accusation, *on a dit, ou du moins on a donné à entendre que je n'avais fait que céder à des exigences royales.*

Qui a dit cela? Qui a donné cela à entendre?

Serais-je réduit à gémir d'avoir laissé échapper dans mes interrogatoires un seul mot qui pût prêter, même d'une manière éloignée, à de pareilles inductions, à des inductions aussi outrageantes pour le Roi que dégradantes pour moi.

S'il en était ainsi, je me hâterais de désavouer mes propres paroles, comme je désavoue formellement cette honteuse excuse, présentée sans doute moins par un sentiment de bienveillance que démentirait l'expression, qu'afin de porter l'accusation plus haut qu'elle ne doit aller.

Non, nobles pairs, je n'ai pu céder aux exigences dont on a parlé; je n'ai pas eu non plus à me défendre de ce moyen de séduction, car de tels moyens ne pouvaient descendre de la source auguste que l'on indique.

Je m'arrête : je craindrais, en prolongeant ces pénibles débats, d'abuser des moments que votre indulgence a daigné m'accorder.

D'immenses, d'irréparables malheurs ont signalé ma courte existence politique ; mais, du moins, je puis me rendre ce témoignage que je n'ai jamais séparé dans mes affections mon Roi et mon pays, et je donnerais avec joie tout mon sang s'il était possible de racheter à ce prix ces maux dont je suis le déplorable témoin. — Je puis me rendre ce témoignage que, si mon cœur est à jamais flétri de douloureux, d'ineffaçables regrets, ma conscience, du moins, est libre de remords.

INSTRUCTION PRIMAIRE.

—

CE QUE DOIT L'INSTRUCTION PRIMAIRE A M. LE COMTE DE GUERNON-RANVILLE.

On a vu dans la première partie de ce volume avec quelle énergie M. de Guernon lutta dans le conseil pour faire adopter sa féconde ordonnance sur l'instruction primaire, premier effort sérieux en vue de l'extinction de l'ignorance. Son *Rapport* est à conserver dans un livre consacré à sa mémoire, et qui le recommandera toujours aux sincères amis de la vérité.

Le prince de Polignac osa écrire en 1832, page 72 de ses *Considérations politiques sur l'époque actuelle* : « Donner une grande lati-
« tude à l'enseignement public me paraissait
« à la fois juste, moral et conforme aux besoins
« de la société. »

Il ignorait que son confrère en infortune, que son commensal de prison disait nettement dans son *Journal* avec quelle chaleur le premier ministre avait combattu ses idées généreuses sur l'instruction primaire. On sait maintenant de quel côté fut la franchise.

J. T.

ORDONNANCE AYANT POUR OBJET :

1° De faire pourvoir d'écoles primaires toutes les communes du royaume ;

2° D'établir des écoles-modèles préparatoires destinées à former des instituteurs primaires ;

3° Les mesures à prendre pour assurer des retraites aux instituteurs primaires.

RAPPORT AU ROI.

Sire,

Le développement de l'instruction primaire en France a été l'un des premiers et des plus touchants bienfaits de la Restauration. A cette mémorable époque, les lettres et les sciences avaient vu, déjà depuis longtemps, relever leurs sanctuaires à demi ruinés ; seule, la partie la plus modeste et non la moins utile de l'enseignement public languissait encore sans secours, et presque partout sans culture ; elle sembla renaître sous le sceptre protecteur de votre auguste frère. Louis XVIII eut à peine fondé sur d'immortelles institutions le repos et la prospérité de son royaume, qu'il s'empressa, véritable père de tous ses sujets, d'étendre sa royale sollicitude aux plus humbles conditions. Une ordonnance du 29 février 1816 prescrivit de sages mesures pour favoriser les progrès de l'instruction primaire ; de nombreuses écoles s'établirent dans les communes ; elles furent placées sous la surveillances des autorités locales. Les instituteurs durent offrir aux pères de famille des garanties plus sûres de leur bonne conduite et de leur capacité ; la munificence du Roi leur prépara chaque année des encouragements, et, telle fut l'heureuse influence de cette auguste protection que, dans le court espace de trois années, le nombre des écoles primaires et celui des jeunes élèves s'accrurent de plus d'un tiers.

Les ordonnances des 2 août 1820 et 8 avril 1824 ajoutèrent d'importantes améliorations aux règlements qui les avaient précédées. La charité publique vint à son tour seconder par ses dons cette prospérité naissante ; de pieuses associations se formèrent dans plusieurs villes pour la propagation de l'enseignement primaire, et bientôt on recueillit, dans des succès toujours croissants, la noble récompense de tant d'efforts.

Ce bienfait, Sire, a été grand, mais il est loin de répondre aux besoins de tous vos sujets ; il est loin de satisfaire le vœu le plus cher de votre cœur.

Beaucoup de communes sont encore privées de tout moyen d'instruction ; d'autres ne sont pas sans alarmes sur l'avenir des écoles qu'elles possèdent ; il en est dont la population demande un genre d'enseignement plus relevé ; enfin le sort des instituteurs appelle aussi l'intérêt de Votre Majesté. La situation présente de ces hommes utiles mérite d'être améliorée ; il est surtout à désirer que de sages mesures promettent à leur vieillesse une modeste aisance, et les douceurs d'un repos acheté par de longs services.

Sire, présenter à Votre Majesté les moyens d'accorder à l'enseignement primaire ces nouveaux témoignages de sa royale protection, c'est aller au devant des généreuses pensées qui l'occupent sans cesse ; c'est obéir à cette volonté dont l'expression s'échappe chaque jour de son cœur en paroles si touchantes, et qui n'a d'autre objet que le bonheur de son peuple.

La pénurie des fonds destinés à la propagation de l'enseignement primaire a été jusqu'ici la cause principale du peu d'instruction des classes inférieures, et j'ai dû appliquer d'abord tous mes soins à rechercher les moyens de suppléer à cette insuffisance.

Les premières ressources nécessaires à l'établissement des écoles doivent se trouver dans les localités mêmes appelées à jouir du bienfait; et c'est surtout ainsi que ces établissements obtiendront la stabilité qui seule peut garantir leurs succès.

J'ai la confiance qu'un appel fait, au nom de Votre Majesté, aux conseils des communes et des départements retentira dans tous les cœurs, et que, de tous les points du royaume, la classe riche s'empressera de répondre à votre paternelle sollicitude sur un objet qui touche de si près à la morale et à la prospérité publiques.

Une somme quelconque, inscrite chaque année au budget de l'État, compléterait, s'il en était besoin, les insuffisantes allocations des communes et les fondations particulières ; enfin, l'université, heureuse et fière de s'associer à cet acte de la royale munificence, se montrera digne de sa noble destination en consacrant à cette pieuse entreprise une portion de ses revenus.

Au moyen de tels secours, l'enseignement primaire recevra, dès cette année, de rapides améliorations. Un traitement fixe, réglé par les conseils municipaux, sera désormais assuré à chaque instituteur; des encouragements pourront être donnés au zèle et à la bonne conduite de ces guides de l'enfance; de bons livres élémentaires, choisis et répandus avec discernement, seront tout à la fois pour les jeunes élèves d'honorables récompenses, et la matière d'un enseignement approprié à leur âge et à leur état. Les écoles déjà établies offriront plus de gages d'une prospérité durable; d'autres s'élèveront au sein des plus pauvres communes, et bientôt le dernier hameau de votre royaume, Sire, bénira l'auguste main qui aura ouvert près de lui une source où l'indigent ira puiser la connaissance et l'amour de ses devoirs, où l'artisan pourra chercher des moyens nouveaux de rendre son industrie plus féconde.

Mais si, par un bienfait dont vos sujets conserveront à jamais la mémoire, l'instruction se trouve ainsi mise à la portée de tous, la haute sagesse de Votre Majesté veillera, pour l'empêcher de prendre jamais une direction funeste. Sous le règne d'un fils de saint Louis, elle sera monarchique : avant tout, elle sera chrétienne sous le roi très-chrétien.

Les écoles modèles préparatoires rempliront à cet égard les religieuses intentions de Votre Majesté. C'est là que les hommes utiles, à qui une portion si précieuse des intérêts du pays est confiée, se formeront pour cette sorte de ministère sacré qu'ils sont appelés à remplir auprès de l'enfance ; instruits eux-mêmes de bonne heure à servir Dieu et le Roi, il leur sera facile d'inspirer de nobles sentiments aux cœurs de leurs jeunes élèves ; ils auront peu de peine à leur faire aimer les vertus de leur condition s'ils en offrent des modèles ; une heureuse expérience justifie ces consolantes prévisions, il existe déjà quelques écoles de ce genre ; la conduite exemplaire, le zèle, le savoir et les succès des instituteurs qui y ont été formés, tout doit faire désirer qu'il soit bientôt possible de fonder, dans chaque ressort académique, au moins un établissement semblable.

Il resterait à prendre une dernière mesure que réclame le juste intérêt qu'inspirent à Votre Majesté les instituteurs primaires.

Souvent les fatigues, l'âge et les infirmités les

forcent de quitter leurs pénibles fonctions vers la fin de leur carrière ; les besoins, la misère quelquefois les assiégent alors. Votre Majesté accueillera sans doute la pensée d'adoucir, par une pension de retraite, les derniers jours d'une vie si laborieusement utile ; mais il est nécessaire d'assurer d'abord des fonds pour cet important objet. J'espère, Sire, pouvoir incessamment soumettre à l'approbation de Votre Majesté, un projet qui, sans créer aucune charge nouvelle, offrira les moyens d'admettre à la retraite tous les instituteurs qui seront reconnus y avoir des droits.

Tel est, Sire, l'ensemble des dispositions du projet d'ordonnance que j'ai l'honneur de présenter à Votre Majesté. Si, comme j'en ai l'assurance, cette mesure atteint le but que je me suis proposé, elle satisfera à l'un des besoins le plus vivement sentis de notre époque. D'autres ordonnances en pleine vigueur ayant prescrit les formalités à observer pour constater les divers genres d'aptitude des instituteurs, et tracé les règles qui placent les écoles sous la surveillance spéciale des autorites ecclésiastiques et administratives, toute disposition nouvelle sur ces objets devenait surabondante, et cette observation

explique assez le silence du projet à cet égard.
Je suis avec respect, etc., etc.

Le ministre des affaires ecclésiastiques
et de l'instruction publique,

DE GUERNON-RANVILLE.

Justice a été rendue à M. le comte de Guernon-Ranville par les adversaires les plus prononcés de ses opinions monarchiques. M. Jules Simon, dans son livre, généralement aussi sage que bien inspiré, L'ÉCOLE (Paris, 1865, 6ᵉ édit.), dit, pages 58 et 59, après avoir montré combien peu la Restauration fit en quinze ans pour l'instruction primaire :

« C'est seulement à la dernière heure que M. de
« Guernon-Ranville, ministre de l'instruction pu-
« blique, rendit une ordonnance vraiment utile.
« M. de Guernon-Ranville fut malheureux en tout.
« Comme homme d'état, il fut condamné pour sa
« participation à des mesures qu'au fond il désap-
« prouvait et qu'il avait courageusement combat-
« tues dans le conseil ; comme ministre de l'in-

« struction publique, il publia le 14 février 1830
« une ordonnance qui lui aurait fait le plus grand
« honneur s'il avait eu le temps de l'appliquer.
« Le Roi renouvelait en tête de cette ordonnance
« la triste déclaration, si souvent répétée après et
« avant lui : « Nous étant fait rendre compte de
« l'état des écoles primaires dans le royaume,
« nous avons reconnu qu'un nombre assez consi-
« dérable de communes étaient encore privées des
« moyens d'instruction, que notre volonté est de
« mettre à la portée de tous nos sujets (1). » Cette
« fois du moins on ne se bornait pas à gémir et à
« exhorter.

« Les conseils municipaux étaient sérieusement
« mis en demeure. Ils devaient, dans leur plus
« prochaine session, arrêter le montant des
« frais indispensables pour le premier établisse-

---

(1) M. de Guernon-Ranville, comme M. de Vatimesnil avant lui, était vivement frappé de la détresse de nos écoles. Voyez, par exemple, sa circulaire aux recteurs, du 20 janvier 1830 : « Des écoles manquent ou s'écroulent; des livres sont vainement demandés à des parents indigents; des instituteurs, plus indigents encore, végètent péniblement, en proie aux plus rudes privations : tel est le tableau désolant que présente depuis trop longtemps l'instruction primaire. » Quelque temps après, il disait, dans sa circulaire du 8 mars : « Les règlements adoptés jusqu'ici sur l'enseignement élémentaire étaient surtout relatifs à la surveillance et à la bonne direction des écoles; des voies restaient à ouvrir pour répandre partout le bienfait de l'instruction. »

« ment de l'école ; dresser la liste des enfants qui
« devaient être gratuitement admis ; fixer pour les
« autres le taux de la rétribution mensuelle ; fixer
« également le traitement annuel de l'instituteur,
« en tenant compte du produit de ces rétributions,
« enfin voter les ressources nécessaires, soit sur
« les fonds disponibles de la commune, soit au
« moyen d'une imposition extraordinaire (1). En
« cas d'impuissance absolue de la commmune, le
« conseil général délibérait et accordait un sub-
« side (2). L'État, à son tour, venait éventuelle-
« ment au secours des départements et des com-
« munes ; un fonds spécial était formé à cet effet,
« par les ressources ordinaires du budget, et par
« un prélèvement opéré sur les fonds particuliers
« de l'Université (3). L'ordonnance prescrivait en
« outre la création d'écoles modèles préparatoires,
« destinées à former des instituteurs. Déjà, dès
« l'année précédente, l'allocation de 50,000 francs
« avait été doublée. Elle fut portée à 300,000 francs
« pour le budget de l'année 1830. »

(1) Ord. du 14 fév. 1830, art. 5 et 6.
(2) Id., art. 9.
(3) Id., art. 11 et 12.

DERNIÈRE NOTE.

On ne sera sans doute pas fâché de savoir comment le manuscrit des deux premières parties du *Journal d'un ministre* ont été sauvées en 1830. Elles durent, assure-t-on, leur salut à un jeune prêtre, nommé Veyssière, camérier du pape et ami de M. de Guernon. Au moment de la mort de ce dernier, l'abbé Veyssière rédigeait le *Courrier de la quinzaine* dans LE MONDE CHRÉTIEN ILLUSTRÉ. Voici les pages qu'il écrivit au commencement de son article du 15 mai 1866 :

Le dernier ministre du roi Charles X, M. le comte de Guernon-Ranville, vient de terminer par une mort chrétienne, une vie qui, depuis la fin de sa captivité au fort de Ham, s'écoulait sans bruit dans la champêtre solitude de sa terre de Ranville, entre des travaux agricoles, des études scientifiques, et les tendres sollicitudes de la noble femme qui a la douleur de lui survivre.

Sa carrière politique, de courte durée, fut brisée en 1830, par le même orage qui emporta l'antique dynastie des Bourbons.

Tomber du pouvoir qu'il n'avait ni recherché, ni ambitionné, ne lui fit éprouver aucun regret; mais il ne put jamais se consoler d'avoir signé, par déférence aux volontés du Roi, et par un excès de dévouement chevaleresque à sa personne, les fatales ordonnances qui entraînèrent la chute de la monarchie, et qu'il avait toujours combattues dans le conseil.

Des circonstances qu'il serait sans intérêt de rappeler ici, m'ont fait entrer bien jeune dans l'intimité de M. de Guernon-Ranville. J'ai dû à cette affectueuse confiance, dont le souvenir m'est plus cher encore aujourd'hui, de lire le *Journal* qu'il écrivait chaque soir des actes de son administration, de ses projets pour la propagation de l'instruction primaire, de ses opinions sur les graves sujets discutés dans les conseils du Roi, et particulièrement durant les phases de la dernière crise où périt la monarchie. J'atteste qu'à chaque ligne on y sentait comme le souffle des hautes pensées libérales et des généreux sentiments qui animaient ce noble cœur.

Et puisque ce souvenir me reporte vers la terrible catastrophe de 1830, qu'il me soit permis de transcrire ici quelques notes recueillies au milieu même du tumulte de cette révolution, et presque aux dernières heures de la lutte. Elles se rapportent à M. le comte de Guernon-Ranville, et, de plus, elles ont, ce me semble, un intérêt historique :

« Le mercredi matin, 28 juillet, je pus, à la faveur d'un déguisement, pénétrer encore jusqu'au ministère de l'instruction publique. Tout y était dans le plus grand désordre. Les employés avaient tous abandonné leurs bureaux. M. de Ranville partait pour les Tuileries, où le conseil des ministres allait se tenir en permanence : « Je vous
« laisse ici, me dit-il en me serrant affectueuse-
« ment la main : restez avec ma femme ; avisez de
« votre mieux à ce que pourront exiger les cir-
« constances ; de mon côté, je vous tiendrai, au-
« tant que possible, au courant des événements. »
Vers trois heures, je reçus de lui ces deux lignes écrites au crayon : « La situation s'améliore, l'é-
« meute perd du terrain et se décourage. Le
« maréchal (le duc de Raguse) nous donne l'es-

« pérance que tout sera fini ce soir. » Trompeuse promesse ! espérance cruellement déçue !...

« Le jeudi matin, je résolus de retourner à Saint-Cloud, où je savais que les ministres avaient dû se rendre en quittant les Tuileries. La route directe étant fermée, je dus faire un long circuit par les hauteurs de Meudon et de Bellevue...

« La résidence royale offrait un spectacle étrange. Au dehors, dans les cours du château, dans les avenues du parc, la plus vive agitation : des régiments campés sous les arbres ; des canons braqués sur les bords de la Seine, depuis le pont de Sèvres jusqu'à celui de Saint-Cloud ; des généraux visitant les postes ; des officiers d'ordonnance, au galop des chevaux, portant des ordres dans toutes les directions. A l'intérieur du château, régnait un calme solennel, plus effrayant que l'agitation militaire du dehors. La puissance de l'étiquette y maintenait le mouvement régulier de toutes choses ; l'habitude de la contrainte y pétrifiait sur le visage des courtisans les angoisses de l'âme. On eût pu dire, à les voir, qu'ils ne savaient rien des terribles événements de Paris...

« En arrivant à Saint-Cloud, je m'étais empressé de rechercher M. de Ranville. J'appris qu'il était au conseil des ministres, chez le Roi. Je ne le rencontrai que dans la soirée : il n'était plus ministre. Charles X avait accepté la démission du prince de Polignac et de ses collègues. Un nouveau ministère avait été nommé sous la présidence du duc de Mortemart, qui était à Paris depuis le matin, pour négocier avec les chefs de l'insurrection triomphante. On attendait son retour avec une impatience irritée : il ne donnait pas même de ses nouvelles. Et pendant ces dernières heures de la monarchie, tandis que chaque minute perdue élargissait le gouffre qui allait l'engloutir, il n'y avait plus de gouvernement. La royauté sans initiative, sans plan, sans direction, flottait comme un vaisseau sans pilote sur les abîmes d'une mer en fureur. Les braves régiments de la garde restés fidèles au trône brûlaient d'impatience de le défendre. Mais il eût fallu des ordres, et personne n'en donnait. J'ai vu le brave général Vincent briser de rage, entre ses dents ensanglantées, une épée qu'il s'indignait de porter inutile.

« Depuis que les derniers ministres avaient succombé dans la lutte, où tant de voix les encourageaient la veille, il n'y avait plus à la cour pour ces hommes qui s'étaient dévoués, ni un ami, ni un refuge. Quel contraste ! Le dimanche précédent parmi cette foule dorée de grands personnages,

qui, à l'issue de la messe, se pressaient dans la galerie de Diane, sur le passage du Roi, les ministres n'avaient rencontré que des figures souriantes et des mains empressées à s'offrir. Aujourd'hui, on évitait leur rencontre ; on ne les connaissait plus. Je fus obligé d'offrir à M. de Ranville la chambre que j'occupais au château, et je m'établis à côté de lui, dans un cabinet où couchait mon domestique. La même fièvre nous dévorait ; mais il gardait dans sa douleur un calme que je n'avais pas. L'inaction de tous les défenseurs naturels de la royauté me mettait hors de moi, elle me semblait le comble de la démence. Je m'en prenais quelquefois, dans mes impatiences, à ce pauvre cher ministre accablé. « Qu'importe, lui
« disais-je, que vous n'ayez plus ni titre officiel,
« ni pouvoir ? Est-il donc nécessaire d'être mi-
« nistre pour sauver une monarchie qui s'aban-
« donne elle-même ? Avec un peu d'intelligence
« et d'audace, un simple caporal la sauverait en-
« core. Voilà bien des plans que nous discutons
« depuis hier : le plus mauvais vaut mieux cent
« fois que cette fatale inaction. Voici du papier,
« des plumes et de l'encre : au nom du ciel,
« dictez-moi quelque chose. Votre parole aura
« toujours auprès de Charles X l'autorité d'une

« haute intelligence, et, au besoin, l'excuse d'un
« dévouement éprouvé. » Et cédant à mon ardeur
juvénile, M. de Ranville, avec une lucidité d'esprit
merveilleuse et l'énergie d'un homme de cœur, me
dicta tout un plan de conduite que je portai de sa
part chez Mgr le Dauphin.

« Cette journée du vendredi 30 juillet me parut
un siècle. J'allais et je venais sans but, comme un
malade agité de la fièvre. Vers le milieu du jour,
M. de Ranville m'annonça qu'il allait partir. « Notre
« présence au château est visiblement importune,
« ajouta-t-il ; demain, peut-être, elle serait un
« embarras pour le Roi. Nous avons reçu chacun
« un billet de 1,000 fr. C'est notre solde de route.
« Pauvre ressource pour un fugitif ! *Un grain de*
« *mil ferait mieux mon affaire.* Mais ce qui me
« serait plus utile encore que quelques pièces de
« cinq francs, ce serait un passeport : pouvez-vous
« m'en trouver un ? » Un quart d'heure après, je
lui rapportais le passeport d'un jardinier du château, ami de mon valet de chambre. Une blouse
devait compléter le déguisement. Il m'embrassa et
partit... Hélas ! je ne devais le revoir que dans la
prison de Ham. Arrêté avec M. de Chantelauze
dans les environs de Tours, il eût soutenu jusqu'au
bout avec un plein succès, s'il eût été seul, son

rôle de jardinier en voyage : mais son compagnon de fuite le perdit. M. de Chantelauze, qu'il ne voulut pas abandonner dans la campagne, épuisé de fatigue et malade, se fit connaître dès qu'il fut arrêté : après cet aveu, M. de Ranville ne pouvait plus cacher son nom. »

Ces tristes souvenirs, évoqués par la mort de l'infortuné ministre dont l'amitié fut l'honneur de ma jeunesse et sera le juste orgueil de toute ma vie, ne me permettent guère de m'arrêter aux petits événements du jour, etc. . . . .

TABLE DES MATIÈRES.

Pages.

PRÉFACE. v

PREMIÈRE PARTIE. xv
Journal des séances du ministère, 16 décembre 1829
— 28 juillet 1830. 1

DEUXIÈME PARTIE. 163
Journal de Vincennes, ou Notes pour faire suite au
Journal des séances du ministère 165

TROISIÈME PARTIE. 263
Journal de Ham. 265

APPENDICE. 365
Entrée de M. le comte de Guernon-Ranville dans le
ministère Polignac 367

Pages.

Pièces relatives au procès de M. le comte de Guernon-Ranville 374

Instruction primaire. Ce qu'elle doit à M. le comte de Guernon-Ranville. 396

Dernière Note. Comment le *Journal d'un Ministre* a été sauvé, en 1830, par M. l'abbé Veyssière. . 407

Caen, Typ. F. Le Blanc-Hardel.

www.ingramcontent.com/pod-product-compliance
Lightning Source LLC
Chambersburg PA
CBHW072217240426
43670CB00038B/1664